Strategie: Web-to-Print

Bernd Zipper
Daniel Schürmann · Dženefa Kulenović

Strategie: Web-to-Print

Grundlagen, Strategien, Anwendungen

Midas Computer Verlag
St. Gallen · Zürich

Strategie: Web-to-Print
Grundlagen, Strategien, Anwendungen

Deutsche Originalausgabe

Die Deutsche Bibliothek – CIP-Einheitsaufnahme:

Zipper, Bernd:
Strategie: Web-to-Print, Grundlagen, Strategien, Anwendungen
St. Gallen/Zürich: Midas Computer Verlag AG, 2009.

ISBN 978-3-907020-79-1

Co-Autoren: Daniel Schürmann, Dženefa Kulenović
Lektorat: Mirjam Hartmann
Organisation: zipcon consulting gmbh, www.zipcon.de
Covergestaltung: Agentur 21
Coverabbildung: Bernd Zipper
Cover-Bleisatz: G.Kraus, www.bleisetzer.de

Druck- und Bindearbeiten: Hubert & Co, Göttingen
Printed in Germany

ISBN 978-3-907020-79-1

Verlagsanschrift:
Midas Computer Verlag AG, Dunantstrasse 3, CH-8044 Zürich, Schweiz

Inhalt

V. Technologien

VI. Anwendungen

VII. Remote Publishing

VIII. Marktvision: Web-to-Print

Über den Autor

Bernd Zipper, Jahrgang 1967, ist seit Ende der 80er Jahre in der Kreativ- und Druckindustrie aktiv und Inhaber der zipcon consulting in Essen, sowie CEO des zipcon consulting networks. Sein Werdegang führte Bernd Zipper vom DTP-Operator zum Betriebsleiter im Bereich Reprografie, bis hin zum Geschäftsführer einer Fulfillment-Agentur für Print- und Onlinemedien.

Mit der Gründung der zipcon consulting gmbh, Ende der 90er Jahre, wechselte er vom Branchenakteur hin zum Branchenberater. Web-to-Print und interdisziplinäre Medienprojekte sind die persönlichen Schwerpunkte des Technologie- und Strategieberaters aus dem Ruhrgebiet.

Bernd Zipper ist als Berater und Autor rund um den Globus bekannt durch seine Veröffentlichungen in zahlreichen Fachzeitschriften und Onlinemedien und gilt als Trendscout in Sachen Publishing und Kommunikations-Technologien. Der Herausgeber des Onlineservice www.beyond-print.de wird als praxisorientierter und kritischer Technologie- und Strategieberater, Coach, Referent und Moderator geschätzt. Seine visionären Vorträge gelten weltweit als richtungsweisende Managementempfehlung für die Kreativ-, Druck- und Medienindustrie.

Seit 2008 ist er Lehrbeauftragter an der Bergischen Universität Wuppertal am Lehrstuhl von Prof. Treichel in der Fachrichtung Druck- und Medientechnologie.

Bernd Zipper und sein Team begleiten zahlreiche Unternehmen in die »neue Welt des Publishing« und der zentralen, ganzheitlichen Marketing-Kommunikation als Berater und Coach.

Gebrauchsanweisung

Die Situation verstehen - Chancen entwickeln

Technik ist keine Strategie. Und Strategie ist ohne technische Umsetzung nichts. Das klingt banal, wird aber all zu oft übersehen. Was bei ruhiger Betrachtung von außen als Selbstverständlichkeit erscheint, wird im laufenden Betrieb häufig von drängenden Anforderungen des Tagesgeschäfts überlagert. Dann bestimmen eher Abschreibungszeiträume, akuter Ersatzbedarf für defekte Geräte oder nicht mehr zeitgemäße Technologien den Zeitpunkt für konkrete Investitionsentscheidungen. Strategie, Geschäftsmodell und Analyse der Marktnische bleiben aus Zeitmangel auf der Strecke oder werden nur flüchtig berücksichtigt. Das ist verständlich, aber nicht zielführend.

Web-to-Print ist für die einen pure Technologie und beschreibt Verfahren, wie sich Druckvorlagen online erzeugen lassen. Für andere ist Web-to-Print eine Strategie, mit der man sich entscheidende Marktvorteile sichern und neue Absatzpotenziale erschließen kann. Recht haben beide. Deshalb will dieses Buch beide Welten zusammenbringen. Denn Web-to-Print betrifft inzwischen jeden Medienmacher - gleich ob es nun der planende Marketing-Experte, der ausführende Drucker oder der kreative Art Director ist. Erfolg werden sie alle nur dann haben, wenn Geschäftsmodell, Marktnische und Technik zusammenpassen.

Auf den Punkt gebracht: Web-to-Print geht jeden an, der sich mit der Produktion von Medien befasst.

Zielsetzung dieses Buches ist die umfassende Information zum Thema und die Vermittlung von Werkzeugen zur Entwicklung einer eigenen Umsetzungsstrategie. Da der Einsatz von Web-to-Print-Strategien nicht allein auf die Druckindustrie beschränkt ist, richtet es sich an Entscheider und auch an Anwender aus den Bereichen:

- **Marketing und Werbung**
- **Unternehmenskommunikation**
- **Medienproduktion**
- **Druckindustrie**
- **IT-/Online-Industrie**

also an alle Medienmacher im buchstäblichen Sinn, die sowohl Print als auch Internet für die Umsetzung ihrer Kampagnen und Produkte benötigen.

Studenten und Auszubildenden bietet dieses Buch einen Einstieg in das Thema Web-to-Print. Ein Großteil des Inhaltes wird vom Autor für seine Vorlesungen an der Bergischen Universität Wuppertal genutzt.

In einem Satz:
Dieses Buch kommt aus der Praxis und ist für die Praxis gedacht.

Das Ziel: Entwicklung eigener Erfolgsstrategien

Erfolg zu haben bedeutet, zur richtigen Zeit das Richtige zu tun. Das setzt zwei Dinge voraus: einen Masterplan für Zielsetzung und Strategie zu haben sowie das individuelle Umsetzungskonzept, das jemanden handlungsfähig macht.

Es gibt also kein Patentrezept, keinen Königsweg. Deshalb wurde bewusst darauf verzichtet, lange technische Abhandlungen zu schreiben. Aber Sie werden erfahren, welche Strategie mit welcher Technik im Zusammenspiel in einer konkreten Situation den Erfolg gebracht haben. Die entsprechenden Erfolgsfaktoren und Schlüsseltechnologien sind besonders kenntlich gemacht. Deshalb sollen und dürfen Sie dieses Buch unter verschiedenen Blickwinkeln lesen. Egal ob Sie systematisch vorgehen oder sich direkt bestimmten Szenarien widmen, die Sie interessieren: lassen Sie sich inspirieren und nutzen Sie die Praxisbeispiele als Ideenbörse und Technikfundus. Klare Bewertungen der Erfolgsfaktoren und Technologien zeigen Ihnen zudem, warum etwas funktioniert hat. Denn was für den einen Anwender gut und richtig ist, kann in einer anderen Situation den geschäftlichen Ruin bedeuten.

Strategie-Tipp:
Nur im Zusammenspiel bringen Masterplan, Geschäfsmodell, individuelle Lösungsansätze und praktisches Know-how auch Erfolg.

Egal, ob Sie in der Geschäftsleitung, im Vertrieb, im Marketing oder in der Produktion aktiv sind, dieses Buch ist ein Hilfswerkzeug für fast jeden Medienmacher, um Web-to-Print zu verstehen und seine eigene Strategie zu entwickeln, wie er künftig Medien erzeugen möchte.

Expertenwissen – leicht zugänglich und praxisorientiert – ein Wort vom Autor

Seit 1998 habe ich für meine Kunden verschiedene Verfahren und Umsetzungsstrategien für die Medienproduktion aufbereitet und ihnen vermittelt. Häufig habe ich erlebt wie das Tempo der technischen Entwicklung Strategiekonzepte und Geschäftsmodelle überholt hat.

Die Erzeugung von Druckvorlagen via Internet - egal ob nun für die umfangreiche Anzeigenkampagne, die schnelle Visitenkarte, den komplexen Katalog oder nur für ein ausgefallenes T-Shirt - ist längst schon Realität. Schon lange bevor Web-to-Print in aller Munde war, zeichnete sich ab: Werden durch das Internet klassische Produktionsmethoden kombiniert, eröffnen sich neue Wege, schneller und kosteneffektiver zu produzieren.

Doch warum die einen Erfolg damit haben, während andere scheitern, dieses Wissen blieb lange lückenhaft. Deshalb betrachte ich Web-to-Print in diesem Buch als Kombination aus Markt-, Produkt- und Branchenstrategie, aus Online-, IT- und Technologiewissen und einem guten Schuss Mut, alte überholte Produktionsverfahren und Workflows zu verändern.

Auf den Punkt gebracht: Web-to-Print als Strategieprinzip verbindet die Flexibilität der Online-Welt mit der haptischen Qualität der Papierwelt und ermöglicht eine neue Dimension der Kundenbindung.

Mittlerweile haben es die Drucker, die Kreativen, die Marketingfachleute, die Medienmacher verstanden: Web-to-Print als Strategieprinzip ist die Methode, um die virtuelle Internet-Dimension mit der haptischen Papierwelt zu verbinden. Zeit- und kundennah, punktgenau, kostengünstig und multipel einsetzbar eröffnen Web-to-Print-Technologien neue Märkte, sichern Umsätze und schaffen ein noch nie dagewesenes Maß an Kundenbindung - die richtige Strategie vorausgesetzt.

Die Ergebnisse meiner Untersuchungen wurden im Rahmen der Studie „Web-to-Print 2007" der Fachöffentlichkeit präsentiert. zipcon consulting und der bvdm (Bundesverband Druck und Medien e.V.) haben sich seinerzeit mit dieser Studie zum Ziel gesetzt, Anwendern wie Anbietern eine Markt- und Produktübersicht mit klaren Bewertungen zur Seite zu stellen, damit die notwendigen Entscheidungen autark und, nach Lektüre dieser Studie, mit Sachverstand getroffen werden können.

Die Web-to-Print Studie ist mittlerweile den Entwicklungen entsprechend stark überarbeitet in einer aktualisierten Auflage über www.zipcon.de online erhältlich. Um jedoch einem breiteren Publikum das Know-how zugänglich zu machen, wurde dieses Buch entwickelt.

Bitte haben Sie Verständnis, wenn manche Daten in diesem Buch noch aus dem Jahr 2006/2007 stammen – dies hat einen simplen Grund: Es gibt derzeit keine anderen Erhebungen auf die wir uns beziehen könnten.

Herzlichst danke ich meinen beiden Co-Autoren Dženefa Kulenović und Daniel Schürmann für ihre hervorragende Unterstützung, ihren Einsatz und ihren Input.

Mein ausdrücklicher Dank geht an dieser Stelle an Christoph Sahner, Mirjam Hartmann, Hans-Georg Wenke und George Alexander, die mit ihren Recherchen geholfen haben, dieses Buch mit Leben zu erfüllen.

In diesem Sinne - viel Spaß bei der Lektüre und einen guten Start in ein neues Zeitalter der Medienproduktion.

Bernd Zipper

Thema: Aktualität der Beispiele ...
Kaum hat man ein Buch fertig, so ist im Internet schon eine neue Lösung oder Version zu finden. Lassen Sie sich nicht davon beeindrucken. Die in diesem Buch gewählten Beispiele dienen dazu Ihnen die Verfahren und Strategien der jeweiligen Anbieter deutlich zu machen. So kann es durchaus sein, dass nicht die über die top-aktuelle Version berichtet wird, oder das Beispiel schon älter ist. Dies beeinträchtigt jedoch in keiner Weise den vom Autoren gewünschten Lerneffekt.

I. Einführung

„Web-to-Print", das klingt in den letzten Jahren schon fast wie eine Beschwörungsformel für Mediendienstleister und Drucker. Aber der noch junge Web-to-Print-Markt ist für Hersteller wie Kunden unübersichtlich und kaum analysierbar. Diese Unübersichtlichkeit des Anwendungsmarktes macht die Entscheidung zur Investition in eine passende Lösung riskant, auch wenn die Versprechungen von Web-to-Print sehr verlockend erscheinen. Das vorliegende Buch bietet deshalb einen Überblick über die unterschiedlichen Ansätze im Web-to-Print-Bereich sowie Orientierung und eine Grundstruktur, um die konkreten Lösungsansätze einer tragfähigen Bewertung unterziehen zu können.

Doch wer hat die Verwirrung gestiftet, die derzeit noch im Markt herrscht? Es sind die zahlreichen Anbieter, die ihren Produkten jeweils eigene Namen geben, um sich von der Masse der Wettbewerber abzuheben – das ist irreführend und sorgt für undurchsichtige Marktverhältnisse. So werden Technologien, Dienstleistungen und Produkte des Web-to-Print-Bereichs auch als Online-Publishing, Webtop-Publishing, Automatic Documents, Print Factory, Dynamic Documents usw. bezeichnet. Bringt man das alles auf den Punkt, dann konzentrieren sich diese „Verfahren" letztlich auf einen einzigen, gemeinsamen Sachverhalt: eine online erzeugte Druckvorlage.

Auf den Punkt gebracht: Viele konkurrierende Begriffe beschreiben Web-to-Print – aber es geht einzig um eine online erzeugte, individuelle Druckvorlage.

Es war nur eine Frage der Zeit, wann Druck und Internet zusammenwachsen würden. Schon Mitte der 90er Jahre, beim Start ins Internetzeitalter, gab es die Idee, die Druckvorlagenproduktion via Internet zu realisieren und den dazu nötigen Workflow online abzubilden. Bis auf wenige Ausnahmen – als Beispiel und als Technolgiepionier sei hier der US-amerikanische Hersteller Pageflex (Bitstream) genannt – sind diese ersten Modelle eines Online-Workflows jedoch frühzeitig gescheitert.

Erst Ende der 90er Jahre konnte sich das Verfahren der Online-Erzeugung von Druckvorlagen über das Internet durchsetzen. Eine verbesserte technische Infrastruktur im Internet und vor allem die schnelleren Online-Verbindungen machten es möglich und erstmals wurde das Verfahren Web-to-Print genannt. Ein erstes, eindrucksvolles Beispiel der hochintegrierten Prozesse, die Web-to-Print ermöglicht, lieferte BMW. Der deutsche Automobilhersteller wickelte seine Anzeigenbuchungen für die

Niederlassungen und Händler über ein hochintegriertes Kampagnenplanungswerkzeug ab - mit Druckvorlagenerzeugung und anschließender Onlinebuchung. Ohne die mittlerweile durchwegs verfügbaren Technologien PDF, Java und JavaScript wäre aber auch Ende der 90er Jahre ein solches System nicht realisierbar gewesen.

Während in den USA und in Nordeuropa der Einsatz von Web-to-Print-Technologien seit Anfang 2000 stetig zunimmt, wurde im deutschsprachigen Raum diese Technologie von der Druckbranche nur zur Kenntnis genommen, aber kaum in nennenswertem Umfang eingesetzt. Erst seit 2004 lässt sich eine jährliche Verdoppelung der Web-to-Print-Projekte bei Dienstleistern in D/A/CH (Deutschland, Österreich und Schweiz) feststellen. Dies wiederum lässt den Schluss zu, dass nun die Potentiale von Web-to-Print auch hierzulande erkannt worden sind.

Definition: Was ist Web-to-Print?

Auf den Punkt gebracht: Grundidee von Web-to-Print: Der Kunde erzeugt seine Druckdaten selbst.

Web-to-Print-Anwender gibt es bereits in großer Zahl. Denn wer hat nicht schon bei Amazon oder einem anderen Online-Shop etwas bestellt? Das hierbei genutzte Verfahren „Ware auswählen – bestellen – Dateneingabe der Versand- und Rechnungsanschrift" ist im Grunde schon die einfachste Form von Web-to-Print. Dem Online-Händler kommt dies entgegen. Denn ein Kunde macht beim Bestellvorgang nichts anderes, als sich gleichzeitig Rechnung und Versandetikett selbst zu produzieren: Web-to-Print in seiner ursprünglichsten Form.

Eine allgemeingültige Definition für Web-to-Print zu finden, ist indes nicht einfach. Sich lediglich auf die Online-Erzeugung von Druckvorlagen zu konzentrieren, greift zu kurz. Denn Web-to-

Jeder hat schon mal eine Online-Bestellung ausgefüllt und damit im Prinzip Web-to-Print eingesetzt.

Print ist im Grunde mehr als nur ein technologisches Verfahren. Wie die bisher genannten Beispiele bereits gezeigt haben, gilt es auch, den Kontext des Technologieeinsatzes in die Definition mit einzubeziehen.

Gleichzeitig muss eine allgemeingültige Basisdefinition, die international gültig und verständlich sein soll, die Fülle der technischen Verfahren zur Erzeugung einer Online-Produktion mit einbeziehen. Das ist nicht unkritisch, aber zum jetzigen Zeitpunkt der Marktentwicklung der einzig sinnvolle Weg. So definieren zipcon consulting und der bvdm Web-to-Print mit einem einzigen Satz:

Auf den Punkt gebracht: Diese Definition sollten Sie sich merken! So können Sie Missverständnisse vermeiden.

Definition Web-to-Print:
„Web-to-Print ist die servergestützte Online-Erzeugung von individuellen Druckdokumenten unter Einbeziehung der notwendigen kaufmännischen Prozesse."

Diese Definition wird nicht von allen Marktteilnehmern geteilt, insbesondere von Herstellern und Dienstanbietern, die einige notwendige Funktionen nicht bereitstellen können. Für manche ist bereits der Prozess des Übermittelns von Druckjobs über das Internet oder die einfache Auswahl von fertig produzierten Druckerzeugnissen aus einem Online-Katalog Web-to-Print. zipcon consulting teilt diese Auffassung nicht, da Job Transmission, also die Online-Übermittlung von Druckdaten von Kunde an Dienstleister, ein mittlerweile eigenständiges Marktsegment ist. Auch darf das Anbieten von fertigen Druckerzeugnissen über einen Online-Katalog nicht mit Web-to-Print gleichgesetzt werden. Denn nach dieser Logik wäre der größte Web-to-Print-Anbieter weltweit sicherlich Amazon.com mit seinem Buchgeschäft. Dieser Bereich liegt jedoch klar im Segment Online-Shopping.

Auf den Punkt gebracht: Web-to-Print bedeutet mehr als nur Druckdaten auf einen Server hochzuladen.

Leider ist der Begriff Web-to-Print in seiner wortwörtlichen Bedeutung sehr unverbindlich, beschreibt er letztlich doch nur, dass von einem Medium auf ein anderes Medium, also vom Internet in Richtung Druck, etwas übertragen wird. Wer eine solche Definition nutzt, der impliziert von Anfang an, dass es sich für ihn lediglich um ein Verfahren der Datenübertragung handelt.

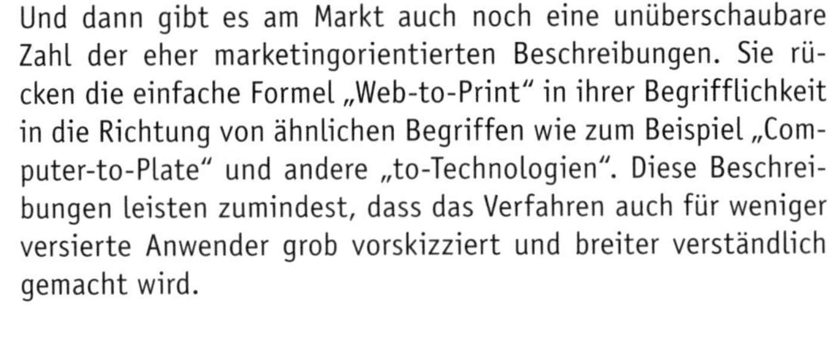

Und dann gibt es am Markt auch noch eine unüberschaubare Zahl der eher marketingorientierten Beschreibungen. Sie rücken die einfache Formel „Web-to-Print" in ihrer Begrifflichkeit in die Richtung von ähnlichen Begriffen wie zum Beispiel „Computer-to-Plate" und andere „to-Technologien". Diese Beschreibungen leisten zumindest, dass das Verfahren auch für weniger versierte Anwender grob vorskizziert und breiter verständlich gemacht wird.

Angesichts der unterschiedlichen Aspekte, die in den aufgeführten Definitionsansätzen enthalten sind, werden die drei Kernelemente der Definition von zipcon consulting deutlich. Danach wird tatsächliches Web-to-Print durch das Zusammenspiel dieser drei Elemente charakterisiert. An erster Stelle steht die „servergestütze Online-Erzeugung". Dies beschreibt die automatische Verarbeitung innerhalb einer Internet-Server-Infrastruktur sowie den Zugang dazu und die Steuerung über einen Internetbrowser. Das zweite Element, „individuelle Druckdokumente", definiert, dass der Anwender selbst sein Dokument erzeugt und damit Teil der Produktionskette wird - unabhängig von irgendwelchen Desktop-Anwendungen jenseits des Internetbrowsers. Schließlich beschreibt der Bereich „notwendige kaufmännische Prozesse" klar, dass es nicht nur um die Dokumenterzeugung, sondern auch um die Abrechnung bzw. kaufmännische Verwertung der Dokumenterzeugung geht.

Auf den Punkt gebracht: Web-to-Print im umfassenden Sinn beschreibt eine Online-Medienproduktionskette und die dazugehörigen kaufmännischen Prozesse.

Web-to-Print muss außerdem klar von anderen Online-Produktionsverfahren abgegrenzt werden, von denen es sich deutlich unterscheidet. So ist für den Laien das sogenannte „Remote-Publishing" leicht mit Web-to-Print verwechselbar. Diese Technologie – auf die in diesem Buch ebenfalls eingegangen wird – ist die aktive Nutzung einer kompletten, hochprofessionellen Layoutmaschine (wie z.B. Adobe InDesign oder QuarkXPress), die jedoch über einen Internetbrowser in einer Art Fernsteuerung bedient wird. Remote Publishing ermöglicht dem Profigestalter online Druckdokumente zu gestalten. Für Laien, und das sind die Kunden von Web-to-Print-Anwendungen in der Regel, setzt dieses Verfahren zu viel Fachwissen voraus. Hinzu kommt, dass diese Technologie nicht sofort intuitiv einsetzbar ist. Web-to-Print-Technologien hingegen sind darauf ausgelegt, dass jedermann schnell und problemlos seinen Artikel oder sein Druckdokument individualisieren kann.

Vorteile für alle Nutzer

Analysiert man eine Reihe von Arbeits- und Geschäftsprozessen bei der Planung, Kreation und Gestaltung von Printmedien, stellt man schnell fest, dass viele Abläufe durch eine rationellere und effektivere Abwicklung kostengünstiger und zeitoptimierter umgesetzt werden könnten. Dies kann zum einen innerhalb einer Druckerei geschehen, zum anderen aber auch beim Kunden und schließlich im Zusammenwirken von Druckerei und Kunden.

Nicht nur der eigentliche Produktionsvorgang in der Vorstufe oder der Druckerei bedarf meist einer Optimierung, sondern auch die Koordinierung und „Produktion" auf Seiten des Endkunden. Gerade bei Kunden aus Handel und Industrie bleiben die größten Optimierungspotentiale unentdeckt. Aktuelle Erfahrungsberichte aus dem Bereich Markenkommunikation und digitalem Brand-Management zeigen, dass genau dort durch die Straffung, Vereinheitlichung und Automatisierung von Prozessen das größte Einsparungspotential liegt. Betrachtet man nämlich den Bereich der Druckproduktion gemeinsam mit den vorgelagerten inhaltlichen Arbeiten, zum Beispiel im Marketingbereich eines Unternehmens, dann können sich durch Zeiteinsparungen und optimierte Abläufe Einsparungseffekte von bis zu 40 Prozent der Gesamtkosten ergeben, bei den Vorstufenkosten sogar 60 bis 80 Prozent. Das berichten Industriekunden, die auf digitale Arbeitsprozesse inner- und außerhalb des Unternehmens umgestellt haben.

Strategie-Tipp: Web-to-Print ermöglicht Zeiteinsparungen, Produktivitätsgewinne und bei Unternehmenskunden auch eine effektivere Markenführung.

Zu einer wirklichen digitalen Zusammenarbeit kommt es jedoch erst durch einen integrierten technologischen Ansatz, also wenn beide Partner – Dienstleister und Kunde/Anwender – an einem Strang ziehen und gemeinsam einen digitalen Workflow und damit eine gemeinsame IT-Infrastruktur nutzen. Dies kann durch Web-to-Print-Verfahren einfach und effektiv realisiert werden, ohne dass spezielle Schnittstellen zwischen den beteiligten Unternehmen geschaffen werden müssen. Solche Schnittstellen werden jedoch notwendig, wenn eine Anbindung an ein ERP-System, SAP oder ähnliche Systeme umgesetzt werden muss. Dies ist immer dann der Fall, wenn kaufmännische Prozesse automatisiert und in großem Umfang Bestandteil der Web-to-Print-Lösung sein sollen.

Nutzen für den Geschäftskunden

Der Abnehmer oder auch Anwender von Web-to-Print-Dienstleistungen im Geschäftskunden-Sektor (Business-to-Business-Bereich) kann eine Reihe von positiven Effekten erzielen. So wurden von 100 befragten Industrieanwendern (Kunden von Mediendienstleistern, die Web-to-Print anbieten) folgende Vorteile für den Einsatz von Web-to-Print angeführt:

- **Kostenreduzierung in Satz, Litho und Druckvorstufe**
- **Kostenreduzierung durch Einsparungen bei den Transportkosten des Zwischenmaterials**
  (Datenträger, Filmmaterial, Druckplatten, Proofs)
- **Deutlich verbessertes Produktions-Controlling**
  (Jobtracking, Softproofs, Online-Korrekturen)
- **Kostenreduzierung durch Einsparungen bei der Druckdatenaufbereitung durch hochautomatisierte Prozesse beim Druckvorstufen- oder Druckdienstleister**
- **Genaue Einhaltung des Corporate Designs**
- **Schnelle internationale Umsetzung von Marketingprojekten durch Onlineverfügbarbeit der Inhalte**
- **Durchbrechen der internationalen Zeitgrenzen durch 24-Stunden-Verfügbarkeit**
- **Nutzung von Schnittstellen in Richtung SAP, ERP-Lösungen**
- **Einsparung von Produktions- und Planungszeiten**
- **Verkürzung der Time-to-Market Reaktionszeit um bis zu 80 Prozent**

Strategie-Tipp: Für Industriekunden kann Web-to-Print entscheidende Wettbwerbsvorteile durch eine dramatisch verkürzte Time-to-Market-Zeit bieten.

Eine Auswertung der Befragung zeigt deutlich, dass vor allem das Produktions-Controlling und die Kostenreduzierung in der Druckvorstufe die zentralen Gründe für Kunden sind, sich mit Web-to-Print zu beschäftigen. Auch die IT-gestützte Medienproduktion zur Einhaltung von CI/CD-Vorgaben (Corporate Identity/Corporate Design) eines Unternehmens spricht für

Web-to-Print. Befragt man die gleichen Industrieanwender, welche Nachteile sie im Einsatz von Web-to-Print-Technologien sehen, wird oft nur die Einführungsphase des Systems als problematisch angesehen. Nur zwei der 100 befragten Industrieanwender bemängelten, der direkte, persönliche Kontakt mit dem Dienstleister habe nachgelassen.

Nutzen für den Endkunden

Web-to-Print ist der Schlüsselbereich für Druckdienstleister, die im Endkundengeschäft gute Umsätze machen wollen. Denn gemäß der Gesetzmäßigkeiten des Internets müssen Online-Applikationen für Endanwender so einfach wie möglich sein. Web-to-Print kann dies leisten, wenn es darum geht, ein Produkt selbst zu erzeugen, zum Beispiel ein individualisiertes T-Shirt. Ist die Anwendung hierfür intuitiv bedienbar, kann der jeweilige Anbieter sein Geschäft machen. Das Interesse der Anbieter an Marktposition und Geschäftserfolg sorgt dafür, dass die Endkunden Nutznießer des eBusiness-Prozesses auf Web-to-Print-Basis sind. Die Vorteile für sie im Überblick:

- **Schnelle und problemlose Herstellung/Produktion**
- **Nutzung von Online-Werkzeugen zur sachgerechten Aufbereitung der individuellen Daten** (Bilder/Texte etc.)
- **Einsparung der Produktions- und Planungszeiten**
- **24-Stunden-Verfügbarkeit**
- **Kostenreduzierung in der Druckdatenaufbereitung**
- **Sofortige Abrechnung**
- **Einsparung von Kosten für Design/Grafik**
- **Nutzung vorgefertigter Vorlagen**

Nutzen für den Web-to-Print-Anbieter

Anbieter von Web-to-Print-Anwendungen im Internet können auf ähnliche Weise profitieren wie ihre Geschäftskunden. Ihre Vorteile beziehen sich vor allem auf den Bereich Kostenoptimierung und Effizienzsteigerung sowie auf die Einbindung der Dienstleistung in wichtige kaufmännische Zusammenhänge beim Kunden. Im Detail sind dies:

- **Deutliche Kostenreduzierung durch Automatisierung im Bereich der Druckvorlagenerzeugung**
  (sofortige Erzeugung von Drucknutzen, Preflight-Check gelieferter Daten, PDF/X-1- und PDF/X-3-Erzeugung für den Druckprozess, Anwendung von Farbmanagement-Routinen, automatisierte Ausgabe eines Standardproofs oder eines Hardcopy-Proofs)

- **Möglichkeit zur Einbindung seines Web-to-Print-Portals in seinen Workflow, dadurch weitere Synergieeffekte im Unternehmen**

- **Gefahrübergang vom Kunden zum Dienstleister für den Dateiinhalt findet erst zum letztmöglichen Zeitpunkt statt**
  (Kunde kann Last-Minute-Korrekturen selbst ausführen)

Auf den Punkt gebracht: Web-to-Print ist keine Wunderwaffe für Unternehmen die schon angeschlagen sind und bis dato nie online unterwegs waren.

- **Kostenreduzierung durch Einsparungen bei den Transportkosten des Zwischenmaterials**
  (Datenträger, Filmmaterial, Druckplatten, Proofs)

- **Deutlich verbessertes Produktions-Controlling**
  (Jobtracking, Softproofs, Online-Korrekturabstimmung)

- **Genaue Einhaltung eines Kunden-Corporate-Designs**

- **Schneller internationaler Einsatz von Marketingprojekten durch gleichzeitige Verfügbarkeit an jedem Ort**

- **Durchbrechen der internationalen Zeitgrenzen durch 24-Stunden-Verfügbarkeit**

- **Option zur Nutzung von Schnittstellen in Richtung SAP und anderer Unternehmenssysteme für Planung, Abrechnung und Verwaltung**
  (ERP-Lösungen)

- **Hohe Einsparung von Produktions- und Planungszeiten**

- **Automatisierte Einleitung aller kaufmännischer Prozesse**
  (Auftrag, Lieferschein, Rechnung etc.)

- **Effizienzsteigerung durch Schnittstellenreduzierung**

Doch der Nutzen für den Anbieter von Web-to-Print-Anwendungen ist noch viel weitreichender. So lassen sich auf Basis der durch Web-to-Print etablierten Abläufe mit vertretbarem Mehraufwand zusätzliche Dienstleistungen vermarkten, die den Kunden einen spürbaren Mehrwert bieten und dem Anbieter zusätzliches Geschäftspotential erschließen. Denn für den Dienstleiser ist seine Website oder sein Webportal mit der Web-to-Print-Lösung letztlich der **digitale Marktplatz**, auf dem deutlich mehr Anwendungen angeboten werden können als nur einfache Web-to-Print-Vorgänge. Leistungen wie Übersetzungsmanagement, PIM (Produkt-Informationssysteme), Media-Asset-Management und viele weitere Bereiche schließen nahtlos an vorhandene Portale an und werden meist schnell vom Kunden eingefordert und genutzt.

Strategie-Tipp: Mit Web-to-Print können Mediendienstleister ihr Angebot erweitern, neue Marktpotenziale erschließen und die Kundenbindung erhöhen.

Aber wie ist die Erwartungshaltung von Mediendienstleistern langfristig? Welche Effekte werden erwartet? Hier zeigt sich, dass es nicht nur jeweils einen einzigen Grund gibt, Web-to-Print einzusetzen, sondern eine ganze Reihe von Argumenten.

Die Angebotserweiterung als Mediendienstleister geht einher mit dem Wunsch, langfristig Aufträge besser abwickeln zu können und die Kundenbindung zu erhöhen. Einen auf den Kunden zugeschnittenen Korrektur- und Freigabe-Workflow anzubieten, ist ebenso interessant wie ein Redaktions-Workflow, der den Kunden näher an einen Dienstleister bindet. Weitere Potentiale bieten die Möglichkeit für den Kunden, in Zukunft mehr im Bereich Markenkommunikation zu tun, etwa durch integrierte Brand-Management-Systeme. Bei der eigentlichen Produktionsoptimierung versprechen sich die meisten Mediendienstleister größere Effekte durch MIS und JDF.

- **Deutlich erhöhtes Kompetenzprofil**
- **Erweiterung des Aufgabenbereichs, der Dienstleister wird vom Kunden auch als Online-Dienstleister ernst genommen**

Dies kann von Vorteil sein, vor allem wenn man bis dato nur wenig mit Online-Anwendungen zu tun hatte – birgt aber auch gleichzeitig die Gefahr, dass man als Dienstleister oder Anbieter überschätzt wird. Daher geht Web-to-Print auch immer mit dem Anspruch einher, entsprechendes Know-how aufzubauen – sonst kann die Enttäuschung des Kunden groß werden.

Nachteile für den Web-to-Print-Dienstleister

Wo Licht ist, da findet man auch Schatten. Und so müssen Einschränkungen – gefühlte wie reale – ebenfalls angesprochen werden. Kunden nennen, allerdings nur in geringem Maße, den Verlust der persönlichen Ansprache im Rahmen der Drucksachenproduktion als Nachteil.

Für den Dienstleister sind die Nachteile auf den ersten Blick größer. Er verliert an Umsatz, insbesondere dann, wenn der Kunde seine Druckvorstufen-Kosten reduzieren möchte. Im Produktionsbereich lässt sich zwar durch den geschickten Einsatz von Web-to-Print-Technologien Geld einsparen, insgesamt benennen die Dienstleister aber einen Umsatzrückgang von bis zu 5 Prozent. Diese Umsatzspanne wird in der Regel von Industriekunden als Rabatt eingefordert, sichert aber letztlich den Fortbestand der Kunden/Dienstleister-Beziehung, da sich Kunden im Gegenzug oft zugleich auf eine längerfristige Bindung an den Dienstleistungspartner einlassen.

Strategie-Tipp: Mögliche Ertragsrückgänge pro Kunde lassen sich bei Web-to-Print durch Wettbewerbsvorteile und effektive Neukundengewinnungen mehr als ausgleichen.

Letzeres wird zusätzlich begünstigt durch individuelle Web-to-Print-Lösungen, die oft die Basis für langjährige Kundenbeziehungen sind, da hier der Kundenworkflow 1:1 abgebildet und meist weiter optimiert wird. Erfreulich ist, dass durch die Erhöhung des Kompetenzprofils, das der Kunde beim Dienstleister vermutet, mehr neue Anfragen an die verschiedenen Dienstleister herangetragen wurden. So sichert der Druck- und Medienendienstleister durch Web-to-Print letztlich auf Dauer seinen Markt und kann seinen Marktanteil durch Neukundengewinnung erhöhen.

Thema: Gefahrübergang

Ein interessantes Thema bei Web-to-Print-Lösungen ist der Gefahrübergang. Dieser Begriff beschreibt, wann die Verantwortung für die Druckdaten an den Druckdienstleister übergeht. Genauer: Ab wann übernimmt der Dienstleister die Verantwortung für die Druckdaten und etwaige Veränderungen bzw. Modifikationen? Während im klassischen Verfahren mit offenen Satzdateien, Bildern und Schriften gearbeitet wurde, steht nun durch die Onlinebearbeitung von Druckvorlagen der Endkunde in der Pflicht für die letzte Autorenkorrektur. Hierdurch verschiebt sich der Gefahrübergang in der Produktionskette deutlich nach hinten. Dies wird von Kunden meist nicht sehr geschätzt, da sie nun mehr in der Verantwortung stehen, für korrekte Daten im System zu sorgen.

Die Verfahrensweise der befragten Dienstleister ist in diesem Kontext unterschiedlich: die einen übernehmen auf eigene Kosten einen Korrekturlauf für den Kunden, die anderen berechnen dies ihrem Kunden und wieder andere überlassen die Korrekturen komplett dem Kunden. Ein eindeutiger Trend zu einheitlichen Verfahrensweisen ist nicht zu erkennen.

Digitales Ladenlokal?

Mediendienstleister, Drucker und andere Medien-IT-Dienstleister stehen oft vor derselben großen Herausforderung: Wie erkläre ich meinem Kunden meine Produkte? Was für den Fachmann als selbstverständlich erscheint, entpuppt sich spätestens im Kundengespräch als komplex und erklärungsbedürftig. Die Wissensvermittlung scheitert oft beim ersten Versuch, der Aha-Effekt beim Kunden bleibt aus.

Strategie-Tipp: Mediendienstleister werden durch Web-to-Print automatisch zum Online-Dienstleister. So wachsen auch die Erwartungen an den Dienstleister. Es ist aber auch eine Steigerung der Kompetenzvermutung spürbar.

Selbst gestandene Vertriebsexperten haben ihre Probleme damit, all die digitalen und damit auf den ersten Blick abstrakt erscheinenden Dienstleistungen eines Medien-Unternehmens nutzenorientiert zu präsentieren. Hier bietet sich zur Vertriebsunterstützung die Kombination einer Website oder eines Webportals mit mehreren Online-Anwendungen und Web-to-Print-Funktion an. So kann der Kunde in spe das gesamte Leistungsspektrum kennenlernen und auch direkt ausprobieren.

Pro und Contra Web-to-Print

Ein Argument für die Nutzung von Web-to-Print-Anwendungen beziehungsweise von Produkten, die per Web-to-Print angeboten werden, ist die Geschwindigkeit der Endfertigung. Bedingt durch standardisierte Produktionsverfahren sind dann aber auch die Vorlagen und letztendlich die Endprodukte standardisiert. Das ist nur natürlich und gut am Beispiel standardisierter Vorlagen für Buchseiten im Fotobuch-Markt zu sehen. Die Vorteile des Verfahrens sind evident: In Verbindung mit integrierten Datenüberprüfungen können so vom Hersteller hochautomatisiert Produkte gedruckt und endgefertigt werden. Der Endabnehmer profitiert vom hohen Fertigungstempo, kann er doch meist schon nach vier bis fünf Tagen das fertige Produkt in Händen halten.

Leider gibt es diese Vorteile nicht zum Nulltarif. Der Preis für diese Vorteile besteht in der freiwilligen Einschränkung bezüglich individueller Kreativität. Bei Großkonzernen geht das meist einher mit dem Regelwerk eines fest definierten Corporate Designs. Für den Abnehmer im Endkundengeschäft ist die Einschränkung spürbar, in der Regel aber ohne Belang. Gleichzeitig ist nicht jedes Web-to-Print-Werkzeug dafür geeignet, kreativ mit Vorlagen umzugehen. So ist Web-to-Print für den kreativen Grafiker ein Kompromiss und für den controllingorientierten Marketing-Manager das ideale Werkzeug für seinen Aufgabenbereich.

Auf den Punkt gebracht: Web-to-Print erfordert Standardisierung. Durch einen kreativen Umgang damit und die Anpassung an geeigente Zielsetzungen lässt sich dieser Nachteil in einen Vorteil umkehren.

Instant-Design? Gleichförmige Entwürfe von der Stange? Die Kreativszene mag dies mit ihrem Vorwurf bestätigen, Web-to-Print sei ein „Kreativitätskiller". Doch die Wirklichkeit sieht anders aus. Bei der Überprüfung der in der zipcon-Studie genannten Anwendungen wurde klar, dass durch Web-to-Print eher eine neue Art der Kreativität entsteht. Die intelligente Verknüpfung von Daten, Datenquellen, individuellen Eingabe- und Modifikationsmöglichkeiten und einer intelligenten Layoutvorlage eröffnet mehr Chancen und kreativen Freiraum als zunächst angenommen. Die Chancen in diesem Bereich für Kreative übersteigen die Nachteile bei weitem.

Damit die kreativen Potentiale auch ausgeschöpft werden, bedarf es jedoch unternehmerischer Weitsicht. Nicht jeder Designer oder Setzer kommt sofort mit der gedanklichen Umstellung und dem neuen Ansatz klar – hier muss zwingend geschult und trainiert werden. Dies vor allem vor dem Hintergrund, dass die

Datenzusammenstellung von dem meist manuellen Hochladen von Text und Bild sich zu einem automatisierten Prozess verändert, der über Datenquellen, also verschiedenste Datenbanken und Verzeichnisse, mit Inhalten versorgt wird. Damit dies automatisch realisiert werden kann, muss natürlich vorab – beim Anlegen einer Web-to-Print-Vorlage – diese Datenquelle auch definiert werden.

Ein solches abstraktes Denken erfordert ein Höchstmaß an Konzentration, vor allem wenn mehrere Datenquellen miteinander verbunden werden sollen. So ändert sich das Berufsbild des Mediendesigners und des klassischen Setzers mehr und mehr zum Medienoperator – einem IT-Fachmann mit grafischem Hintergrund. Gleiches gilt für Fachleute in den Marketing-Abteilungen. Auch hier ist ein Umdenken zwingend erforderlich, um den Dienstleister mit zielgerichtet aufbereiteten Materialien zu versorgen.

II. Basisverfahren

Web-to-Print bezeichnet nicht ein einziges Produktionsverfahren. De facto ist Web-to-Print eine Prozesskette, die sowohl die Erzeugung der Druckvorlage via Internetserver als auch die Abbildung der kaufmännischen Abläufe realisiert. Ferner müssen auch Prozesse berücksichtigt werden, die den Kunden an den Kaufvorgang beziehungsweise an die Bestellung heranführen. Die Prozesskette setzt also schon sehr viel früher an und sorgt für eine entsprechende Präsentation der digitalen Produkte.

Auf den Punkt gebracht: Web-to-Print ermöglicht es technologisch, den Kunden besser zu erreichen und einzubeziehen.

Zugespitzt lässt sich Web-to-Print als digitale Erweiterung des Angebotsprozesses beschreiben. Das bedeutet, Web-to-Print ist eine weitere Form der Distribution von Druck- und Mediendienstleistungen, dies aber in nahezu jedem Arbeitsbereich und in jede Branche hinein. Web-to-Print überbrückt durch die Einfachheit der Online-Bestellung und die Bereitstellung von Druckvorlagen-Templates (vorgefertigte Vorlagen, die nur ausgefüllt werden müssen) die Kluft, die zwischen dem grafischen Nicht-Können eines ungeschulten Anwenders und dessen mit Recht hohen gestalterischen Anforderungen bestehen. Die einfach nutzbare Technik motiviert selbst unerfahrene Anwender zur aktiven Gestaltung von Medien.

Prozess

Betrachtet man den Basisprozess von Web-to-Print genauer, lässt er sich zum besseren Verständnis in einige wenige, signifikante Prozessschritte untergliedern:

Der Kunde öffnet eine Internetseite eines Web-to-Print-Anbieters, wählt eine Vorlage aus, zum Beispiel eine Visitenkarte, befüllt und individualisiert diese, schaut sich das fertige Dokument an und löst eine Bestellung aus. Letztlich ist dieser Vorgang nahezu identisch mit jeder beliebigen Online-Bestellung im Internet. Der einzige Unterschied ist nur, dass er sich an der Anfertigung des von ihm gewählten Produkts beteiligen muss. Der Kunde individualisiert beziehungsweise vervollständigt das Produkt durch die Befüllung der bereitgestellten Vorlagen-Formularfelder.

Die Realität ist aber bedeutend komplexer. Es muss unterschieden werden, ob der Web-to-Print-Anbieter seinen Kunden schon kennt (ob er also Bestandskunde ist) oder ob es sich um einen „digitalen Laufkunden" handelt. Als digitale Laufkundschaft bezeichnet man einen Kunden, der beim Recherchieren im Internet auf einen Shop stößt und dort spontan kauft. Dieses spontane Kaufverhalten wird vermehrt beobachtet, jedoch meist nur im Bereich der Freizeit- und sogenannten Funartikel (Bekleidung, Kalender, Werbemittel etc.).

Auf den Punkt gebracht: Web-to-Print muss für den Kunden so einfach zu handhaben sein wie übliche Online-Bestellvorgänge.

Im wesentlichen lassen sich zwei unterschiedliche Shop-Systeme charakterisieren. Selbst dann, wenn der Anbieter sein Angebot nicht als Onlineshop sieht, greift immer eine der beiden Definitionen:

- **Open Shop – Offener Online-Shop, der ohne Identifizierung vom Endanwender betreten und genutzt werden darf. Der Kunde muss sich erst identifizieren, wenn er eine Kaufentscheidung getroffen hat und eine Bestellung auslöst. Beispiele: Amazon, eBay.**

- **Closed Shop – Mit einem Kennwort geschützter Online-Shop, der eine Identifizierung des Kunden vor dem eigentlichen Kaufprozess notwendig macht.**

Beide Systeme haben Vor- und Nachteile. Während der „Open Shop" ideal ist für digitale Laufkundschaft, eignet sich der „Closed Shop" als Grundlage für vertrauliche Systeme, wie sie meist in bestehenden Kundenbeziehungen zwischen Anbieter und Abnehmer vorherrschen.

Basis-Workflow am Beispiel Open Shop

Der konkrete Ablauf eines Bestell- bzw. Kaufvorgangs ist in der Realität technologisch komplex. Nach dem Öffnen der Web-to-Print-Website wählt der Kunde aus den bereitgestellten Vorlagen diejenige aus, die er vervollständigen möchte. Er befüllt beziehungsweise individualisiert diese Vorlage und erzeugt als Voransicht eine temporäre Datei, je nach Verfahren eine reine Bildschirmansicht in den Formaten PNG, JPEG, GIF, Flash oder PDF. Nach der optischen Prüfung trifft er eine Kaufentscheidung. Oft wird an dieser Stelle die Möglichkeit geboten, eine Onlinekalkulation abzufragen oder zumindest entsprechende

Auf den Punkt gebracht: Der typische Ablauf in einem Web-to-Print-Shop verbindet standardisierte Gestaltung, individuelle Inhalte, Produktionsparameter und die kaufmännische Abwicklung in einem homogenen Prozess.

Einkaufspreise einzusehen. Anschließend startet der Kunde den Bestellvorgang. Er identifiziert sich und übergibt Bestell- und Abrechungskoordinaten an das System. Mit Bestätigung der Bestellung überprüft das System meist im Hintergrund die Bonität des jeweiligen Kunden. Je nach Ausprägung des Systems geschieht dies über eine simple Liste der vertrauenswürdigen Kunden des Shop-Betreibers oder über einen umfassenden Bonitätscheck bei einer Kreditkartengesellschaft. Der Kunde hat mit seiner Bestellung eine Reihe von zusätzlichen Prozessen ausgelöst. Unter anderem wird in den meisten Systemen ein Auftrag und oft direkt eine Rechnung erzeugt. Ferner wird, sofern über eine Kreditkarte abgerechnet wird, das entsprechende Konto belastet.

Auch die finale Erzeugung der Druckvorlage wird meist erst mit Abschluss der Bestellung vom System angestoßen. Grund hierfür ist weniger der zu erwartende Rechenaufwand, dieser ist in den meisten Fällen zu vernachlässigen. Vielmehr liegen erst mit Abschluss der Bestellung alle Auftragskoordinaten fest, also alle für die Produktion notwendigen Parameter wie Papierart, Auflage und gegebenenfalls sogar, auf welcher Maschine gedruckt wird. So kann nun das System die geeignete Druckvorlage erzeugen, die sogar einen entsprechenden Vorlagennutzen

Vereinfacht dargestellt: Web-to-Print als Ablauf aus der Sicht des Online-Anwenders.

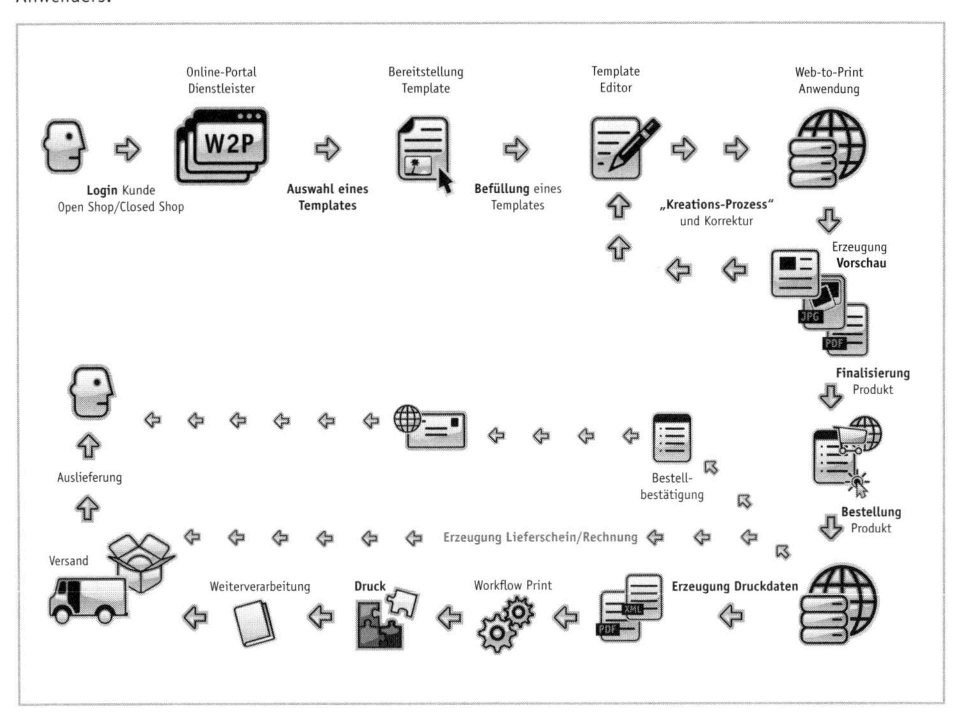

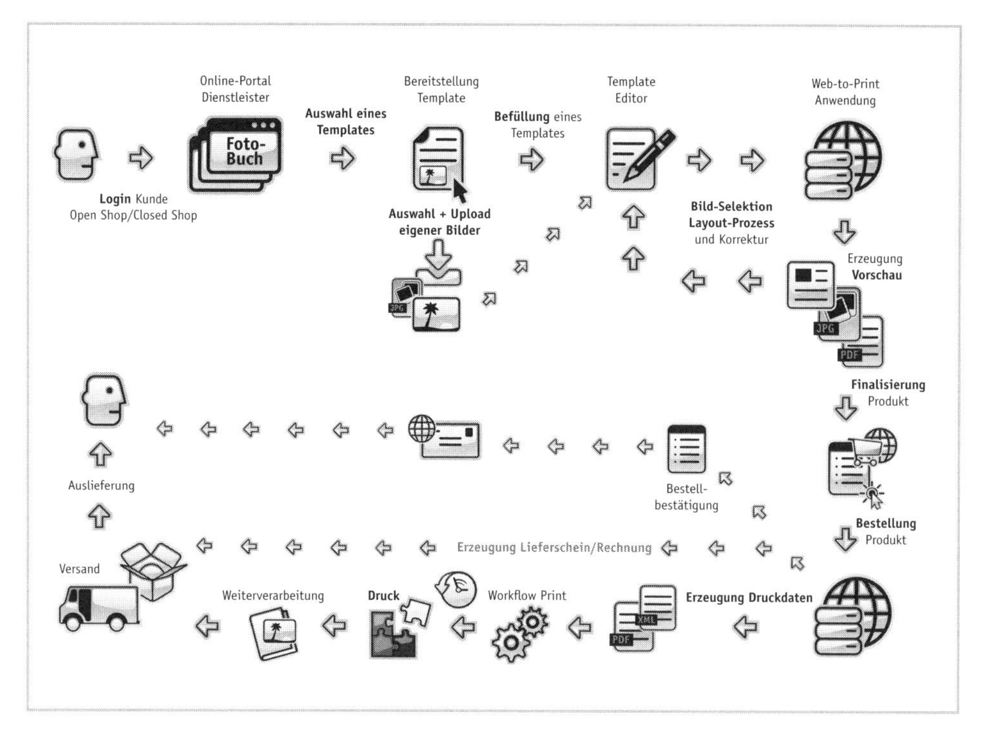

Fotobuch online: Auch hier gelten die Abläufe des einfachen Web-to-Print-Verfahrens.

(auch Ausschießbogen genannt; bei der Erzeugung von Visitenkarten zum Beispiel immer notwendig) und ein geeignetes Ausgabeformat berücksichtigt. Die Daten für die finale Druckvorlage hat das Web-to-Print-System während des Individualisierungsprozesses bereits ermittelt.

Eingabeverfahren

Um Daten in die jeweilige Vorlage einzubringen, gibt es verschiedene Verfahren, die zum Teil auch kombiniert genutzt werden. Die wichtigsten Verfahren sind unter anderem:

- **HTML-Formulare mit Eingabe- und Auswahlfeldern**
- **PDF-Formulare mit Eingabe- und Auswahlfeldern**
- **PDF-Formulare mit Eingabe- und Auswahlfeldern und mit direkter Vorschau im PDF**
- **Flash-Formulare mit Eingabe- und Auswahlfeldern**

- **Flash-Editoren mit Eingabefeld für Freitext inklusive Formatierungsoptionen**
- **Java-Editoren mit Eingabefeld für Freitext inklusive Formatierungsoptionen**
- **Proprietäre Editoren mit Eingabefeld für Freitext inklusive Formatierungsoptionen**

Ferner können verschiedene Technologien auch für das „freie Layouten" von Web-to-Print-Dokumenten genutzt werden. Hier stehen vor allem Verfahren auf Basis der Java- und der Adobe Flash/Flex-Technologie und deren Weiterentwicklungen beziehungsweise Derivaten im Mittelpunkt. Microsoft .Net und ASP finden in diesem Bereich ebenfalls Verwendung, unterliegen jedoch oft technischen Beschränkungen, die ausgefeilte Layout-Funktionen nicht ermöglichen.

Individuelle Produkte auf Basis von Vorlagen

Werbemittelproduktion: Ob nun Papier oder ein Kugelschreiber - das Verfahren ist fast gleich.

Wie schon erwähnt, ist Web-to-Print seinem Charakter nach lediglich ein weiterer Vertriebsweg für Produkte der Druck- und Medienbranche. Es ist also kaum wünschenswert, dass der Kun-

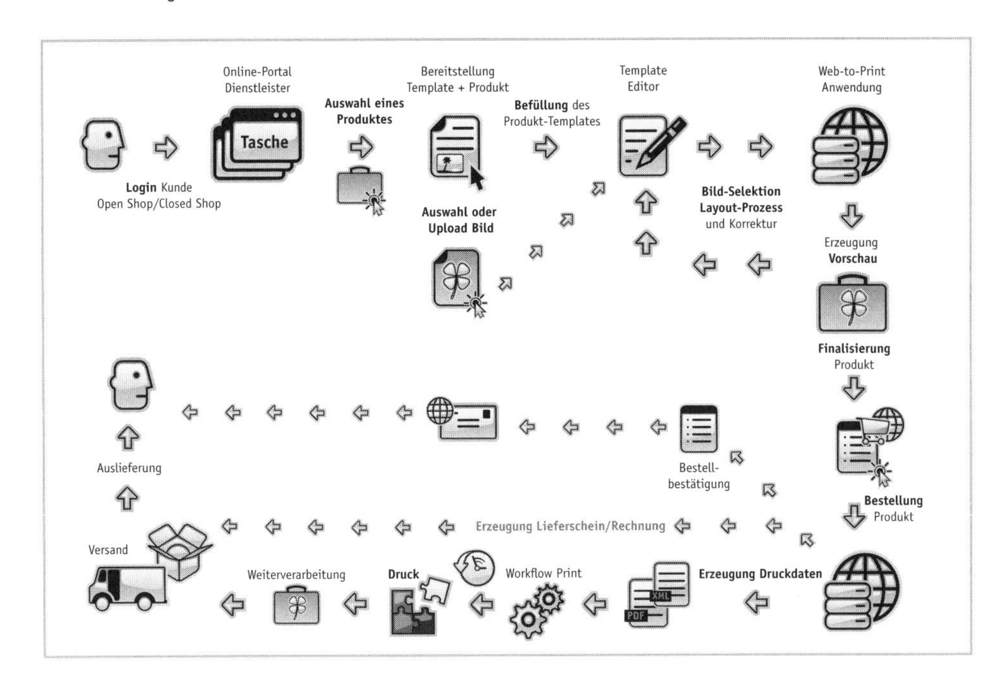

de nach Belieben in einem Dokument gestaltet. So sind die Grundlage für Web-to-Print-Druckvorlagen immer vordefinierte Vorlagen, mehr oder minder intelligent. Während der eine Hersteller auf XML zur Erzeugung setzt, nutzt ein anderer PDF-Formulare und wieder ein anderer Vorlagen aus Adobe InDesign oder Quark XPress (und damit wieder auf XML).

Auf den Punkt gebracht:
Vorlagen sind der methodische Ansatz, individuelle Inhalte mit einer standardisierten Produktion zu verknüpfen.

Der Markt ist in diesem Bereich kaum überschaubar, da auch einige Technologien in Kombination eingesetzt werden. Die Folge: Diese Kombination wird vom findigen Marketing des jeweiligen Herstellers als eigene Technologie vorgestellt.

Eine Beurteilung dieses Umstandes bleibt jedem potentiellen Kunden selbst überlassen, eine Befragung des jeweiligen Anbieters ist jedoch geboten.

Definition: Template für Web-to-Print:
Ein Template ist eine Mustervorlagen-Datei, in der Layoutelemente, Geometrien oder vorgegebene Inhaltsdaten mit Rechten und Eigenschaften ausgestattet werden, damit diese später individuell oder nach Vorgabe, manuell oder automatisiert, modifiziert werden können.

Regel-Templates

Die erste Ausgangsbasis für Web-to-Print-Templates sind statische Templates, die auf Grundlage einer Endformatseite aufgebaut werden.

So wird zum Beispiel für eine Visitenkarte ein Endformat von 8 x 4,2 cm angelegt. Dieses kann, eingebunden in eine PHP-Anwendung wie Printbox von BWH, mit HTML-Formularfeldern verknüpft werden. Der Anwender befüllt nun die HTML-Felder mit Text und kann, nachdem er die Voransicht gerendert hat, das fertige Produkt auf seinem Bildschirm sehen.

Strategie-Tipp:
Regel-Templates machen oft nur dann Sinn, wenn das Endprodukt seinem Charakter nach einer starken Normung oder Standardisierung unterliegt, wie zum Beispiel Visitenkarten.

Dieser Rendering-Prozess ist der Interpretationsprozess, der individuelle Anwenderdaten, Layoutvorgaben (Schriften, Seitenformat usw.) und Systemvorgaben (etwaige Limitierungen des Systems) zusammenbringt und dem Anwender eine Voransicht des physisch erzeugbaren Produkts liefert, ein Bild mit hoher Auflösung oder eine Druckvorlage in 2.400 dpi.

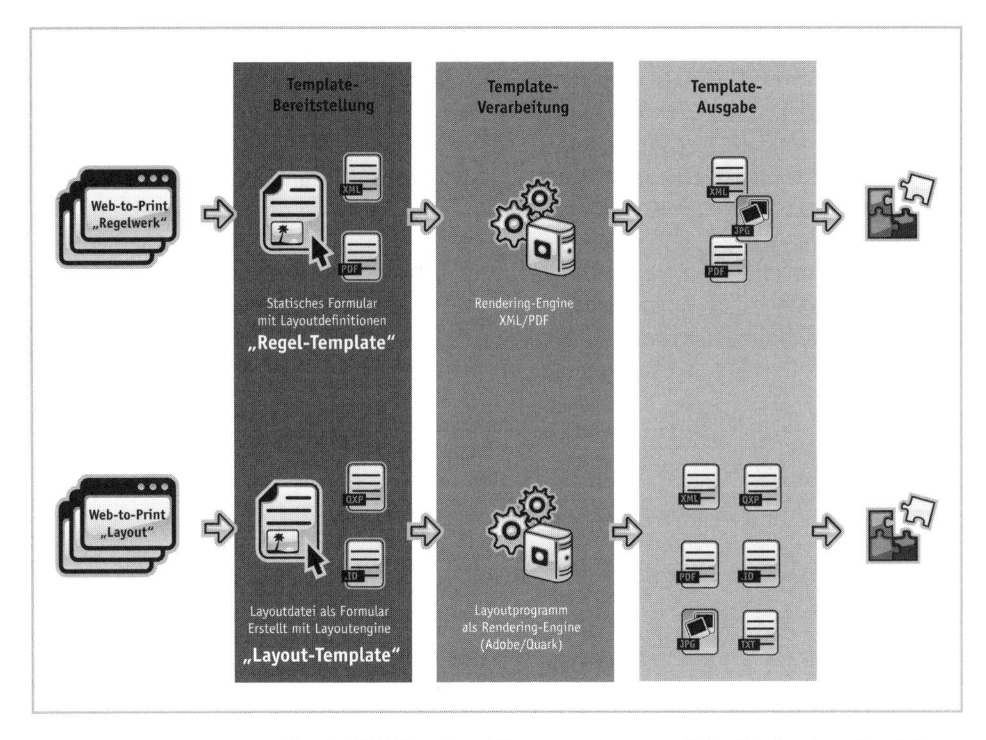

Während bei dem „Regelwerk“ starre oder dynamische Regeln auf ein Template angewendet werden, wird bei der Nutzung einer Layout-Engine deren layouttechnische Funktionen genutzt.

Auch PDF-Dateien können, wie zum Beispiel in den Produkten iBright und trivet.net, als statisches Formular genutzt werden. Hier sieht der Anwender sofort, welche Teile der Datei er modifiziert hat, da in der PDF-Voransicht diese Elemente direkt für ihn umgerechnet werden. Für dieses Verfahren muss im Hintergrund online ein Adobe Reader als Plug-in des Internetbrowsers zur Verfügung stehen.

In Einzelfällen werden für statische Templates auch Java-Anwendungen und grafische Umsetzungen wie Adobe Flash genutzt. Aufgrund der Komplexität der Template-Erzeugung in diesen Formaten wird das Verfahren aber im Normalfall selten eingesetzt, da der Anpassungs- und Neuentwicklungsaufwand erheblich sind.

Strategie-Tipp: Intelligente, dynamische Templates sind kundenfreundlich und können die inhaltliche Qualität der Vorlage erheblich verbessern.

Dynamische Templates

Dynamische Templates basieren ebenfalls auf HTML- oder PDF-Formularen, werden jedoch durch intelligente Funktionen auf Basis von Java, JavaScript oder proprietären Technologien ergänzt. So kann durchaus die Eingabe in ein Feld darauf limitiert werden, dass dort nur E-Mail-Adressen oder bestimmte Zahlenfolgen eingegeben werden dürfen. Ferner können dynamische Templates so vorbereitet werden, dass zum Beispiel alle weiteren Formularfelder geschlechtsspezifisch abgebildet werden, wenn zuvor das Auswahlfeld „Geschlecht" ausgefüllt wurde.

Andere intelligente Templates machen ganze Teile eines Formulars erst dann sichtbar, wenn zuvor bestimmte Eingaben gemacht worden sind. In diesem Segment gibt es viele intelligente Lösungen, die aber oft als Individualprogrammierung ausgeführt werden müssen, da es kaum Editoren für dynamische Templates gibt – trivet.net zum Beispiel hat dies mit PDF gut realisiert.

Layout-Templates

Greift man auf Layoutprogramme Adobe InDesign oder QuarkXPress zurück, genauer gesagt deren Serverversionen, dann können auch vorhandene Layoutdateien der jeweiligen Anwendungen als Template für Web-to-Print genutzt werden. Auch der deutsche Hersteller VivaPress bietet eine Serverversion seines Produktes an, das in der Lage ist, Viva-Dateien als Template zu nutzen.

Auf den Punkt gebracht:
Es gibt keinen Königsweg! Ob nun Regel- oder Layout-Template genutzt werden sollen – es hängt immer von der Anwendung ab.

Zu beachten ist, dass meist die Dateien entweder im Layoutsystem selbst oder aber in einer Middleware bearbeitet werden müssen, damit sie vollständig Web-to-Print-tauglich sind. In einigen Anwendungen geschieht dies erst, nachdem die Dateien in das System eingebracht wurden. Dort werden dann Rechte und Eigenschaften von Elementen und Dateien definiert.

Erzeugen von Templates

Die Erzeugung von Web-to-Print-Templates ist in nahezu jeder Anwendung, vom jeweiligen Hersteller individuell gelöst worden, sofern nicht auf eine gängige Layoutengine zurückgegriffen wurde. Einen Standardeditor zur Schaffung von Web-to-Print-Templates gibt es nicht. Die Anbieter im Bereich Web-to-Print sind darauf angewiesen, selbst ein entsprechendes Produkt zu entwickeln oder auf Open-Source-Software zurückzugreifen und diese selbst zu erweitern.

Lediglich ein Verfahrensschritt ist allen Erzeugungsweisen gemeinsam: Jedes Feld innerhalb eines Templates, das später bearbeitbar sein soll, muss im Vorfeld vom Anwender (beziehungsweise dem verantwortlichen Template-Erzeuger) mit entsprechenden Regeln, Rechten und Eigenschaften versehen werden. Manuelle Arbeit bleibt also nicht erspart. Ebenso wenig wie das entsprechende Typo-Know-how für schöne Vorlagen.

Arbeitsweisen: Formulare vs. Layoutengine

Bei den zur Zeit erhältlichen Systemen nutzt die deutliche Mehrheit statische und/oder dynamische Templates, um die Inhalte in ein Web-to-Print-Dokument einzubringen. Nur wenige Systeme nutzen eine Layoutengine. Der Unterschied zwischen den beiden Verfahren liegt letztlich im enormen Funktionsumfang einer Layoutsoftware wie Adobe InDesign Server oder Quark XPress Server, der erst mit einer entsprechenden Lizenzzahlung für den Anwender verfügbar wird. Da dies zum Teil ein Vielfaches von dem darstellt, was eine kleine Eigenprogrammierung kostet, ist die Vorgehensweise der Hersteller und Dienstleister nachvollziehbar.

Es ist auch nicht eindeutig aufzuzeigen, dass grundsätzlich eine Anwendung mit einer Layoutengine besser oder funktionaler wäre, als eine Anwendung, die eher auf statische, beziehungsweise dynamische Templates setzt. Letztlich entscheidet der Bedarf des Endanwenders und die Erfüllung seiner Bedürfnisse über den Erfolg oder Misserfolg einer Anwendung.

Benutzeroberfläche

Für den Endanwender findet der erste Kontakt mit einer Web-to-Print-Lösung immer über die grafische Benutzeroberfläche (GUI) der jeweiligen Anwendung im Internet statt. Dieser erste Kontakt entscheidet oft, ob eine Anwendung vom Kunden ernst genommen wird oder nicht. Einige technisch versierte Lösungen leiden darunter, dass deren Entwickler das Thema Benutzeroberfläche komplett vernachlässigen und scheinbar als nachrangig erachten.

Strategie-Tipp:
Eine kundenorientierte, gut verständliche Benutzeroberfläche der Web-to-Print-Lösung ist ein wesentlicher Wettbewerbsvorteil. Hier gilt es vor allem sich von anderen zu unterscheiden und die Zielgruppe exakt anzusprechen.

Die Benutzeroberfläche wird in den meisten Anwendungen in HTML und Java beziehungsweise Flash abgebildet. Die für den Endanwender zugänglichste Lösung ist in vielen Fällen eine auf Adobe Flash basierende Individualprogrammierung, da diese, je nach Qualität des Benutzerführungskonzeptes, dem Anwender alle notwendigen Werkzeuge optisch attraktiv zur Verfügung stellen kann. Das aktive, anwenderseitige Verschieben, Drehen oder Verzerren von Dateielementen ist in Flash kein Problem, da es technisch gesehen auf Vektoren basiert, wodurch kleine Dateigrößen und Skalierungen ohne Qualitätsverlust realisierbar sind. Auffällig ist, dass viele Newcomer-Anwendungen auf Adobe Flash setzen und damit das „Layouten" am Bildschirm dem Kunden ermöglichen. Letztlich stellt sich aber die Frage, wie viel Flexibilität vom Endkunden und auch vom Web-to-Print-

Anbieter gewünscht wird. Es ist nicht immer ratsam, dass ein Endanwender totale Kontrolle über alle Dateielemente besitzt.

Eine definitive Empfehlung bezüglich einer Technologie für die optimale Erstellung einer Benutzeroberfläche kann an dieser Stelle nicht ausgesprochen werden, da alle verwendeten Technologien Vor- und Nachteile haben. Während zum Beispiel Java oder Flash in Unternehmensnetzwerken oft nicht geduldet werden, sind .Net oder HTML-Oberflächen, je nach Programmieraufwand, meist nicht sehr attraktiv und nur begrenzt flexibel. Es ist eine Frage des jeweiligen Anwendungszwecks, welche Oberfläche gewählt werden sollte.

Bei den meisten großen, weltweit etablierten Systemen wie Printable, XMPie oder auch iWay, hat der Anwender ohnehin keinen Einfluss auf die Wahl der Benutzeroberfläche, sondern muss auf das jeweilige Standard-GUI zurückgreifen. Meist kann jedoch ein Kundenlogo hinterlegt werden, damit zumindest eine minimale Anpassung vorgenommen werden kann.

Anpassung der Benutzeroberfläche

Der Wunsch des Endkunden, „seine" Anwendung im Internet zu sehen, ist meist mit der Anpassung einer Web-to-Print-Lösung an das jeweilige Corporate Design des Kunden verbunden. Standard-Web-to-Print-Anwendungen von großen Herstellern ermöglichen die Anpassung der Benutzeroberfläche zum Teil nur rudimentär oder nur sehr umständlich. Eine große Ausnahme ist unter anderem Pageflex von Bitstream. Hier helfen lokale Integratoren bei der Umsetzung. Wird eine Lösung auf Adobe InDesign Server oder Quark XPress Server aufgesetzt, muss ohnehin ein Großteil der GUI von dem jeweiligen Hersteller oder Integrator selbst erstellt werden. Dann hat der Kunde die Möglichkeit, in die Gestaltung der GUI optimal einzugreifen, auch wenn dies meist mit Mehrkosten verbunden ist. Bei kleineren Herstellern obliegt es dem Verhandlungsgeschick des Kunden, ob und wie er seine Oberfläche anpassen lässt oder nicht, und mit welchen Kosten dies verbunden ist.

Strategie-Tipp: Die Benutzerführung muss selbsterklärend und einfach sein, da es keine Standards gibt, auf denen man aufbauen kann.

Benutzerführung

Ein heikles Thema ist die Benutzerführung durch eine Web-to-Print-Anwendung. Da wohl Programmierstandards gesetzt werden können, jedoch aber keine Workflow-Standards, die eine Benutzerführung international standardisieren könnten, ist der Anwender hier der Erfahrung und den Fähigkeiten des jeweiligen Herstellers ausgeliefert. Ausgeliefert vor allem deswegen, da die meisten offensichtlichen Abläufe (zum Beispiel Auswahl eines Templates, Textmodifikation etc.) sehr einfach sind, dann aber die Tücke im Detail steckt. So sind einige Anwendungen darauf angewiesen, dass zum Beispiel für die Erstellung eines Mailings die Adressen im Microsoft-Excel-Format vorliegen und der Adressaufbau in XML. Für einen Einsteiger ein kaum nachvollziehbares Verfahren. Auch in diesem Bereich kann keine Empfehlung ausgesprochen werden, da die Empfindung der Benutzerführung höchst individuell ist.

Technologien

Der Aufbau eines Web-to-Print-Systems ist nicht mit dem eines herkömmlichen Layoutsystems zu vergleichen. Im Wesentlichen besteht ein solches System aus folgenden Komponenten:

- **Portaloberfläche**
  (Java, Flash, HTML, PHP, DHTML etc.)
- **Rendering-Engine**
  (Eigenentwicklung oder Acrobat Distiller, Distiller-Server, PDFlib, Render-X etc.)
- **Layout-Engine**
  (Eigenentwicklung oder Adobe InDesign Server, Quark XPress Server)
- **Datenbank(en) und Datenquellen**
- **Template-Designer**
- **MIS/ERP**
  (typische unternehmensweite Informationssysteme mit Anbindung oder Eigenentwicklung des jeweiligen Herstellers)
- **gegebenenfalls das für das Managment der Kundebeziehungen genutzten CRM-System**

Dies erklärt auch die relativ hohen Investitionskosten, die für ein Web-to-Print-System entstehen. Der kaum überschaubare Markt der Web-to-Print-Anwendungen lässt sich nicht auf einen einzigen Web-to-Print-Prozess reduzieren. Oft unterscheiden sich die Systeme nur im Detail oder in der für den Betrachter sichtbaren grafischen Benutzeroberfläche.

Ausgabeformate

Das wohl am weitesten verbreitete Ausgabeformat im Bereich Web-to-Print ist Adobe PDF (Portable Document Format). Alle für dieses Buch geprüften Systeme waren in der Lage, eine PDF-Datei als Übergabedatei in Richtung Druck zu erzeugen. Die Qualität der PDF-Dateien war sehr gut bis befriedigend, in Einzelfällen wurde auf günstige Rendering-Engines zurückgegriffen, die zwar brauchbare PDF-Dateien erzeugen, sich im Druckausgabeprozess aber als fehlerhaft erwiesen. Lösungen, die auf XSL-FO oder auch Ghostscript setzen, konnten hier oft nicht überzeugen. Weitere Ausgabeformate waren unter anderem native Dateiformate von Adobe InDesign, QuarkXPress, VivaPress oder auch proprietäre XML-Dateien der einzelnen Produkte. Ferner konnten von den meisten Systemen auch Voransichtsdateien im JPEG-, PNG- oder GIF-Dateiformat erzeugt werden.

Pro und Contra Datenbank

Nicht alle Web-to-Print-Systeme arbeiten mit einer internen Datenbank. Um Wartung und Weiterentwicklung für den Hersteller im überschaubaren Rahmen zu halten, nutzen viele Anwender eigene Listensysteme auf Basis des jeweiligen Betriebssystems. Sofern das Gesamtsystem nicht allzu groß ist, besteht der Vorteil darin, dass die Ergebnisse sehr schnell vorliegen und der Wartungsaufwand tatsächlich geringer ist.

Auf den Punkt gebracht: Datenbanken werden dann benötigt, wenn vorhersehbar ein großes Geschäftsvolumen anfällt oder wenn Skalierbarkeit für die Geschäftsentwicklung von zentraler Bedeutung ist.

Bei komplexeren Systemen kann jedoch oft auf eine SQL-Datenbank nicht mehr verzichtet werden. Hier steht für die meisten Anbieter MySQL an erster Stelle, eine frei verfügbare Datenbanksoftware, die als Internetstandard angesehen werden kann und durchaus ausreichend ist für normale Datenbankanforderungen. Sehr komplexe Systeme benötigen jedoch größere Datenbanksysteme, um die Datenflut in den Griff zu bekommen. Microsoft SQL oder Oracle sind typische Vertreter dieser Kategorie. Da die Investitionskosten hierbei erheblich sind, ist bei Systemen dieser Art vor allem der Wartungsaufwand die zentrale Größe bei der Entscheidungsfindung.

Endprodukte und Anwendungsgebiete

Aufgrund des enormen Evolutionssprunges neuer und vorhandener Web-to-Print-Anwendungen gibt es kaum noch Druckprodukte, die sich nicht via Web-to-Print realisieren oder erzeugen lassen. Als Ausnahmen gelten immer noch viele Magazin- und Zeitungsprodukte, High-end-Drucksachen, die besonderer Produktionsverfahren im Druck und in der Druckvorstufe bedürfen, und größtenteils der Bereich Verpackung (obwohl es besonders hier einige interessante Projekte gibt). Der industrielle Dekordruck ist ein weiteres Beispiel für zahlreiche Bereiche, in denen Web-to-Print aufgrund der komplexen Prouktionsverfahren einfach nicht sinnvoll eingesetzt werden kann.

Voraussetzung für die sinnvolle Umsetzung eines Druck- bzw. Medienproduktes als Web-to-Print-Projekt ist, dass Elemente und Inhalt sich in standardisierbare Blöcke einteilen lassen, die entweder manuell oder automatisch über eine Datenbank befüllt werden können.

Abnehmermärkte

Je nach Marktsegment können die Web-to-Print-Anwendungen und die durch sie erzeugten Endprodukte kategorisiert werden. zipcon consulting teilt den Markt derzeit in folgende Bereiche ein, die sich durch ihren jeweiligen Abnehmermarkt definieren:

- **Business-to-Business (B2B)**

  Geschäfte zwischen Unternehmen; klassisches Geschäft einer Druckerei, die für andere Firmen Drucksachen fertigt

Strategie-Tipp: Vorsicht wenn Sie in das B2C-Geschäft einsteigen wollen. Ist das Produkt nicht absolut einmalig, oder die Plattform nicht besonders gut, kann man in diesem Sektor schnell scheitern!

- **Business-to-Consumer (B2C)**

  Geschäfte zwischen einem Unternehmen (Web-to-Print-Dienstleister) und einem nichtgewerblichen Endkunden

- **Consumer-to-Consumer (C2C)**

  Geschäfte zwischen nichtgewerblichen Endkunden, die von einem Web-to-Print-Anbieter nur vermittelt bzw. gemakelt werden

Endprodukte

Typische Endprodukte für diese Abnehmermärkte sind:

- **B2B-Produkte**
- **Allgemeine Geschäftsdrucksachen**
- **Tagungsunterlagen**
- **Datenblätter**
- **Bedienungsanleitungen**
- **Menükarten**
- **Flyer und Werbebroschüren**
- **Unternehmenspublikationen**
- **Info-Blätter**
- **Kataloge**
- **Anzeigen**
- **Großformatdrucke**
- **Information on Demand (Newspaper)**
- **Book on Demand (auch Fotobücher)**
- **Direkt-Mailing**
- **Transaktionsdruck**
- **Werbemittel**

Alle Produkte aus dieser Aufstellung werden aktuell via Web-to-Print von Dienstleistern produziert. Dies bedeutet jedoch keinesfalls, dass die Druck- und Medienindustrie ausschließlich auf Web-to-Print-Technologien setzt. Die oben genannte Auflistung basiert auf realen Projekten und Aufträgen.

Auf Basis der zipcon-Befragung ergibt sich folgende Kategorisierung der Endprodukte, die via Web-to-Print in D/A/CH gefertigt wurden:

- **B2C-Produkte**
- **Visitenkarten, Briefpapier**
- **Grußkarten, Poster**
- **Fotobücher, Fotodrucke, Kalender**
- **Individuelle Gebrauchsprodukte (T-Shirts etc.)**
- **Personalisiertes Buch**
- **Bücher mit der Auflage 1**
- **C2C-Produkte (Vermittlungs-Produkt)**
- **Eigenverlagsprodukte**
- **Fun-Produkte**
- **Kunst**

Der letztgenannte Bereich lässt sich derzeit nur schwer erfassen, da viele Angebote im semiprofessionellen Umfeld zu finden sind. Dennoch scheint es in diesem Sektor eine hohe Nachfrage zu geben. So haben zum Beispiel verbesserte digitale Drucktechnologien und günstigere Endfertigung dazu geführt, dass die Anzahl von Personen stark zugenommen hat, die Druckprodukte im Eigenverlag herausgeben. Im Kunstmarkt lässt sich ein ähnlicher Trend feststellen. Wurden früher „Originale" in Siebdrucktechnik repliziert, hat nun oft der Inkjet-Druck diese Funktion übernommen. Gleiches gilt auch für Fun-Produkte (T-Shirts etc.) die im privaten Umfeld angeboten werden. Hier ist besonders die Musik- und Alternativ-Szene aktiv. Eine spezielle Ausprägung sind im C2C-Bereich sogenannte Affiliate-Shops. Das sind angegliederte Shops, die unter eigenem Namen betrieben werden können, letztlich aber ein Ableger eines großen Shop-Systems sind.

Interessant ist, dass die Marktgrenzen mehr und mehr verschwimmen und in Zeiten von eBay oder ähnlichen Plattformanbietern (Affiliate-Shops) der Consumer (Endkunde) immer mehr zum Prosumer wird – also aktiv die von ihm gewählten oder angebotenen Produkte vor dem Kauf mitgestaltet.

Produktionsarten via Web-to-Print

Um die Gesamtheit der vielfältigen Angebotssegmente sinnvoll zu strukturieren, differenziert zipcon consulting sieben Bereiche verschiedener Produktionsarten und Produktionsgruppen, die unabhängig von der Konsumenten- bzw. Auftraggeber gruppe betrachtet werden müssen:

Auf den Punkt gebracht:
Die Produktionsart wird durch die Zielsetzung des Produkts und weniger durch den Einsatz für bestimmte Kundengruppen bestimmt.

- **Information on Demand**

  Aktuelle Informationsreports, Newsletter mit zeitungs- oder magazinähnlichem Charakter, Erzeugung meist aus einer oder mehreren Content-Datenbanken

- **Book on Demand**

  Individuelle Bücher ab Auflage 1, Buchprodukte die auf Bestellung aus einem vorhandenen Inhalts- und Vorlagenpool individuell gefertigt werden, Bücher, die vom Endanwender via Internet mit Bildern und Content selbst befüllt werden (Fotobücher etc.)

- **Web-based Print on Demand**

  Erstellung von Druckvorlagen für den Digital-, Inkjet- oder Offsetdruck, beispielsweise Flyer, Broschüren, Geschäftsdrucksachen, Mailings – aber auch Outdoor-Werbung (Poster, Planen etc.)

- **Werbemittel on Demand**

  Individuelle Werbemittel und Fun-Produkte wie Bekleidung, Tassen, Kappen, Kugelschreiber, Stifte und andere individualisierbare Hardware-Produkte

- **Ad-Building**

  Anzeigen und Anzeigenkampagnen umgesetzt durch Web-to-Print

- **Markenkommunikation**

  Brandmanagement-Systeme zur Realisierung von interdisziplinären Medienproduktionen und kompletten Marketing-Kampagnen

▷ Sammelkommunikation

Briefkommunikation in Unternehmen, Zusammenführung der individuellen, lokalen Printouts in einer zentralen Druck- und Poststelle inkl. Freigabe-Workflow

Diese Differenzierung folgt der Logik, dass die genannten Produktionsgruppen eine handwerkliche und produktionstechnische Spezialisierung des jeweiligen Anbieters/Produzenten voraussetzen. Die oben genannten Produktionsarten wurden bereits in der zipcon-Web-to-Print-Studie als Unterkategorien identifiziert. Bei einer erneuten Befragung von Herstellern und Dienstleistern aus dem Web-to-Print-Umfeld haben sie sich als neue Produktionsgruppen bestätigt.

Die mehrfache Verwendung des Begriffs „on demand" geschieht bewusst mit dem Ziel, die schnelle Produktionszeit als zentralen Faktor in der Gesamtproduktion hervorzuheben. Web-to-Print-Endprodukte sind vor allem deswegen so erfolgreich, weil sie nicht nur individuell sondern auch schnell produziert werden.

Anwendungsbeispiele und Marktpotentiale der Produktionsarten

▷ Information on Demand

Dieser Bereich verspricht mittelfristig ein hohes Wachstumspotential, da bis dato nur wenige Verlage auf eine Online-Erzeugung eines zusätzlichen Print-Newsletters verzichten. Ein Vorreiter ist hier der deutsche Hersteller diron, der bereits 2003 den Prototypen eines Zeitungsgenerators vorstellte. Die Anwendung konnte erstmals intelligent Inhalte aus der Datenbank der deutschen Wirtschaftszeitung Handelsblatt (www.handelsblatt-online.de) im nahezu originalen Erscheinungsbild normaler Print-Ausgabe zusammenfassen und optisch aufbereiten. Im Mittelpunkt stand bei der Kooperation von Handelsblatt und diron, dass Anwender je nach Interesse gezielt Themenbereiche bei Handelsblatt-Online durchsuchen können und die Rechercheergebnisse dann durch weitere wichtige Meldungen ergänzt als eigenes, individuelles Zeitungsexemplar produziert werden.

Strategie-Tipp: Durch geschickte Web-to-Print-Strategien, lassen sich Inhalte mehrfach und kundenorientierter vermarkten.

Die Erzeugung von Zeitungen und Reports auf Knopfdruck bedarf auf Seiten des Herstellers besonderen Geschicks, da die Vorgabe mit vier, acht oder zwölf Seiten auszukommen gleichzeitig eine bidirektionale Kommunikation mit der Handelsblatt-Datenbank bedingt. So muss die diron-Anwendung nicht nur Daten

Schon 2003 stellte der deutsche Hersteller diron einen Generator für intelligente Print-Newsletter vor.

abfragen und strukturiert in das Handelsblatt-Layout transformieren, sondern gleichzeitig die vorhandene Platzmenge kalkulieren und gegebenenfalls Textelemente nach einem vorgegebenen Schema größer oder kleiner umbrechen. Gleiches gilt für Bilder, die entsprechend skaliert werden müssen.

Diese Aufgabenstellung kann bis dato nur von wenigen Anbietern fachgerecht umgesetzt werden. Ursache ist hier weniger ein programmiertechnisches Defizit, als die besondere Herangehensweise bei dieser Produktionsart. So kombiniert diron mehrere technische Verfahren, um zu dem Ziel „individuelle Zeitung“ zu gelangen.

zipcon consulting sieht in diesem Bereich ein großes Potential für das Verlagswesen, denn den Abonnement-Kunden kann man mit Hilfe dieser Verfahren höchst effektiv Mehrwertleistungen anbieten. Durch die Möglichkeit, eine „eigene“ Zeitung per Internet zu erstellen, öffnet dieses Verfahren die Verlagsbranche in Richtung Web 2.0. Um so bemerkenswerter also, dass dieser Ansatz schon 2004 von den beiden Partnern diron und Handelsblatt verfolgt wurde.

Auf den Punkt gebracht:
Gerade im Geschäft mit Privatkunden bestimmen Datenvolumen und Bandbreite des Internetanschlusses die Verfahrensabläufe.

▷ Book on Demand

Fotobuch. Der Boom der Fotobücher in D/A/CH ist ungebrochen und trägt weiterhin zur guten Ertragslage der jeweiligen Hersteller bei. Ein Wachstum von bis zu 15 Prozent pro Jahr ist realistisch und wird mit einer weiteren Vereinfachung des Layoutprozesses einhergehen. Das ist wichtig, denn noch ist gerade im Fotobuchbereich der Erstellungsprozess zu schwerfällig. So bieten die meisten Fotobuch-Anbieter hierfür eine Offline-Software an. Diese Anwendungs-/Leistungskombination, die unter anderem auch von Softwareherstellern wie Apple und Microsoft innerhalb des normalen Lieferumfanges angeboten wird, leidet noch unter den eingeschränkten Übertragungsmöglichkeiten für große Datenvolumen. Proportional zur Verbesserung der Bildqualität bei modernen Digitalkameras wächst auch das potentiell zu übertragende Datenvolumen. Dieses Problem lösen die meisten Anbieter durch eine Offline-Software, die oftmals die Bilddaten optimiert (Datenmenge und Bildqualität) und in der passenden Größe skaliert an den Dienstleistungsserver versendet.

Book-on-Demand hat aus dem Thema „bedarfsgerechten Drucken" ein Geschäftsmodell gemacht und ist führend in Deutschland.

Die Gestaltung von Fotobüchern ist ebenfalls noch nicht optimal gelöst. Wie auch in anderen Bereichen des Internets und kombinierter Dienstleistungen aus Print- und Online-Dienst gibt es keinerlei Standards, auf die ein Anbieter zurückgreifen könnte. Auch hat sich bisher nicht herauskristallisiert, welche Arbeitsweise die Endanwender – also die normalen Konsumenten - präferieren. Noch sind vor allem Preis und Liefergeschwindigkeit die Hauptgründe für eine Bestellung bei einem bestimmten Anbieter.

Buch auf Knopfdruck. Weitere Produkte im Bereich „Book on Demand" sind die Auflagen, die ein Kleinverleger (Richtgröße: Auflage kleiner als 100 Exemplare) bei einem Book-on-Demand-Dienstleister in Auftrag gibt sowie das individuelle Buch mit der Auflage 1.

Kleinauflagen mittels Digitaldruck herzustellen ist zum Beispiel bei der DD AG in Bamberg Tagesgeschäft. Das Unternehmen hat sich auf die Produktion von Klein- und Kleinstauflagen spezialisiert und kann durch umfassende Automatisierung im Produktionsbereich selbst kleine Auflagen kostengünstig herstellen. Die von der DD AG installierte Produktionsstraße ermöglicht sogar die Erstellung von Hardcovern in kürzester Zeit. Somit können nicht nur Paperbacks ad-hoc produziert und geliefert werden, sondern auch besonders hochwertige Bücher, die bis dato einen recht hohen Aufwand und damit auch Zeit erforderten. Die DD AG bietet ihre Dienstleistungen kleinen und großen Verlegern an. Beide Zielgruppen greifen gerne auf den On-Demand-Service zurück. Die Produktion auf Nachfrage verringert nämlich die Kapitalbindung bei Verlegern, die normalerweise entsteht, wenn fertig produzierte Bücher zwischengelagert werden müssen oder auf Vorrat produzierte Auflagen sich als unverkäuflich erweisen.

Auf den Punkt gebracht: Kleinauflagen und schnelle Produktionszeiten im Buchdruck verringern das unternehmerische Risiko und erhöhen die Marktchancen.

Um den Prozess der Buchgestaltung, insbesondere des Covers, zu beschleunigen, greift die DD AG (www.dd-ag.de) auf eine Entwicklung der Firma Flyer-EX zurück. Mittels dieser Software kann der Endkunde hochwertige Buchcover online gestalten. Für die DD AG liegt hier der Vorteil vor allem in der Geschwindigkeit, wurde doch früher vom Kunden die Transportzeit der Bucheckdaten per Post zur Gesamtproduktionszeit hinzugerechnet. Nun sind diese getrennten Prozesse zusammengeführt und von dem erzielten Zeitgewinn profitieren DD AG und Kunde gleichermaßen. Ferner wird durch die Nutzung von Buchcover-Templates die Fehlerrate der vom Kunden bereitgestellten Daten drastisch reduziert.

Beachtet man in diesem Sektor, wie rasant sich On-Demand-Technologien entwickeln und wie sich der Wettbewerb der DD AG in Position bringt, verspricht auch dieser Markt zweistellige Wachstumszahlen in den nächsten Jahren.

Individuelles Buch. Ebenfalls erfolgreich ist die Druckerei Gronenberg mit dem Produkt des personalisierten Buches. Hier schlüpft der Kunde beziehungsweise ein vom Kunden benannter Leser in die Rolle des Hauptdarstellers eines Romans. Der gesamte Inhalt wird auf Person und Geschlecht abgestimmt und als persönliches Buch produziert. Selbst auf dem Cover findet sich der Leser wieder. Zielgruppe der Druckerei Gronenberg ist hier nicht nur der Endkonsument, der via Website eine Bestellung aufgibt, sondern auch der Geschäftskunde, der für eine Reihe von Kunden individuelle Bücher erstellen lässt. Zusätzlich bietet Gronenberg (www.vip-book.de) eine entsprechende Verpackung, die das Endprodukt, ein Paperback-Buch, entsprechend wertiger präsentiert.

In dem Segment „individuelles Buch" gibt es noch weitere Online-Services in D/A/CH, zum Beispiel von der Firma Personal Novel (www.pnovel.net). Der Unterschied zum vorherigen Beispiel: Diese Bücher basieren auf schon existierenden Klassikern.

zipcon consulting sieht in diesem Marktsegment hervorragende Wachstumschancen, vor allem dann, wenn die Buchprodukte noch mehr vom Kunden selbst an individuelle Gegebenheiten angepasst werden können. Der markanteste Punkt, der für die wirtschaftliche Bedeutung dieses Segments spricht: Für ein individuelles Produkt wird deutlich mehr Geld bezahlt als für ein Standardprodukt gleicher produktionstechnischer Ausführung.

Web-based Print on Demand

Im Bereich Web-to-Print stellt diese Produktionsgruppe derzeit die meisten Anwendungen im Markt. Hintergrund ist hier, dass die Standardisierung der gesamten Produktionskette von Geschäftskunden gleich doppelt geschätzt wird. Zum einen wegen der einfachen Verständlichkeit und Bedienbarkeit der Lösung. Zum anderen ist die CI-konforme Umsetzung von Geschäftsdrucksachen, Flyern, Broschüren und anderen zweidimensionalen Drucksachen eine selbstverständliche Folge der standardisierten Produktion. Der Vorteil einer durchgehenden Markenkommunikation mit Corporate Design (CD) und Corporate Identity (CI), das sogenannte Branding, ist auch für kleinere Unternehmen mittlerweile ein wichtiger Baustein im Unternehmensauftritt. Denn so wird aus dem No-Name-Produkt ein Markenprodukt. Und auch die Automatisierung der Produktion spielt im Unternehmenskontext eine wichtige Rolle.

Strategie-Tipp: Web-to-Print-Lösungen sind der Königsweg, um mit überschaubarem Aufwand ein einheitliches Erscheinungsbild eines Unternehmens zu gewährleisten.

Visitenkarte. Das Druckhaus Busemeyer-Team in Remscheid (www.busemeyer.de), produziert schon seit 1995 für einen Kunden Visitenkarten. Die Firma Busemeyer druckt hybrid, das heisst die Logobögen für die späteren Visitenkarten werden auf einer Heidelberg Speedmaster SM74 vorgedruckt und später über eine Océ 900 Platinum im Digitaldruck fertiggestellt. Der Kunde wird über ein eigenes Service-Portal eingebunden und kann seine Daten für die Visitenkarten selbst vorbereiten. Die Vorlage wird als PDF-Formular in trivet.net eingebunden und steht nach dem Upload auf den trivet.net-Server sofort zur Verfügung. Werden Kundendaten über das PDF-Formular in das

Von der einfachen Druckerei zum „Web-Dienstleister" – das Busemeyer-Team aus Remscheid zeigt wie man einfach Erfolg generieren kann.

trivet.net-System eingebracht, rendert das System die Informationen in ein PDF/X-3 ein. So wird sichergestellt, dass stets mit korrekten Daten produziert wird. Sobald ein Kunde einen Produktionsauftrag per Knopfdruck in trivet.net übermittelt, wird der zuständigen Mitarbeiterin bei Busemeyer der Auftrag per E-Mail angekündigt und in die Produktion eingeplant. Nach dem Eindruck der individuellen Daten über ein digitales-Drucksystem werden die Bögen über einen Visitenkartenschneider automatisch geschnitten und unmittelbar an den Kunden ausgeliefert. trivet.net wird hier übrigens nur als exemplarische Technologie genannt.

Flyer. Die folgende Web-to-Print-Anwendung hat die Werbeagentur MSH and More (www.msh.net) aus Köln für die Firma Motoo und deren Motoo-Servicepartner realisiert. Motoo, ein Unternehmen aus dem Automobilbereich, setzt dabei auf Pageflex von Bitstream und damit auf einen grafischen Editor in zwei Stufen. Zum einen erstellt die Agentur die Vorlagen, zum anderen kann der Endkunde sofort sehen, wie seine Texteingaben im finalen Layout aussehen. Für die Motoo-Autoteilehändler und -Werkstätten war es wichtig, schnell und einfach individuelle und personalisierte Werbebeilagen zu erzeugen. Innerhalb der Motoo-Anwendung können nun mittels Template und Bildern aus einer systemeigenen Bilddatenbank Beilagen erzeugt werden. Hierbei können Text, Bilder und Preis frei gewählt werden. Ist die Vorlage für den Beileger fertig, wird über Motoo produziert, gedruckt und ausgeliefert. Für die Agentur ist Pageflex Studio, so nennt sich der Pageflex-Editor, gut zu bedienen, da er stark an InDesign und QuarkXPress erinnert.

Schulungsunterlagen. CI-Book von d-serv SE findet bei der European School of Business in Reutlingen (www.esb-reutlingen.de)

Motoo setzt auf Pageflex und hat ein gut funktionierendes System für Partner- und Franchisenehmer entwickelt.

als CI-Tool seinen Einsatz. CI-Book wird dort als ASP-Lösung eingesetzt, Kundendienst und Administration übernimmt d-serv SE für diesen Kunden. Die Anwendung bietet der Hochschule die Möglichkeit, dass mehrere Anwender dezentral auf bereitstehende Vorlagen zugreifen können. Im Hintergrund verrichtet Adobe InDesign Server seinen Dienst.

Ihre bisherigen Unterlagen hat die ESB in Adobe InDesign erstellt. So können die Vorlagen nun 1:1 in CI-Book unter Verwendung des Template Extractors von d-serv SE übernommen werden. Die ESB erzeugt mit der Anwendung mehrsprachige Flyer der MBA-Studienprogramme, die mehrmals jährlich aktualisiert werden müssen. Für die ESB wurde die Software nicht angepasst, die Hochschule verwendet CI-Book so, wie die Anwendung vom ASP-Partner bereitgestellt wird. Die Besonderheit der Anwendung ist die Benutzeroberfläche in Adobe Flash, das besonders für die Darstellung im Internet geeignet ist. So können Vorlagen innerhalb eines normalen Internetbrowsers im WYSIWYG-Modus angezeigt werden. Ferner zeigt das System nur die verfügbaren Befehle für die Bearbeitung an, was die Akzeptanz bei den Anwendern aufgrund der einfachen Handhabung noch vergrößert hat.

Auf den Punkt gebracht:
Im High-End-Bereich erschließen Web-to-Print-Lösungen Anwendungsbereiche, die Redaktionssystemen ähneln – aber leichter bedienbar sind.

Der in CI-Book integrierte Bestellworkflow ermöglicht es den Mitarbeitern der ESB Reutlingen, ihre konfigurierten Vorlagen in einer gut zu strukturierenden Ansicht auszuwählen und zu

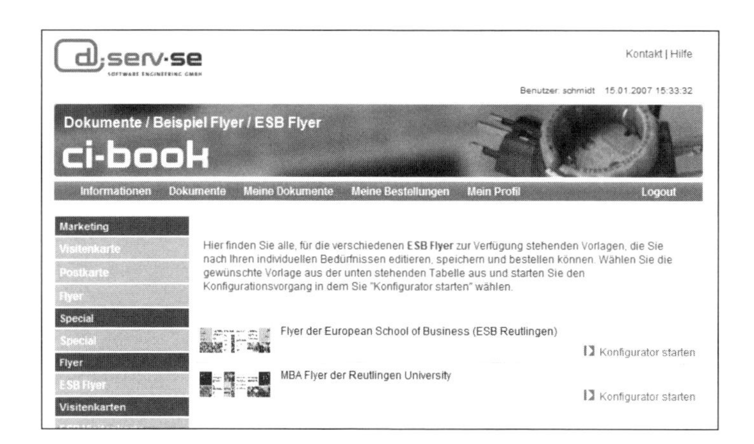

d-serve.se setzt auf die Flash-Technologie und erzeugt sehr „plastische" Benutzeroberflächen.

bestellen. Der Besteller und die Produktion erhalten nach Absenden der Bestellung eine E-Mail, in der die Bestellung nochmals bestätigt wird. Die bestellten Dokumente werden als Feindaten-PDFs in der Dokumentenverwaltung auf der Plattform hinterlegt. Die Produktion erhält einen Zugang für den Bereich und kann sich die benötigten Dateien von dort herunterladen. Die Anwendung nutzt Adobe Flash, um die plattformübergreifende Funktionalität sicherzustellen und um den Zugang zu Adobe InDesign Server zu schaffen. Zudem ermöglicht Flash durch die Unterstützung des XML-Formats die konsequente Trennung von Layout und Inhalten.

Verpackung. Die Boehringer Ingelheim Animal Health (www.boehringer-ingelheim.de) setzt auf Web-to-Print, da dieses Verfahren eine höhere Flexibilität bei inhaltlichen Änderungen gewährleistet. Wie jeder Medikamentenhersteller steht auch Boehringer vor der Herausforderung, dass sich bei Pharma-Verpackungen ständig die gesetzlichen Vorgaben ändern. Auf Basis von Pageflex hat sich Boehringer Ingelheim deshalb ein Redaktionssystem für Verpackungen geschaffen, mit dem zwischen 200 bis 300 Verpackungen pro Jahr modifiziert werden.

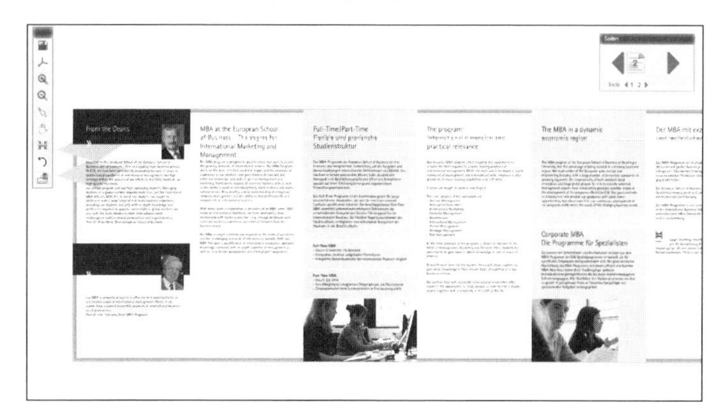

Durch den Einsatz von Flash hat der Anwender meist eine sehr komfortable Benutzeroberfläche zur Verfügung.

Ins System integriert: ein Freigabeworkflow und ein komplexes Rechtesystem. Die Beispielszenarien beschreiben nur einen exemplarischen Ausschnitt aus dem Leistungsvermögen der verwendeten Produkte und Technologien und stehen gleichzeitig stellvertretend für die jeweiligen Produktgattungen.

So ist trivet.net durchaus in der Lage, komplexere Produkte zu realisieren, und größere Systeme wie Pageflex lassen sich auch für die Produktion von einfacheren Drucksachen einsetzen.

Auf den Punkt gebracht: Attraktive Kunden mit hohem Bedarf machen Webbased Print on Demand zu einem Segement mit großem Wachstumspotential.

Web-based Print on Demand ist die stärkste Produktionsgruppe und birgt gleichzeitig das größte Wachstumspotential durch weitere Spezialisierung der verschiedenen Anbieter. Durch eine jeweilige branchenspezifische Ausprägung steckt in diesem Bereich ein enormes Potential, zumal die damit verbundenen Technologien maßgeblich die Produktionsweisen der Medienindustrie in den kommenden zehn Jahren beeinflussen werden.

Werbemittel on Demand

Die Herstellung von Werbemitteln ist trotz sinkender Gesamtumsätze in diesem Markt weiterhin ein profitables Geschäft, vor allem wenn bis dato langwierige Abstimmungsprozesse rationalisiert und Lagerhaltungskosten minimiert werden können. Durch Web-to-Print-Anwendungen lassen sich in diesem Sektor allein bei den Gesamtproduktions- und Distributionskosten (inklusive Lagerhaltungskosten) Einsparpotentiale von annähernd 70 Prozent erschließen und neue Wertschöpfungsbereiche eröffnen.

T-Shirt. Die wohl größte Erfolgsstory in diesem Bereich schrieb das Unternehmen Spreadshirt (www.spreadshirt.net). Hier können Endkunden T-Shirts und andere Textilien individualisieren und sofort online bestellen. Neben dem genannten Unternehmen gibt es allein in Deutschland noch über 42 weitere Online-Anbieter mit fast vergleichbarem Angebot.

Merchandising. Die Firma ermöglicht es ihren Kunden, einen eigenen, sogenannten Affiliate-Shop (Online-Shop, dessen logistische und/oder produktionstechnischen Abläufe in einem Partnernetzwerk abgebildet wird) zu eröffnen und über dieses Portal Werbemittel anzubieten. Der Clou: Die dort vorgestellten Artikel werden nur virtuell vorgehalten, denn die Abbildungen im Internet sind automatisch erstellte Bildmontagen. Auch ein kleineres Unternehmen ein komplettes Portfolio an Werbemitteln anbieten, ohne diese tatsächlich vorproduziert zu haben.

Spreadshirt zeigt wie es geht: Merchandising in Auflage 1 - kein Problem.

Fun-Artikel. Einen ähnlichen Weg geht auch die Firma printeria (www.printeria.de). Das Unternehmen ermöglicht es seinen Kunden, Bilder via Internet auf verschiedene Produkte aufzutragen. Vom Sitzkissen, der individuellen Tasche bis hin zur Tasse für Linkshänder – das Warenportfolio erlaubt dem Endkunden, seinen persönlichen Artikel zu erzeugen.

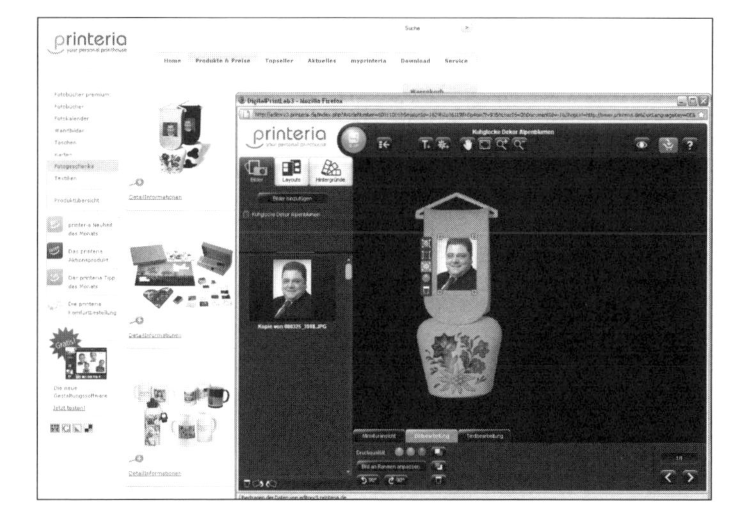

Angesteckt: Selbst der Autor ist dem „Kuhglocken-Designer" der Printeria verfallen. Der Editor ist etwas dunkel, aber sehr praktisch.

▷ Ad-Building

Anzeigen. Das Erzeugen von Anzeigen über ein Internetportal war eine der ersten, großen Web-to-Print-Anwendungen. Schon Ende der 90er Jahre hat BMW das Potential in diesem Bereich erkannt und realisiert seitdem mit verschiedenen Dienstleistern die Erstellung und Buchung von Anzeigen über das Internet. Aber auch andere Hersteller haben diesen Bereich für sich entdeckt. So setzen Toyota und Kia in der Schweiz ihre Anzeigenproduktion über ein System des Herstellers Kinetik aus Bayreuth um. iBright ermöglicht den zahlreichen Händlern des Herstellers, Anzeigen über das System selbst zu erstellen.

Ad-Building spielt auch in der Markenkommunikation eine große Rolle. So bieten die großen Brand-Management-Systeme jeweils ein Anzeigenmodul mit Anzeigenbuchung an. Besonders das Thema Anzeigenbuchung ist in diesem Zusammenhang interessant. Eine Dienstleistung, die sich stärker auf die Vermittlung und Buchung von Anzeigen konzentriert, bietet die Firma Quickcut (www.quickcut.de).

Auch der australische Hersteller Adlizard (www.adlizard.com) beschäftigt sich mit der Online-Erzeugung von Anzeigen und ist mittlerweile weltweit aktiv. Das Unternehmen gilt als einer der Pioniere auf diesem Gebiet. Ein Blick auf die Homepage und eine Online-Demo seien zum besseren Verständnis empfohlen.

Adlizard konzentriert sich auf Web-to-Print für Anzeigen. Das dynamische Unternehmen bietet auch eine Online-Demo.

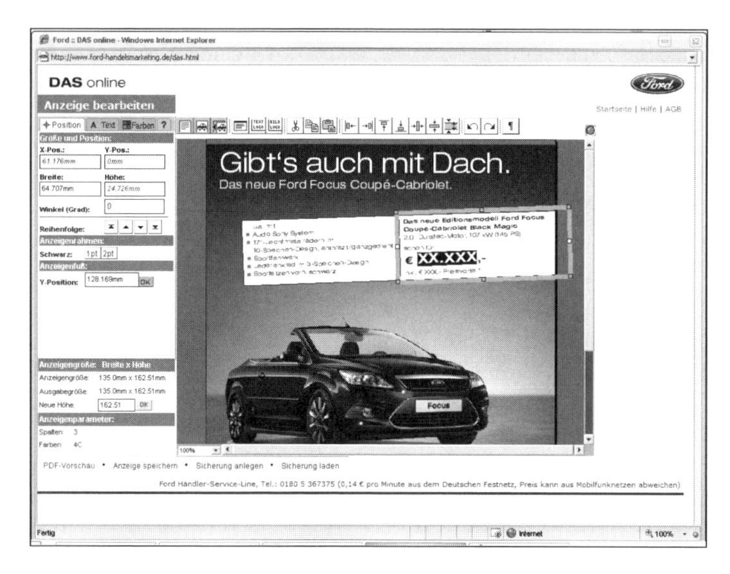

Anzeigen via Pageflex – hier im Beispiel die Firma Ford, die lokale Anzeigen via Layoutengine erzeugt.

Markenkommunikation

Über den normalen Umfang einer Web-to-Print-Anwendung hinaus gehen sogenannte Brand-Management-Systeme zur Markenkommunikation. Um die vielfältigen Prozesse von der Anzeigenerzeugung über CI-konforme Geschäftsausstattung, Flyer-Produktion, zentrales Übersetzungsmanagement mit entsprechenden Freigabe-Workflows bis hin zu vielen weiteren Optionen umzusetzen, bedarf es eines ausgeklügelten Systems. Oft werden für sogenannte Brand-Management-Systeme Internet-Server als Funktions-Cluster zusammengefasst (Cluster:

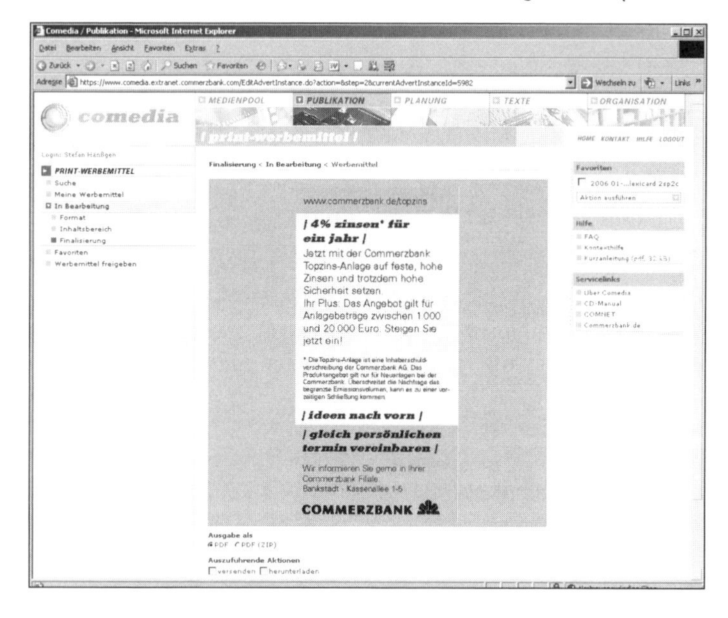

Brandmaker hat der Commerzbank geholfen ein komplexes Brandmanagement-System aufzusetzen.

„Haufen“, hier: Gruppe von Rechnern, die gemeinsam bestimmte Aufgaben abarbeiten).

Die Firma CDO hat sich dem Kampagnen- und Brand-Management verschrieben. Unter Brand-Management versteht man nicht nur die Erzeugung von Druckdaten, sondern die Verwaltung aller Elemente einer Marke. Logo, Designelemente und mehrsprachige Texte sind hier nur Teile eines großen Ganzen, das eingebettet in ein Marketingportal dem Brand-Verantwortlichen, zum Beispiel dem Marketingleiter eines Unternehmens, alle Assets und Prozesse unter einem Dach anbietet.

Auf den Punkt gebracht:
In der Markenkommunikation mittels Web-to-Print-Lösungen können gestalterische Elemente durch anpassbare Regeln flexibel und doch konsistent eingesetzt werden.

Im Gegensatz zu anderen Web-to-Print-Automaten, die mit festgelegten Regeln arbeiten und somit CI-genaues Arbeiten ermöglichen, lassen sich in iBrams hochindividuelle Regeln für das Layouthandling vom Administrator selbst definieren. Das modulare System iBrams greift hierzu auf Adobe InDesign Server zurück und steuert dieses per XML. Auch die Dateiausgabe, in diesem Fall PDF, wird über Adobe InDesign Server umgesetzt, jedoch ohne dass es der Anwender bemerkt. Zahlreiche Großkunden arbeiten erfolgreich mit diesem System, das erheblicher Investitionen bedarf, und verwalten damit ihre Marken und Prozesse.

Bei der Commerzbank AG ist das System Brandmanager der Brandmaker GmbH seit 2006 im Einsatz. Die Commerzbank pro-

L-Vin Post ist einer der Dienstleister für Sammelkommunikation einem „der“ Märkte für die Zukunft der Briefpost.

duziert über das System Anzeigen, Flyer, Plakate, Handzettel, Visitenkarten, Weihnachtskarten und vieles mehr. Es gibt einen zentralen Medienpool, einen Marketingplaner, ein ausgefeiltes Budgetmanagement, ein Veranstaltungsmanagement, eine Textdatenbank und eine Dienstleisterverwaltung. Durch die integrierte Ablaufsteuerung können jederzeit Budgets abgefragt und kontrolliert werden.

SaKo (Sammelkommunikation)

Neu für die Druckindustrie ist der Bereich Sammelkommunikation. Hier werden von einem Unternehmen alle Briefe, die an einem Tag erzeugt werden, zentral auf einem Server gesammelt und portooptimiert ausgegeben. Vernetzte, aber dezentral arbeitende Unternehmen wie Krankenkassen, nutzen dieses Verfahren schon lange, steigen aber erst jetzt auf die webbasierte Arbeitsweise um.

III. Markt und Chancen

Die Zielsetzung ist klar und einfach, die aktuellen Gegebenheiten sind es nicht: Der wichtigste Grund, sich mit Web-to-Print auseinanderzusetzen, das sind die Marktpotenziale und die Innovationskraft für die Zukunft der Druckbranche. Kurz: Wie kann man auch in Zukunft noch gutes Geld verdienen mit dem Thema Druck. Doch wie bereits im vorhergehenden Kapitel geschildert, ist der Markt Web-to-Print derzeit unübersichtlich. Oft verschwimmen die Rollen und Grenzen zwischen Anbieter und Dienstleister. Die Geschäftsmodelle sind vielfältig und nicht alle erfolgversprechend.

Um die Charakteristika, Teilnehmer und Potentiale des Marktes sichtbar und verständlich zu machen, haben wir uns für folgende Vorgehensweise entschieden. Zunächst stellen wir die prototypischen Rollen der an der Wertschöpfungskette im Web-to-Print-Markt beteiligten Anbieter vor, dann die Geschäftsmodelle, mit denen sie Umsatz machen. Schließlich zeigen wir an konkreten Beispielen, wie diese unterschiedlichen Faktoren in der Praxis zusammenhängen und sich gegenseitig beeinflussen.

zipcon consuling unterscheidet fünf grundlegende Typen von Marktteilnehmern im Web-to-Print-Segment:

Technologieanbieter sind Hersteller von Basistechnologien, die als technische Komponente Eingang in Standardsoftware und/oder umfassende Web-to-Print-Lösungen finden und die überhaupt erst Web-to-Print ermöglichen.

Auf den Punkt gebracht: Diese Definitionen sind wichtig für die Entscheidung mit wem Sie wie zusammen-arbeiten möchten!

Softwareanbieter sind Hersteller von standardisierten Web-to-Print-Anwendungen, Softwaremodulen oder Web-Portalen.

Der Begriff **Integrator** beschreibt Unternehmen, die Web-to-Print-Anwendungen aus einer Reihe von Modulen individuell für einen Kunden zusammenstellen und gegebenenfalls softwareseitig erweitern, umprogrammieren oder mit eigenen Softwaremodulen ergänzen und diese in eine Gesamtplattform für einen Kunden einbetten.

Provider sind Anbieter einer Web-to-Print-Plattform auf Basis einer Online-Anwendung, die ein potentieller Web-to-Print-Anbieter kauft, mietet oder least.

Dienstleistungsanbieter (Mediendienstleister) schließlich sind Web-to-Print-Dienstleister, die Endkunden eine entsprechende Anwendungsplattform auf Basis einer exklusiven oder zeitlich begrenzten Geschäftsbeziehung bereitstellen.

Soweit die Theorie. Wenn wir jedoch im folgenden die damit zusammenhängenden Basisgeschäftsmodelle betrachten und sie schließlich mit der Geschäftswirklichkeit vergleichen, dann ist die Situation komplexer. Zieht man nämlich einen Vergleich zwischen den aktuell erfolgreichen Anbietern oder Dienstleistern im Markt D/A/CH, dann stellt man fest, dass die Grenzen zwischen den Modellen häufig verschwimmen und unterschiedliche Ansätze miteinander verschmolzen werden. Oft sind Technologieanbieter auch Hersteller der entsprechenden Standardsoftware. Integratoren können zu Providern werden und viele Dienstleistungsanbieter sind umgekehrt auch Provider für Ihre Kunden. Beliebt bei Dienstleistungsanbietern ist auch das Versprechen, Komplettanbieter zu sein und die Rollen als Technologiepartner, Provider und Integrator miteinander zu verbinden – vor allem dann, wenn in der Vergangenheit eigene Komplettlösungen entwickelt wurden.

Die Beispiele, die Sie im Verlaufe dieses Buches noch sehen werden, zeigen diese Komplexität ganz konkret. Zur besseren Übersichtlichkeit und zum leichteren Verständnis weisen wir Sie deshalb an entsprechender Stelle auf die zugrundeliegenden Strategie- und Geschäftsprinzipien hin.

Doch damit allein ist es noch nicht getan. Um dezidiert auf einzelne Anwendungsfälle eingehen zu können, bedarf es zusätzlich einer Definition für die Begriffe Softwareanwendung und Kundenlösung. Eine **Softwareanwendung** wird gemäß eines herstellerspezifischen Standards erstellt und mit einem klar definierten Funktionsumfang an den Kunden verkauft. Eine **Kundenlösung** erfüllt einen individuellen Kundenwunsch. Der Funktionsumfang wird vom Kunden und nicht wie bei der Anwendung vom Hersteller definiert. Kundenlösungen können von Integratoren durch mehrere, miteinander verbundenen Softwareanwendungen und/oder Lösungsmodulen umgesetzt werden. Aber auch Softwarehersteller betätigen sich in diesem Bereich durch Individualprogrammierungen. In der Regel kann von einem Softwareprodukt erwartet werden, dass sowohl Datenträger, Verpackung, Handbuch und verbindlich formulierte Lizenzbedingungen fester Bestandteil des Produktes sind. Ferner müssen Support und eine Supporthotline bereitgestellt werden.

Auf den Punkt gebracht: Wichtige Definition! Wie unterscheidet sich eine Standard-Software von einer Kundenlösung?

Web-to-Print-Geschäftsmodelle

Geschäftsmodell Technologieanbieter

Ihre Namen sind bekannt, aber sie liefern keine Komplettanwendungen für Web-to-Print: die Technologieanbieter wie zum Beispiel Adobe Systems, Quark, Viva oder auch PDFlib aus Deutschland und PDF-Tools aus der Schweiz. Sie entwickeln hingegen Basistechnologien, ohne die Web-to-Print nicht zu verwirklichen wäre.

Das Erfolgsmodell dieser Firmen basiert zumindest teilweise darauf, Technologien zu entwickeln, die später von möglichst vielen Softwareanbietern verwendet werden. Am Beispiel der Münchener Firma PDFlib sieht das folgendermaßen aus: das Unternehmen bietet verschiedene Softwareprodukte an, die als Module von Programmierern in eigene Anwendungen eingebunden werden. Diese Software-Elemente - im Falle von PDFlib zur Erzeugung und zum Rendern von PDF-Dateien - sind die Basis für das eigentliche Web-to-Print-Produkt. Die Programmierer von Web-to-Print-Anwendungen fügen den Basistechnologien kundenspezifische Bedienoberflächen, Prozess- und Businesslogiken hinzu.

Auf den Punkt gebracht: Standardtechnologien als Basis für Web-to-Print-Anwendungen bringen für alle Beteiligten auf Hersteller- und Kundenseite zahlreiche Vorteile.

Ein ähnliches Bild bieten Adobe und Quark. Sie haben für den Unternehmenseinsatz Serverversionen ihrer Layout- und Publishingprogramme im Angebot. Diese Serverversionen werden ohne Standard-Benutzeroberfläche (GUI) angeboten. Je nach Aufgabenstellung wie zum Beispiel für den Web-to-Print-Einsatz entwickeln Programmierer bei den jeweiligen Partnern (meist Systemintegratoren) die Benutzeroberfläche nach konkreten Kundenanforderungen. Hierzu bietet der entsprechende Technologielieferant sogenannt APIs für seine Anwendung (API: Application Programming Interface, Programmierschnittstelle) und die dazugehörigen Dokumentationen, so dass der Partner seine Anwendung auf diese Technologie aufsetzen kann.

Dieses Modell hat für Technologieanbieter sowie für die Entwickler und Abnehmer von Web-to-Print-Lösungen gleichermaßen entscheidende Vorteile. Der Technologieanbieter muss sich nicht auf bestimmte Zielmärkte mit eingeschränktem Geschäftspotenzial festlegen, sondern kann universell einsetzbare Softwaretechnologien entwickeln, anbieten und vermarkten. Die Produkt- und Lösungsentwickler hingegen können sich darauf verlassen, dass die von ihnen genutzten Technologien und

Software stets auf neutrale Weise weiterentwickelt wird, da die Technologieanbieter ihren Markt möglichst umfassend erreichen wollen. Die Entwickler von Web-to-Print-Anwendungen hingegen leisten ihren Beitrag zur Wertschöpfungskette durch spezielles Kunden-Know-how und durch kundenorientierte, eigenständige Lösungen. Diese unterschiedlichen Interessen von Technologieanbieter und Softwareentwickler grenzen ihre Geschäftsbereiche voneinander ab und sorgen in der Regel dafür, dass Technologieanbieter und Lösungsentwickler Hand in Hand arbeiten und sich nicht auf einmal als Wettbewerber gegenüberstehen. Es gibt einige wenige Ausnahmen. Aber sie sind selten, da sie für Technologieanbieter stets ein größeres Risiko darstellen. Die sich je nach Ausgangssituation dadurch den Zugang zu bestimmten Marktbereichen verbauen.

Die Endabnehmer von Web-to-Print-Lösungen wiederum profitieren davon, dass die technologischen Grundlagen ihrer Anwendungen standardisiert sind. Das bringt für zukünftige Entwicklungen Planungs- und Investitionssicherheit.

Auf den Punkt gebracht: Kooperation statt Konkurrenz lautet das Erfolgsrezept im Miteinander von Technologieanbieter und Softwareentwickler.

Ein weiterer Vorteil der Kompetenzabgrenzung zwischen Technologianbieter und Softwareentwickler liegt darin, dass Technologielieferanten so schneller auf Innovationen und Trends einsteigen können und auch mehr Systemplattformen besser unterstützen können, ohne große Personalressourcen vorhalten zu müssen. Dies wiederum macht sich positiv im Preis einer Anwendung bemerkbar, den der Endabnehmer einer Web-to-Print-Lösung letztendlich zu zahlen hat.

Der Abnehmer der Technologie – in der Regel der Entwickler einer Lösung oder eines Produkts – bezahlt meist nicht nur eine generelle Nutzungsgebühr, sondern auch eine Lizenzgebühr pro Endabnehmer (Kunde, der eine Web-to-Print-Anwendungen einsetzen möchte). Diese Lizenzmodelle sind stark abhängig von der Unternehmensphilosophie und der strategischen Ausrichtung des jeweiligen Technologieanbieters.

Bei den großen Technologieanbietern ist aus strategischen Gründen die Bereitschaft, das Lizenzmodell entsprechend den Bedürfnissen potentieller Partner – Softwareherstellern oder Integratoren – anzupassen, ungleich höher als bei den kleineren Anbietern.

Geschäftsmodell Softwarehersteller

Kein anderes Geschäftsmodell im Bereich Web-to-Print ist so selbsterklärend wie das der Softwareanbieter. Hierunter werden Anbieter verstanden, die Softwareanwendungen herstellen, verkaufen und gegebenenfalls auf Kundenwunsch hin modifizieren. Kunden des Softwareanbieters sind sowohl Integratoren als auch Provider, Dienstleistungsanbieter und Endabnehmer von Web-to-Print-Lösungen.

Das klassische Verdienstfeld eines Softwareanbieters ist der Verkauf von Software, korrekt bezeichnet die Vermarktung der Nutzungsrechte an der Software. Hinzu kommen Einnahmen für Wartung, Training, Support und Updates. Im Normalfall werden Softwareprodukte nach einem einfachen Prinzip vermarktet: eine CPU (Rechnereinheit) - eine Lizenz. Im Falle von Serveranwendungen ist die Grundlage stets eine Serverlizenz, die sich ebenfalls auf die CPU bezieht. Hinzu kommen jedoch entsprechende Nutzerlizenzen, die sich auf die Zahl der Anwender bezieht, die auf den Server zugreifen. Oft werden im Basispaket einer Anwendung entsprechende Nutzerlizenzen mit erworben. Dies ist jedoch nicht Standard, da die Lizenzmodelle stark divergieren können.

Auf den Punkt gebracht:
Bei der Investition in Software müssen auch die Folgekosten für Wartung, Support und für Updates mit einkalkuliert werden.

Bei Investitionen in Software müssen Kunden in der Regel neben den Kosten für die Softwarelizenz zusätzlich 15-30 Prozent der Investitionskosten für Wartung und Support je Betriebsjahr veranschlagen. Nur die wenigsten Hersteller bieten kostenlosen Service im Bereich Wartung und Support an. Für den Kunden empfiehlt sich zudem eine Investitionsrückstellung für Updates von etwa 8-12 Prozent pro Jahr. Diesen Betrag verlangen Softwarehersteller durchschnittlich für Updates auf größere, neue Versionen je Lizenz.

Zusätzliche Auftragsarbeiten lassen sich die meisten Softwarehersteller individuell nach Aufwand bezahlen. Meist sind dies Tagessätze oder eine vereinbarte Fixsumme.

Oft arbeiten Softwarehersteller mit Zwischenhändlern (Distributoren) zusammen. Diese kümmern sich einerseits für den Hersteller um den Vertrieb des Softwareproduktes. Auf Seiten der Kunden hingegen agieren sie nicht selten auch als Integratoren, da der Kundenwunsch oft über das normale Standardprodukt hinausgeht. Distributoren bieten oft einen Service an, der ein Standardprodukt durch Individualprogrammierung und Kombination mit weiteren Softwareprodukten zu einem Gesamtworkflow zusammenfügt. In manchen Fällen übernehmen auch Distributoren den Service für einen Hersteller, vor allem dann, wenn der jeweilige Distributor für eine gesamte Sprachregion oder ein ganzes Land zuständig ist.

Auf den Punkt gebracht: Distributoren erbringen für Hersteller und Kunden nicht nur Handelsdienstleistungen, sondern fallweise auch typische Integratorenleistungen.

Geschäftsmodell Integrator

Die Kombination von mehreren Softwareprodukten oder auch die Integration in vorhandene Software- und IT-Strukturen sind die Grundlage für das Geschäftsmodell von Integratoren. Bedingt durch die hohen Anforderungen einer Softwareanpassung und die oft großen Erwartungen der Web-to-Print-Kunden, bedarf diese Aufgabe eines hohen Grades an Erfahrung. Die typischen Kunden eines Integrators sind industrielle Endkunden und Web-to-Print-Dienstleister, die sich eine Anwendung entsprechend anpassen lassen.

Die Zusammenarbeit mit einem Integrator ist für den Dienstleistungsanbieter ideal, da er so auf einen Erfahrungsschatz zurückgreifen kann, für den er sonst viel Zeit und Geld investieren müsste. Da der Integrator meist die Software zukauft und an dem Weiterverkauf selten mehr als 15-25 Prozent Handelsmarge hat, macht er sein Hauptgeschäft mit der eigentlichen Integration und rechnet dabei seine Tagessätzen ab.

Einen wichtigen Teil des Geschäfts stellt für viele Integratoren die Betreuung bereits implementierter Projekte dar. Nach Fertigstellung eines Systems, wird meist angeboten, gegen ein Monatsfixum Wartung und Support zu übernehmen. Dienstleistungsanbieter, die einen festen Integrator gefunden haben, schätzen in der Regel die Zusammenarbeit sehr. In manchen Fällen stecken Integrator und Dienstleistungsanbieter ein gemeinsames Geschäftsfeld ab und werben gemeinschaftlich Kunden. So ist für den Endanwender, den Kunden des Dienstleistunganbieters, sichergestellt, dass sowohl Betrieb als auch Weiterentwicklung und technischer Support gewährleistet sind.

Die Anforderungen an Integratoren sind vielfältig und hoch, denn sie müssen tiefreichende technische Kompetenz mit umfassender Marktkenntnis verbinden. Sie müssen also mit den wichtigsten Programmiertechnologien vertraut sein, sich auf einen konkreten Markt (zum Beispiel Druckindustrie) festlegen und sich in diesem gut auskennen sowie Schulung und Wartung für individuelle Projekte anbieten können. Der hierfür nötige Aufwand rechnet sich dennoch, denn die Einnahmemöglichkeiten aus Marge, Serviceverträgen und Anpassungen sind erheblich.

Auf den Punkt gebracht: Hohen Anforderungen an Integratoren stehen auch gute Umsatzpotentiale gegenüber.

Geschäftsmodell Provider

Strategie-Tipp: Ertragschancen sind für Provider höher, wenn sie neben der Infrastruktur auch die Web-to-Print-Anwendung selbst bereitstellen.

Provider stellen auf Miet- oder Leasingbasis komplette Internetplattformen mit entsprechenden Zugängen ins Internet und Onlineanwendungen zur Verfügung und werden auch ASP-Dienstleister genannt (ASP: Application Service Providing). Ihre Kunden sind Integratoren, Dienstleistungsanbieter, Endkunden und manchmal auch Softwarehersteller.

Das Aufgabengebiet des Providers umfasst neben Bereitstellung und Betrieb der nötigen technischen Infrastrukturen (Hardware, Software, Zugang des Servers zum Internet, Datensicherung usw.) in manchen Fällen auch die Web-to-Print-Anwendungen selbst. In vielen Fällen wird der Web-to-Print-Dienstleister (siehe nächster Absatz), meist selbst zum Provider, da er bereits über entsprechende technische Einrichtungen und Personal verfügt und diese gerne dem Kunden auf Mietbasis überlässt.

Die Einnahmequellen für Provider sind aufgrund des relativ geringen Aufwandes nicht besonders ergiebig und eher auf Massengeschäft ausgelegt. So kostet derzeit ein guter Server in einem guten Rechenzentrum etwa 100 Euro Miete im Monat. Das schließt das komplette Datentransfervolumen und eine einfache Datensicherung bereits ein. Qualitativ hochwertige ASP-Anbieter jedoch können durch entsprechende Zusatzdienstleistungen wie Training, Softwareentwicklung, Softwareanpassungen etc. weitaus höhere Preise erzielen. Wird neben der technischen Infrastruktur eine Web-to-Print-Lösung mit vermietet, reichen die Umsatzspannen von 100 - 3.000 Euro pro Monat, je nach Service und Produkt.

Geschäftsmodell Dienstleistungsanbieter

Strategie-Tipp: Von den Dienstleistungsanbietern im Web-to-Print-Markt stammen viele ursprünglich nicht aus der klassischen Druckbranche. Darauf muss man sich mit entsprechenden Marktstrategien und Dienstleistungsangeboten einstellen.

Lässt sich der Markt der Hersteller, Integratoren und Provider noch relativ leicht überschauen, wird er im Bereich der Dienstleistungsanbieter komplexer und komplizierter. So mannigfaltig die Lösungen sind, so unterschiedlich sind die verschiedenen Geschäftsmodelle. Dies liegt nicht nur an der grundlegenden Möglichkeit vielfältiger Dienstleistungsangebote. Vielmehr ist eine wichtige Ursache hierfür, dass verschiedene Branchen und auch verschiedene Berufsgruppen Web-to-Print für sich entdecken und unkonvontionelle, für die Druckbranche neuartige Leistungen anbieten. Solche neuen Mittbewerber prägen zudem auch die begriffliche Darstellung des Web-to-Print-Marktes mit. Ein Digitaldrucker bietet Web-to-Print anders und mit einem anderen Selbstverständnis an als zum Beispiel eine Werbeagentur. Was für den einen Web-based Print on Demand ist, kann für den anderen schon Markenkommunikation bedeuten.

Um der Komplexität dieses Geschäftssegments Rechnung zu tragen, stellen wir die grundlegenden Geschäftsmodelle anhand konkreter Anwendungsbeispiele dar. Sie stehen stellvertretend für fünf typische Geschäftsmodelle, die zipcon consulting identifiziert hat.

- **Kostenlose Bereitstellung von Web-to-Print-Lösungen**
- **Vermietung von Web-to-Print-Lösungen**
- **Exklusive Bereitstellung von Web-to-Print-Lösungen**
- **Shop-Systeme für Dienstleistungen**
- **Portal-Systeme für Dienstleistungen**

Weltweit betrachtet ist die **kostenlose Bereitstellung von Web-to-Print-Lösungen** derzeit die profitabelste Nutzung von Web-to-Print, wenn damit gleichzeitig die Bestellung eines mittels Web-to-Print erzeugten Produktes einhergeht.

So hat zum Beispiel die Firma Vistaprint (www.vistaprint.com) ihren Umsatz von 2001 mit 18 Millionen auf über 256 Millionen US-Dollar im Jahr 2007 gesteigert. Maßgeblichen Anteil daran hat die kostenlose Produktion von Visitenkarten. Der Kunde kann auf der Website von Vistaprint eine Vorlage auswählen, diese inhaltlich modifizieren und schließlich drucken lassen. Der Kunde trägt nur die Kosten für Porto und Verpackung.

Strategie-Tipp: Sie sollten sich über die Vor- und Nachteile kostenlos bereitgestellter Web-to-Print-Lösungen im Klaren sein: Kundengewinnung vs. Abhängigkeit von schwer prognostizierbaren Umsätzen aus kostenpflichtigen Mehrwertdiensten.

Aufbauend auf dieser Dienstleistung bietet Vistaprint weitergehende Dienstleistungen und Produkte an, die der Kunde ebenfalls größtenteils via Web-to-Print nutzen kann. So bietet Vistaprint Templates für weitere Produkte wie bedruckte Baseballcaps oder individuelles Briefpapier an. Ferner öffnen die „kostenlosen" Produkte die Tür zu Unternehmen, die ansonsten eher zurückhaltend auf neue Druckdienstleister reagieren. Die kostenlose Bereitstellung von Web-to-Print ist daher durchaus als Marketingwerkzeug und Kundenbindungsinstrument zu betrachten.

Die kostenlose Bereitstellung von Web-to-Print-Lösungen ist die einfachste Form, dem Endkunden Web-to-Print näher zu bringen. Der Anbieter ist jedoch gezwungen, die Investition dann später über Mehrwertprodukte zu refinanzieren und darüber seinen Gewinn zu realisieren. Von Vorteil ist, dass der Anbieter sein bisheriges Geschäftsmodell nicht ändern muss, sondern nur ergänzt. Die Umsatzchancen sind jedoch kaum kalkulierbar, zu unberechenbar ist das Verhalten der Endkunden, ob sie Web-to-Print-Angebote annehmen oder nicht.

Strategie-Tipp: Mittels vermieteter Web-to-Print-Anwendungen können Kunden binnen weniger Tage ihre eigenen Projekte umsetzen.

Lukrativ ist die **Vermietung von Web-to-Print-Anwendungen** in vielerlei Hinsicht. So bietet das Nürnberger Unternehmen infowerk AG (www.infowerk.de) für zahlreiche Kunden aus dem grafischen Gewerbe einen ASP-Service und tritt dabei gleichzeitig auch als Provider und Integrator auf. Das verwendete Produkt – meist der Quark Server – wird von der Infowerk-Softwareentwicklung entsprechend angepasst und dann dem Kunden auf Infowerk-Servern bereitgestellt. Die monatlichen Mietkosten hierfür liegen bei etwa 1.000 Euro zzgl. Anpassungsaufwand. Für Infowerk und für den Anwender bietet die

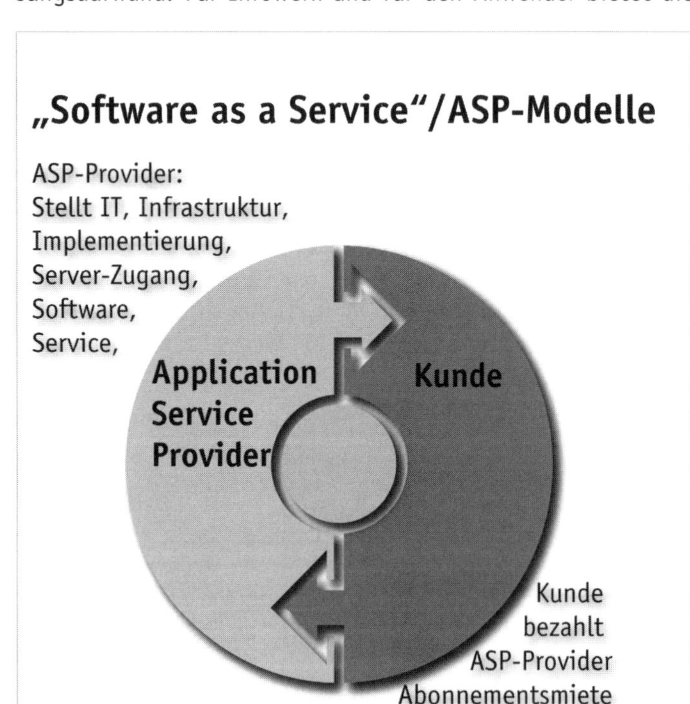

ASP-Lösungen bieten einen schnellen Einstieg in Web-to-Print, aber nur wenig „Lerneffekt" für den Anwender – Lerneffekte macht der ASP-Anbieter, der Nutzer lernt wenig in Sachen Administration und Co.

ASP-Lösung eine Win-Win-Situation: Der Kunde ist innerhalb weniger Tage in der Lage, Projekte via Web-to-Print zu verwirklichen. Infowerk kann vorhandene Ressourcen mehrfach nutzen und das Lizenzgeschäft im ASP-Bereich ausweiten.

Im Vergleich zu kostenlos bereitgestellten Web-to-Print-Lösungen garantiert die Vermietung von Web-to-Print-Lösungen einen regelmäßigen, kalkulierbaren Umsatz, der sich jedoch nicht signifikant steigern lässt. Dennoch ist diese Form der Abrechnung die bei weitem Beliebteste. Zusätzliche Umsätze lassen sich indes durch Mehrwertleistungen einspielen. Auch die Umsetzung von Kundensonderwünschen birgt in diesem Bereich ein attarktives Zusatzpotential.

Auf den Punkt gebracht: Vermietete Web-to-Print-Lösungen garantieren regelmäßige Umsätze, aber Zuwächse sind in der Regel nur über Mehrwertleistungen zu erzielen.

Die **exklusive Bereitstellung von Web-to-Print-Lösungen** wird vor allem von Großunternehmen gerne genutzt. Grund hierfür sind meist die erhöhten Sicherheitsbestimmungen in solchen Unternehmen und daraus resultierend auch der Wunsch, eigene, autarke Server zu nutzen.

d-serve.se war auch für Daimler aktiv. Mittels eines Gutscheinkonfigurators können Händler vor Ort CI-gerechte Drucksachen erzeugen.

Ein markantes Beispiel für diese Dienstleistungskategorie bietet die Kommunikationsagentur DGM, bsd (www.dgm-bsd.de). Sie hat auf Basis von CI-Book der deutschen Firma d-serv SE ein System entwickelt, mit dem Daimler Financial Service dezentral und individualisiert Werbemittel für den lokalen Einsatz im Einzugsgebiet einzelner Autohändler produziert. Die Oberfläche des Werkzeugs basiert vollständig auf Flash. Das kommt den traditionell eher weniger computeraffinen Benutzern in den Autohäusern zugute, denn durch Flash lassen sich intuitiv bedienbare, aufgabenfokussierte Benutzeroberflächen aufbauen. So ist die On-Screen-Editierung auch für Nichtfachleute leicht durchführbar.

Das Werkzeug ist nur intern im Händlernetz von Daimler zugänglich. Bislang stehen für die rund 650 aktiven Benutzer rund 1.500 Produkte und 15 verschiedene Themendesigns zur Verfügung, aus denen sie ihre lokale Werbung zusammenstellen können und sie dann drucken lassen. Für die Kommunikationsagentur ist das System Ausgangsbasis für weitergehende, dauerhafte Aktivitäten, kommen doch die Vorlagen aus dem Hause DGM, bsd.

Um Web-to-Print-Lösungen für Endkunden exklusiv bereitstellen zu können, bedarf es eines hohen Aufwands bei technischem und finanziellem Investment. Doch das zahlt sich letztendlich aus. Fühlt sich ein Kunde bei seinem Dienstleister gut betreut, entsteht dadurch eine enorm hohe Kundenbindung. Diese wird meist noch dadurch verstärkt, dass der Kunde ja auch technisch die Plattform seines Dienstleisters nutzt, wenn auch auch auf eigenen oder exklusiv bereitgestellten Servern. Die Wachstumschancen sind in diesem Business sehr gut, da der Kunde im Umgang mit Web-to-Print lernt, Prozesse zu hinterfragen und gegebenfalls durch IT-Lösungen und mithilfe seines etablierten Dienstleisters zu optimieren.

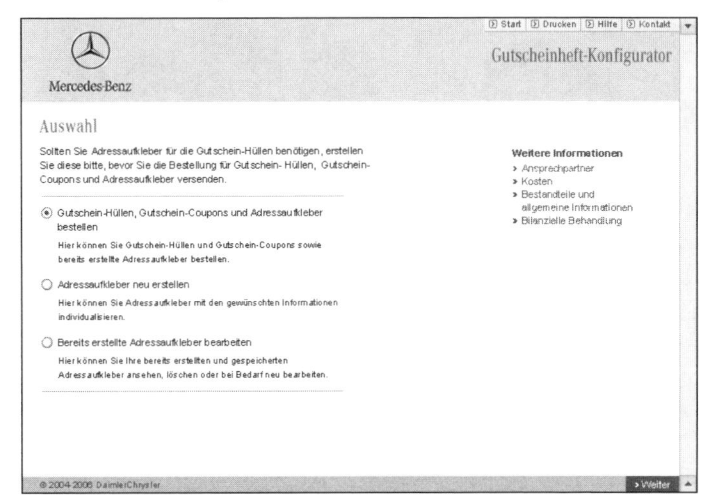

Simpel und zielgruppengerecht – die Auswahl des nächsten Arbeitsschrittes. So können auch „Nicht-Profis" Web-to-Print nutzen.

Das **Shop-System für Dienstleistungen** für einen geschlossenen Benutzerkreis ist ein weiteres marktübliches Geschäftsmodell. Ein markantes Beispiel hierfür bietet die Gugler AG (www.gugler.at). Sie ist seit 15 Jahren die Produktionsagentur für den Tankstellenkonzern Agip Österreich. Nach einer Analyse der aktuellen Situation durch den Mutterkonzern ENI in Italien, wurde Gugler beauftragt, ein Web-Portal für Agip zu entwickeln. Von der Zentrale bis zur einzelnen Tankstelle sollte konzernweit das Erscheinungsbild am Point of Sale (POS) europaweit vereinheitlicht werden. Umgesetzt mit Pageflex Storefront produziert Agip heute personalisierte Werbemittel mit individualisierbaren

Elementen, von Plakaten bis zu Werbeelementen für Zapfsäulen, Aufsteller – eben alles was in einem Shop üblicherweise verwendet wird. Der Hauptvorteil der durch Gugler eingesetzten Software ist das schnelle Erfolgserlebnis, die gute Renderingengine und beim europaweiten Einsatz die Mehrsprachigkeit der Benutzeroberfläche. Dazu kommen differenzierte Zugriffsrechte und umfangreiche Freigabeprozesse. So stellt die Gugler AG ihrem Kunden eine Plattform zur Verfügung, auf der er zum einen von Gugler erbrachte Dienstleistungen ordern kann, zum anderen aber auch externe Leistungen einkaufen kann, ohne dass der Kunde, der Tankstellenpächter, einen großen bürokratischen Aufwand hat.

Auf den Punkt gebracht:
Trotz hohen Aufwands bei Technik und Investment zahlen sich exklusiv bereitgestellte Web-to-Print-Lösungen durch hohe Kundenbindung aus.

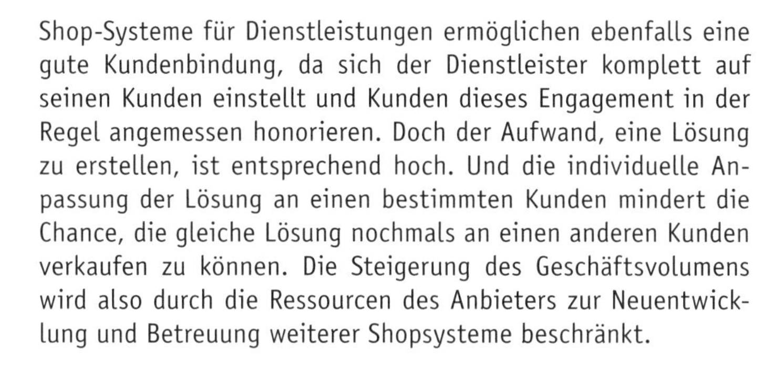

Shop-Systeme für Dienstleistungen ermöglichen ebenfalls eine gute Kundenbindung, da sich der Dienstleister komplett auf seinen Kunden einstellt und Kunden dieses Engagement in der Regel angemessen honorieren. Doch der Aufwand, eine Lösung zu erstellen, ist entsprechend hoch. Und die individuelle Anpassung der Lösung an einen bestimmten Kunden mindert die Chance, die gleiche Lösung nochmals an einen anderen Kunden verkaufen zu können. Die Steigerung des Geschäftsvolumens wird also durch die Ressourcen des Anbieters zur Neuentwicklung und Betreuung weiterer Shopsysteme beschränkt.

Ein **Portal-System für Dienstleistungen** hat die Schaufler Group bzw. die Media-IT Services & Consulting GmbH (www.media-it-services.de) für die Firma Quelle als Werbemittelportal auf Basis von iBrams erstellt. Quelle stand bei der Werbemittel-Produktion vor dem Problem, dass die deutschlandweit 3.600 Shops selbst für ihre Werbung zuständig sind und dadurch ein enorm hoher Betreuungsaufwand für die Zentrale entstand. Dennoch hatte das zentrale Marketing keine richtige Kontrolle über die Werbemittel, weder quantitativ noch qualitativ. Die Einhaltung der CI- und CD-Richtlininen) und somit die Wahrnehmung der Marke „Quelle" in der Öffentlichkeit war nicht garantiert.

Strategie-Tipp:
Ausgefeilte Portallösungen können den eigentlichen Web-to-Print-Produktionsprozess mit der dazugehörigen Verwertungskette, zum Beispiel Anzeigenbuchungen, verknüpfen.

Die Lösung dieses Problems bot der Aufbau eines Web-to-Print-Portals, über das die Quelle-Shops alle nötigen Werbemittel zusammenstellen und anfordern können. Zu diesen Werbemitteln gehören Anzeigen, für die das System nach der Gestaltung die aktuellen Anzeigenpreise aller relevanten Zeitungen zur Verfügung stellt. In einer weiteren Ausbauphase sollen die Anzeigen auch online buchbar sein. Im Bereich Großplakate im Format 18/1 funktioniert die Onlinebuchung bereits in Zusammenarbeit mit der Firma Ströer. Rund 97 Prozent aller in Deutschland verfügbaren Plakatflächen lassen sich über dieses System direkt buchen. Dabei hilft eine grafische Anwendung auf Basis eines Routenplaners, die alle Plakatflächen inklusive Standortinfos und Foto der Plakatwand anzeigt. Die offene Struktur erlaubt es, weitere Dienstleister in den Produktionsprozess einzubinden, beispielsweise Übersetzungsbüros oder Agenturen.

In der ersten Projektphase wurden zehn ausgewählte Powershops in die Realisierung des Portals eingebunden, in einer zweiten Testphase wurde mit 100 Quelle-Shops das System drei Monate lang getestet, bevor es nach einer gründlichen Feedback-Runde für alle 3.600 Filialen freigeschaltet wurde. Schaufler bietet dabei das System als eigenständige Dienstleistung an – und verdient durch die Nutzung, den Service, Wartung und Updates an diesem Portal.

Strategie-Tipp: Portallösungen erfordern einen sehr hohen Investitionsaufwand, sind dafür aber zukunftstauglich und können Folgegeschäfte generieren.

Den Portal-Systemen für Dienstleistungen gehört unzweifelhaft die Zukunft. Einem sehr hohen Investitionsaufwand steht eine detailliert auf Kundenwünsche eingehende, skalierbare Lösung gegenüber. Dies hat seinen Preis, ist nicht für jeden Kunden geeignet, garantiert jedoch dauerhaft einen guten Umsatz, da die Kundenwünsche meist mit dem Einsatz einer solchen Lösung steigen und dadurch Folgeaufträge erzeugt.

Abrechnungsmodelle

Bei der Vielfalt der Geschäftsmodelle verwundert es nicht, dass auch bei den Abrechnungsweisen für Endkunden-Dienstleistungen sich kein einheitliches Bild ergibt. Ein weiterer Grund hierfür ist auch, wie Web-to-Print-Dienstleistungen von Kunden eingefordert und genutzt werden. Manche Endkunden sind selbst getrieben von der Anforderung Kosten einzusparen, verlangen deshalb von ihrem Mediendienstleister einfach eine Web-to-Print-Dienstleistung und machen dies zur Voraussetzung zum Fortbestand der Geschäftsbeziehung. Andere Kunden arbeiten hingegen aktiv an konkreten Vorgaben, was ein Web-to-Print-Angebot genau für sie beinhalten soll und wie die Leistung vergütet werden soll.

Auf den Punkt gebracht: Die Vielfalt der Geschäftsmodelle spiegelt sich bei den Abrechnungsmodellen wieder.

Die Abrechungsverfahren sind daher so unterschiedlich wie Anforderungen und Fantasie der Geschäftspartner. Um etwas Struktur zu schaffen, seien an dieser Stelle deshalb die gängigsten Verfahren genannt.

- **Kauf eines Endprodukt – die Nutzung des Systems ist kostenlos, doch muss das Endprodukt beim jeweils anbietenden Dienstleister bezogen werden**

- **Pay per Use – auf Basis eines internen Systems wird die Nutzung registriert, ausgewertet und berechnet**

- **Stundenpreis – die zeitliche Nutzung (LogIn-Time) wird abgerechnet**

- **Miete/Flatrate – auf Basis eines vereinbarten Mietpreises wird monatlich abgerechnet. Die Höhe des Mietpreises ist oft abhängig von der Anzahl aller Anwender (Named User) oder von der Anzahl der Anwender, die das System gleichzeitig nutzen können (Concurrent User)**

- **Template-Nutzung – je genutztem Template bezahlt der Kunde einen Fixpreis**

- **Erzeugungspreis – Preis pro erzeugter Druckvorlage**

- **Kauf – das System wird für einen vereinbarten Preis an den Kunden verkauft. Zusätzlich zahlt der Kunde eine Servicegebühr für die Wartung, fallweise auch Supportpauschalen oder für sogenannte Maintenanceverträge, um das System auf dem neuesten Stand zu halten**

Neue Dienstleister?

Der Name alleine verdeutlicht es schon: Web-to-Print ist in zwei Welten verwurzelt, der Online-Welt und dem traditionellen Druckmarkt. Das bedeutet nicht nur, dass sich beide Seiten gegenseitig befruchten und eine neue Dynamik im Printbusiness entwickeln. Es bedeutet auch, dass Anbieter mit völlig unterschiedlichen Historien im Web-to-Print-Markt nun im Wettbewerb stehen. Vor diesem Hintergrund verblüfft es vielleicht nicht mehr ganz so sehr, dass Web-to-Print kein originäres Betätigungsfeld der Druckindustrie ist. Innovatoren in diesem Bereich waren eher die Kunden der Druckindustrie, die gegenüber ihren Agenturen und Dienstleistern ihre Wünsche äußerten.

Auf den Punkt gebracht: Web-to-Print-Lösungen kommen in der Regel nicht aus dem klassischen Druckbereich. Eine neue Wettbewerbslandschaft entsteht.

So ergibt sich laut Erhebung von zipcon consulting, ein sehr gemischtes Bild davon, wer in der Region D/A/CH Web-to-Print-Endprodukte anbietet.

Hervorstechendes Merkmal ist, dass ein Fünftel der Web-to-Print-Dienstleister ursprünglich nichts mit Druck zu tun hatten, sondern Lösungen für den Online-Bereich anboten. Der

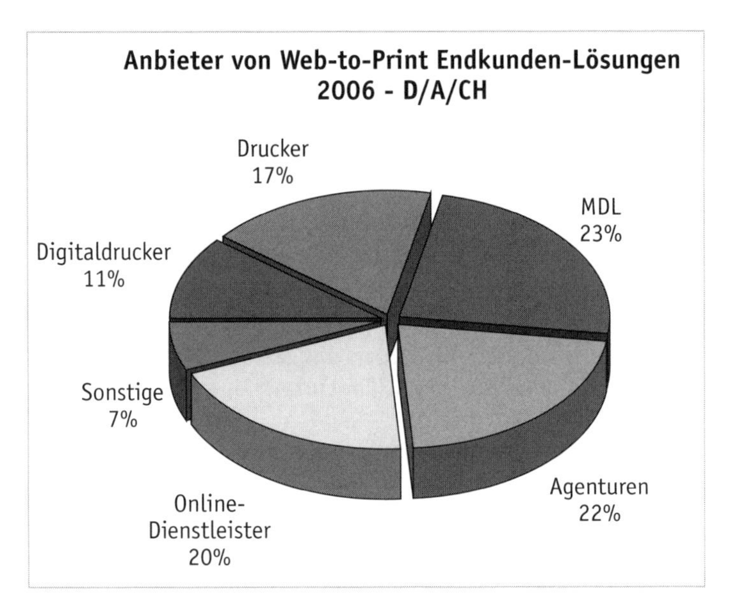

Erstaunlich: 2006, so das Ergebnis der Studie 2007, nutzen auch schon viele Branchenfremde Web-to-Print. Erstaunlich: Eine der größten Anbietergruppen sind die Online-Dienstleister.

Druckbereich stellt zwar mit 28 Prozent die größte Gruppe von Anbietern, aber nur wenn man traditionelle Drucker (17 Prozent) und Digitaldrucker (11 Prozent) zusammennimmt. Mediendienstleister repräsentieren 23 Prozent des Angebotes, knapp vor den Werbeagenturen mit 22 Prozent. Bei den verbleibenden 7 Prozent finden sich vor allem Anbieter aus dem Bereich der technischen Dokumentation.

Die wichtigsten Erkenntnisse lauten demnach: Das Bedürfnis, individuell und on Demand zu drucken, kann auch von Anbietern aus anderen Industriezweigen als der Druckindustrie befriedigt werden. Die Grenzen zwischen den unterschiedlichen Anbietern verschwimmen langsam. So manche Agentur betätigt sich auch als Medien- und Onlinedienstleister. Umgekehrt gilt Gleiches für Mediendienstleister, die wiederum in anderen Bereichen, vor allem in der Kreation, tätig sind.

Neue Dienstleistungen erfordern von Dienstleistern aus der Medienindustrie – von der Agentur bis hin zum Drucker – eine neue Flexibilität. Fragen der Bereitstellung, der Abrechnung, der verlässlichen und dauerhaften Weiterentwicklung einer Lösung, müssen mit den Kunden besprochen und gegebenenfalls partnerschaftlich gelöst werden.

Viele Dienstleister haben auch schon früh eigene Web-to-Print-Lösungen angeboten und stehen nun vor der Frage, ob diese abgelöst, erneuert oder mit einer neuen Lösung kombiniert werden sollen. Die Mischform verschiedener Aufgabenstellungen löst die klaren Abgrenzungen bislang getrennter Branchen auf. So ist eine Agentur, die via Web-to-Print nun auch Druckvorlagen anbietet, auf einmal Mediendienstleister und nicht nur Kreativdienstleister. Die gleiche Situation findet man auch im Druckbereich. Dort werden die Drucker durch Web-to-Print und andere IT-Dienstleistungen auf einmal zu einem Provider und Kreativdienstleister. Eine neue Art von Dienstleistung entsteht.

Auf den Punkt gebracht: Dienstleister zeigen ein bisher nicht gekanntes Maß an Flexibilität, überschreiten bisherige Branchengrenzen und bieten integrierte, kundenorientierte Lösungen.

Marktanalyse - Erwartungen, Potentiale und Entwicklungen

Web-to-Print-Markt aus Endkunden-Sicht

Der Web-to-Print-Markt ist jung, dynamisch und in vielen Bereichen auch noch recht unübersichtlich. Kein Wunder also, wenn auf Kundenseite oft große Verwirrung herrscht, manchmal auch Irritation und etwas Misstrauen. Gerade der Mittelstand betrachtet digitale Publishing-Verfahren skeptisch. Zwar ist den meisten Kunden klar, dass man durch neue, online-gestützte Automatisierungsprozesse innerhalb eines Medienunternehmens Zeit und Geld sparen kann – die wesentlichen Vorteile von Web-to-Print bleiben aber den meisten Endkunden zunächst unerschlossen.

Hier sind die Dienstleister von Web-to-Print-Angeboten gefordert. Wenn sie ihren Kunden die Angebote und die Vorteile von Web-to-Print erläutern und ihnen die Lösungen nahebringen, dann steigt auch das Vertrauen, um Web-to-Print aktiv zu erproben. Dieses Bemühen ist nicht immer von Erfolg gekrönt. So belegen zahlreiche Interviews mit Mittelstandskunden von Mediendienstleistern durchaus die Skepsis gegenüber digitalen Dienstleistungen.

Auf den Punkt gebracht: Kunden, die in ihrem Unternehmen stark prozessorientiert arbeiten und den Nutzen von Automatierungsprozessen kennen, stehen Web-to-Print offener gegenüber als andere Kundengruppen.

Anders in Großunternehmen. Digitale Angebote sind hier längst implementiert – digitale Standards wie SAP oder auch Oracle seit langem im Einsatz. Bei ihnen ist Web-to-Print ein Thema, das von den meisten Controllern und Prozess-Managern befürwortet wird. Es wird sogar aktiv nach Lösungen gesucht.

Die Eigendynamik im Großunternehmensbereich ist nicht zu unterschätzen. Sie zeigt vor allem auf, dass es mit der Umsetzung einer Lösung und der Implementierung beim Endkunden alleine nicht getan ist. Web-to-Print-Anbieter müssen stets an die Weiterentwicklung ihrer Produkte denken – und dies im Sinne ihrer Kunden auch wirklich tun. Dieses belegen Aussagen von Marketingverantwortlichen aus Großunternehmen, mit denen zipcon consulting gesprochen hat.

Betrachtet man den Web-to-Print-Markt aus Endkundensicht, dann muss zu allererst die Frage geklärt werden, wie es um das Vertrauen in neue digitale Dienstleistungen wie Web-to-Print-Angebote bestellt ist. zipcon consulting stellte diese Frage in einer Studie 100 Kunden von Mediendienstleistern aus mittelständischen und großen Unternehmen in D/A/CH.

Offenes Vertrauen in digitale Angebote gibt es nur bei bei knapp einem Viertel der Unternehmen (23 Prozent). Wichtig in diesem Zusammenhang: Sobald der Dienstleister, der das Angebot präsentiert, bekannt ist (17 Prozent) oder empfohlen wird (11 Prozent) – steigt auch bei Zweiflern das Vertrauen. Insgesamt stehen dem Thema „digitale Dienstleistungen" nur 51 Prozent

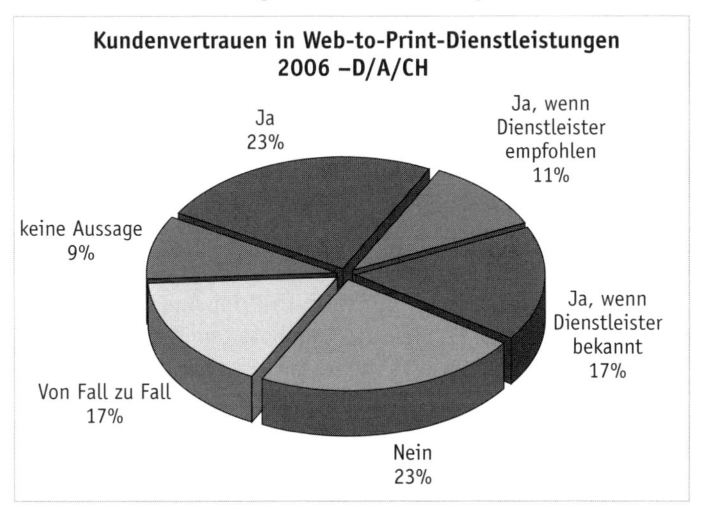

Oft ist auch die Frage gegeben: „Vertraut mir mein Kunde in Bezug auf digitale Dienstleistungen?"

der befragten Unternehmen mit einer positiven Grundtendenz gegenüber, viele von ihnen auch nur dann, wenn ihnen ganz konkrete Rahmenbedingungen wie die vertrauenswürdigkeit des Anbieters bekannt sind. 17 Prozent der Unternehmen erwägen die Möglichkeit eine digitalen Dienstleistung von „Fall zu Fall" und machen ihre Entscheidung offenbar von anderen Faktoren abhängig. Klar negativ stehen 23 Prozent der befragten Unternehmen dem Thema digitale Dienstleistungen gegenüber. 9 Prozent der Firmen wollten keine Aussage treffen.

Eine weitere Frage der Studie widmete sich dem Sachverhalt, welche Produkte und Dienstleistungen denn durch Web-to-Print umgesetzt werden sollten. Das größte Potential sehen die Kunden von Mediendienstleistern offenbar im Bereich Kataloge, Handbücher und bei komplexeren Druckdokumenten (auch Geschäftsberichte). Ein knappes Drittel der Befragten (32 Prozent) nannten diesen Bereich an erster Stelle. An zweiter steht das Thema Mailing und Transaktion (22 Prozent). Dies ist vor allem vor dem Hintergrund der Tatsache zu sehen, dass der Bereich Transaktionsdruck in Farbe von den Unternehmen aktiv genutzt und strategisch weitergedacht wird. Der Bereich Visitenkarten, der originäre Einsteigerbereich für Web-to-Print-Anwendungen, wird nur von 17 Prozent der Kunden als wichtig angesehen, gefolgt von der Anzeigenerzeugung mit 13 Prozent. Letzters ist nicht weiter verwunderlich, denn nicht jedes Unternehmen setzt im Marketing auf Anzeigen und führt entsprechende Kampagnen durch. Der Bereich Book on Demand liegt mit 4 Prozent in der Statistik weit hinten. Das spiegelt allerdings auch das konkrete aktuelle Marktvolumen wieder, den Fotobuchbereich nicht eingeschlossen.

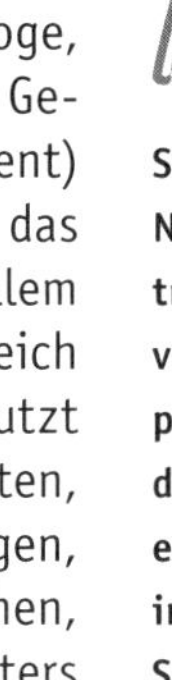

Strategie-Tipp:
Nur wer offen und transparent den Nutzen von Web-to-Print bei potentiellen Kunden darstellen kann, hat eine Chance, die noch immer existierende Skepsis gegenüber digitalen Dienstleistungen zu überwinden.

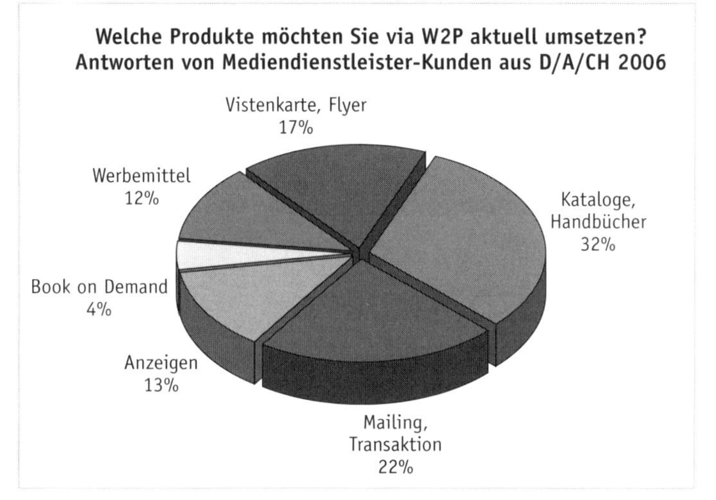

Kundenbedürfnisse im Jahr 2006 – Web-to-Print wird mehr und mehr für komplexe Produktionen eingesetzt.

Besonders interessant ist nun, wenn man Angebot und Nachfrage gegenüberstellt. „Welche Print-Produkte möchten Sie durch Web-to-Print umsetzen?" fragte zipcon consulting Mediendienstleister und Kunden gleichermaßen und verglich die Antworten. Auf diese Weise läßt sich ermitteln, ob Erwartungshaltung der Kunden und Angebote der Dienstleister auch zusammenpassen.

Deutlich abweichende Antworten gab es in den Bereichen Visitenkarten, Flyer, Kataloge und Handbücher. Mediendienstleister sehen den Bereich Visitenkarten und Flyer als wesentlich wichtiger an als ihre Kunden. Und hier ist ausschließlich von Ge-

Strategie-Tipp: Es gibt signifikante Unterschiede zwischen Angebot und Nachfrage auf dem Web-to-Print-Markt. Wer die Diskrepanzen in entsprechenden Teilbereichen richtig identifiziert, erschließt sich Wachstumspotenziale.

schäftskunden die Rede (B2B-Kunden) und nicht von privaten Endkunden (B2C-Kunden). Umgekehrt formulieren die Kunden im Bereich Kataloge und Handbücher einen wesentlich größeren Bedarf als er von Mediendienstleistern gesehen wird. Wer diese Diskrepanzen von Angebot und Nachfrage richtig erkennt, findet die idealen Wachstumsmöglichkeiten für sein Web-to-Print-Business.

Doch warum kommt es zu derart unterschiedlichen Einschätzungen? Die Antwort ist so einfach wie einleuchtend: Kunden gehen von ihrem tatsächlichen Bedarf aus und machen sich in der Regel keine Gedanken darüber, mit welchen technischen Mitteln er befriedigt werden kann. Das ist schließlich auch nicht ihre Aufgabe. Die Mediendienstleister müssen im Gegenzug erahnen, wo der tatsächliche Bedarf ihrer Kunden liegt. Das ist schwieriger als es klingt. Denn Web-to-Print ist vom Verfahren her noch nicht im Mainstream-Markt verankert. Viele Kunden wissen also nicht, welche Aufgabenstellungen sie mittels Web-to-Print lösen können und dass es solche Verfahren überhaupt gibt. Das macht die Identifizierung von Neukunden und von Marktpotenzialen für die Mediendienstleister ungewöhnlich aufwendig und schwer. Hier gilt es, die Kunden weiter aufzuklären und ihnen als kompetenter Dienstleister zur Seite zu stehen.

Der Web-to-Print-Markt in D/A/CH

Web-to-Print ist ein sehr schnell wachsender Markt und deshalb gerade für die wirtschaftlich stark strapazierte Medienindustrie in Deutschland, Österreich und der Schweiz ein wichtiger Hoffnungsträger. Das ist durchaus realistisch. Wichtig dabei ist jedoch, dass der derzeitige Veränderungsprozess entsprechend gesteuert und genutzt wird.

So verändert sich derzeit das Kauf- und Ausschreibungsverhalten der Endkunden (B2B und B2C) durch Web-to-Print und weitere Online-Angebote langsam aber sicher. Außerdem verwandelt sich die Anbieterlandschaft von Print- und Onlinemedien derzeit dramatisch, weil ursprünglich druckferne Dienstleister durch ihre Onlinekompetenz sich im Markt etablieren.

Da die Grenzen zwischen den verschiedenen Dienstleistungsbereichen mehr und mehr aufweichen, sollte ein erfolgsorientierter Dienstleister (Drucker, Digitaldrucker, Mediendienstleister) mehrere Rollen gleichzeitig ausfüllen und im Optimalfall entweder selbst oder über ein Netzwerk alle Bereiche von der Kreation bis hin zum Druck und der Logistik bedienen. Gleiches gilt auch für Werbe- und Kommunikationsagenturen sowie für Online-Dienstleister, die mehr und mehr Fachwissen aus dem Druckbereich repräsentieren müssen.

Auf den Punkt gebracht: Moderne Dienstleister müssen mehrere Rollen gleichzeitig ausfüllen, um integrierte, kundengerechte Angebote machen zu können.

Die Gesamtmarkt-Kennzahlen können derzeit nicht auf der Basis klar definierter Kategorien und offen zugänglicher Daten ermittelt werden. Die wichtigsten Gründe hierfür: Heutige Web-to-Print-Dienstleister gehören unterschiedlichen Branchen an und ihr Web-to-Print-Angebot stellt oft nur einen Teil ihres Gesamtgeschäftes dar. Und schließlich hält man sich über den Geschäftsverlauf generell eher bedeckt und lässt aus Wettbewerbsgründen Diskretion walten.

Dennoch kann zipcon consulting aus den Erfahrungen der eigenen Beratungstätigkeit sowie aus bekannten Eckddaten des Marktes ein valides Marktbild zeichnen. So geht zipcon consulting im Jahr 2009 davon aus, dass mindestens 10 Prozent aller Mediendienstleister in Deutschland derzeit Web-to-Print-Anwendungen einsetzen. Das geschieht entweder als ASP-Service, der von einem dritten Anbieter bezogen wird, oder als eigenständige Lösung. Geht man von ca. 30.000 - 32.000 Unternehmen im Gesamtmarkt aus, so sind dies derzeit etwa 3.000 Firmen, die im Segment Web-to-Print aktiv sind. Tendenz stark steigend.

Im Rahmen der Befragungen zu seiner Web-to-Print-Studie skizzierte zipcon consulting auch, wie die Mediendienstleister (umfasst Druckvorstufe, Datenmanagement und Druck) aufgestellt sind und welche Produkte die Unternehmen mittels Web-to-Print produzieren möchten. 182 Mediendienstleistungsunternehmen gaben Auskunft.

Auf den Punkt gebracht: Kunden ist die Produktionsweise egal. Wichtig ist ihnen nur das Ergebnis. Das schließt Qualität und Preiswürdigkeit des Produkts ein.

Markantes Ergebnis: die Kunden unterscheiden nicht mehr zwischen Digital- und Offsetdruck oder Akzidenz-und Massendruck. Für sie steht das Endprodukt im Mittelpunkt, nicht unbedingt der Weg, wie es produziert wird. Der Digitaldruck scheint fünfzehn Jahre nach seiner Vorstellung akzeptiert zu sein. Außerdem ist ihre Sicht davon, was konkret durch Web-to-Print produziert werden muss, eine andere als die der Mediendienstleister selbst.

Des weiteren untersuchte zipcon consulting die Unternehmensgröße der Web-to-Print-Anbieter in D/A/CH. Hierfür wurden alle zipcon consulting bekannten Web-to-Print-Dienstleister gegenübergestellt, unabhängig davon, ob sie B2B- oder B2C-Anbieter sind oder gar einer anderen Branche angehören. Von 112 betrachteten Unternehmen haben 21 Prozent zwischen 1 und 5 Mitarbeiter und 27 Prozent zwischen 6 und 10. In der Gesamtsicht repräsentieren demnach die kleineren Unternehmen 48 Prozent des gesamten Web-to-Print-Anbietermarktes in D/A/CH. Demgegenüber stellen mittelgroße Unternehmen mit 11-25 Mitarbeitern 19 Prozent und mit 26-50 Mitarbeitern 16 Prozent dar. Größere Unternehmen mit über 50 Mitarbeitern kommen insgesamt auf 17 Prozent. Anbetrachts der Investitionshöhe von Web-to-Print-Anwendungen ist dies auf den ersten Blick bemerkenswert, werden doch kleinere Unternehmen meist finanziell als weniger potent eingeschätzt. Hier zeigt sich der

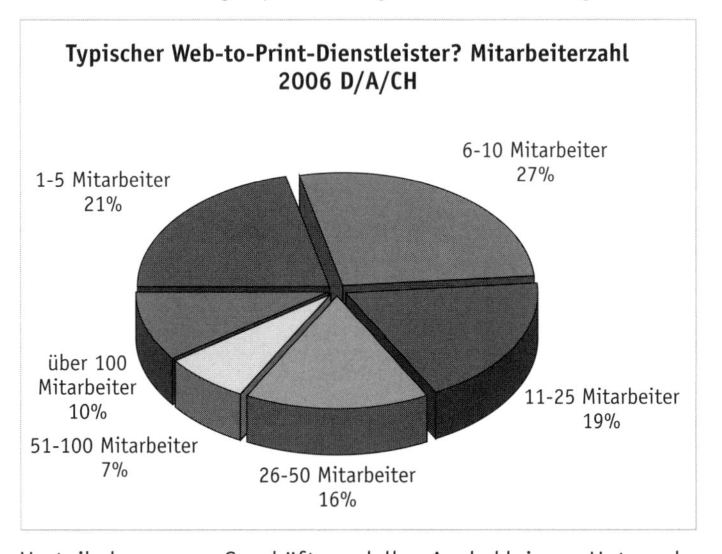

Nur die wenigsten Web-to-Print-Dienstleister sind „große" Unternehmen – hier nutzen viele kleinere Firmen ihre Chance.

Vorteil der neuen Geschäftsmodelle. Auch kleinere Unternehmen können als Web-to-Print-Anbieter auftreten, sofern sie bei einem Partnerunternehmen einen ASP-Service nutzen oder eine Anwendung mit besonderem, angepasstem Lizenzmodell (zum Beispiel „Pay per Click") erwerben. So tragen gerade kleine Unternehmen durch ihre Flexibilität maßgeblich zur Dynamik des Web-to-Print-Marktes bei.

Ein weiteres wichtiges Merkmal des Web-to-Print-Marktes ist die Möglichkeit, Eigenentwicklungen einsetzen zu können bzw. zu müssen. Dies hat für den jeweiligen Anbieter den Vorteil, dass er von Anfang an „versteht" was er tut. Er begleitet seinen Kunden mit seiner Anwendung in die neue Art der Produktion. Dies ist bei Kaufprodukten nicht immer der Fall. Unternehmen in D/A/CH entwickeln gerne selbst, das ergab die Befragung der 112 von zipcon consulting betrachteten Dienstleister.

Vergleicht man den Markt in D/A/CH mit dem der USA dann fällt auf, dass der Bereich ASP mit nur 14 Prozent einen recht kleinen Bereich ausmacht. Bereits 2004 lag in den USA die Vergleichszahl laut TrendWatch Graphic Arts (Printing #20, Herbst 2004) mit 38 Prozent wesentlich höher. Wahrscheinlich ist dort das Vertrauen in digitale Dienstleistungen größer als hierzulande.

Strategie-Tipp: Flexible Geschäfts- und Bezahlmodelle ermöglichen es auch kleinen, dynamischen und flexiblen Dienstleistern, mit überschaubarem Invesitionsaufwand attraktive Web-to-Print-Angebote machen zu können.

Im Bereich D/A/CH baut man gern auf Kauflösungen, ihr Anteil liegt mit 39 Prozent recht hoch – aber auch das Vertrauen in Eigenentwicklungen ist mit 18 Prozent vergleichsweise hoch. Und es sind gerade diese Eigenentwicklungen, die dem Web-to-Print-Markt in D/A/CH seine Dynamik geben. Wurden doch in den Anfangsjahren 1997 bis 2001 hierdurch neue Dienstleistungen erst möglich, da kaum Kauflösungen zu einem vertretbaren Preis im Markt waren.

Besonders interessant wird es, wenn Eigenentwicklungen mit einem ASP-Service verbunden werden. Das kann in mehreren Richtungen das geschäftliche Wachstum fördern. Entweder lässt sich durch Einbinden externer Leistungen und Inhalte in das eigene Produkt das Angebotsportfolio erweitern oder man kann die Eigentwicklung mittles ASP-Service auch anderen Kunden zur Verfügung stellen und so zusätzliches Geschäft generieren. Beliebt sind zum Beispiel Services zum Personalisieren von Bildern, die direkt in die eigene Lösung übernommen werden, oder auch externe Bilddatenbanken. Auch die Kombination einer Eigen- mit einer Kauflösung, scheint interessant zu sein. Eher der Einzelfall ist ein Mix aus Kauf-, Eigen- und ASP-Lösung. Solche Anwendungen sind im Bereich der Web-to-Print-Großportale zu finden.

Marktvergleich D/A/CH und andere Wirtschaftsräume

Vergleicht man den Abnehmermarkt für Softwareanwendungen in D/A/CH mit dem anderer Länder oder dem Rest der Welt (ROW : Rest of the World) wird eine Besonderheit offensichtlich: Anwender aus D/A/CH sind kritischer. Nicht jede Anwendung wird akzeptiert.

Wichtiges Indiz hierfür ist die Tatsache, dass die meisten Anwender in D/A/CH der Entwicklung Web-to-Print einige Jahre lang eher teilnahmslos oder skeptisch gegenüberstanden. So ist erst in den letzten fünf Jahren ein stetig zunehmender Trend in Richtung Web-to-Print festzustellen. In den USA wird schon seit 1995, also mit dem Start des öffentlichen Internets, die Idee Web-to-Print diskutiert und seit 1997 mit den ersten wirk-

Auf den Punkt gebracht:
In den USA ist die Idee von Web-to-Print so alt wie das öffentlich genutzte Internet.

lich einsetzbaren Produkten auch genutzt. Bitstream war hier mit Pageflex ein Vorreiter. Aber auch Unternehmen wie PDFLib aus Deutschland und andere Technologielieferanten aus dem PDF-Bereich, haben diesen Trend mit angeschoben.

Während sich in den USA mit Printable (www.printable.com) ein großer Anbieter als ASP-Dienstleister etablieren konnte – die Firma hat mehr als 1.200 Kunden im ASP-Service –, nutzte in Zentraleuropa kein Anbieter diese Chance. Bitstream ist mit Pageflex in den USA ebenfalls sehr erfolgreich, genauso wie Creo (www.creopod.com) mit Darwin und WCS.

Auch XMPie (www.xmpie.com), Teil der Xerox Corp., ist eine internationale Marktgröße. XMPie ist nicht nur aktiv im Sektor Web-to-Print, sondern auch bei VDP (Variabler Datendruck, offline) und jüngst auch im Transaktionsdruck und Sammelkommunikations-Sektor. Gemeinsam mit Pitney Bowes hat XMPie einige Spezialentwicklungen angeschoben.

In Großbritannien, Benelux, Frankreich und Nord-Europa ist Web-to-Print ebenfalls zu einem Trendthema geworden. Osteuropa und auch Asien sind hingegen – zumindest zur Zeit – weniger interessiert.

Im internationalen Vergleich kann sich die Region D/A/CH jedoch sehen lassen. Nirgendwo anders werden so viele Web-to-Print-Anwendungen entwickelt wie in Deutschland und der Schweiz. Mit ein Grund, warum Web-to-Print auch von den Herstellern marketingtechnisch begleitet wird.

Investment in und Umsetzung von Web-to-Print-Projekten

Doch wie lassen sich Web-to-Print-Projekte umsetzen und welche Erwartungen knüpfen die Anbieter von Endkunden-Lösungen daran? zipcon consulting hat dies untersucht, basierend auf einer Reihe von Projektbegleitungen der letzten Jahre. 182 an Web-to-Print Interessierte sowie Dienstleister mit einer Schlüsselbedeutung für die Branche wurden befragt. Im Zentrum des Interesses stand die Frage, welche Return-on-Invest Erwartungen sie haben, wenn sie in Web-to-Print-Lösungen investieren.

Das Ergebnis ist erwartungsgemäß heterogen. Besonders optimistische Anwender (22 Prozent) erwarten sofort einen Effekt. Meist waren dies Anwender von ASP-Produkten. 2 Prozent der Befragten erwarten nach drei, 13 Prozent der Befragten nach

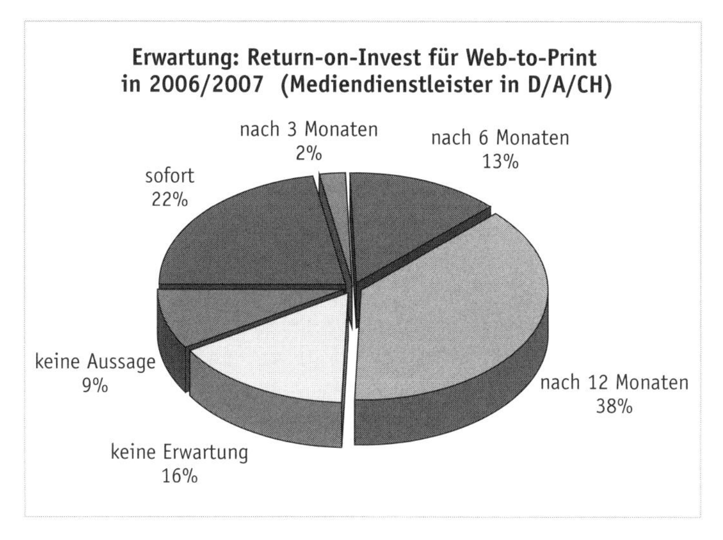

Die Mediendienstleister sind Realisten – Return-on-Invest ist oft erst nach 12-18 Monaten zu erwarten.

sechs Monaten einen ersten Return-on-Invest-Effekt. 38 Prozent der Dienstleister schauen nach 12 Monaten einem positiven Effekt entgegen. Keine Meinung oder Erwartung hatten insgesamt 25 Prozent der Befragten, also immerhin jeder Vierte. Dieses heterogene Bild ist Indikator dafür, wie verwirrend der Markt zur Zeit noch für viele Interessenten ist.

Aber wie ist es um die Investitionsbereitschaft bestellt? Diese Frage stellte zipcon consulting den Mediendienstleistern (Drucker, Digitaldrucker und Mediendienstleister) in D/A/CH, die noch keine Web-to-Print-Lösung haben.

Das Ergebnis ist eindrucksvoll und beschreibt einen Stimmungswandel: Fast jeder vierte Unternehmer möchte bis zu 100.000 Euro für eine umfassende Web-to-Print-Lösung ausgeben. Die Zahl ist deswegen so interessant, weil diese Aussage bedeutet, dass von den 182 befragten Dienstleistern im Maximalfall 47 Unternehmer für Web-to-Print insgesamt bis zu knapp 5 Millionen Euro investieren möchten.

Auf den Punkt gebracht: Inzwischen setzt sich die Erkenntnis durch, dass relevante Lösungen einer signifikanten Investition bedürfen.

Vor einigen Jahren war das noch anders. 2005 standen vor allem die günstigen Lösungen im Mittelpunkt des Käuferinteresses. Die Veränderung hin zu kostenintensiveren Lösungen gründet wohl auf der Einsicht von Dienstleistern und Endkunden, dass eine komplexe, zukunftsfähige Anwendung auch mit einem entsprechenden Investitionsvolumen verbunden ist.

Am anderen Ende der Skala gibt es eine ähnliche Häufung. 10 Prozent der Unternehmen wollen bis 10.000 Euro und 19 Prozent der Anwender 10.000 – 20.000 Euro investieren. Anwendungen in dieser Preisregion sind selten und meist eher individualisierte ASP-Lösungen als eigene Serverlösungen.

Eine weitere wichtige Kennzahl für das Investitionsverhalten ist der durchschnittliche Kapitalaufwand, den zipcon consulting auf der Basis ausgewählter Produkte ermittelt hat. Die Ergebnisse weisen in die gleiche Richtung. Mit einer Minimallösung ist es nicht getan und zusätzliche Investitionen sind für individuelle Anpassungen und einige Zusatzfunktionen einzuplanen. Die damit verbundenen Kosten können leicht den Wert der Softwarelizenz um ein Vielfaches übersteigen. Deshalb lautet der Rat: Vor einer Kaufentscheidung muss ein rückversichernder Kostenvoranschlag eingeholt werden.

Diese Fragestellung hat zipcon consulting dazu bewogen, noch weiter zu ermitteln, welche Kosten auf einen Web-to-Print-Lösungskunden zukommen. Grundlage für die genannten Kostenbereiche (Software, Anpassung, Analyse, Marketing, Schulung, Planung) beziehen sich auf Aussagen von 36 ausgewählten Web-to-Print-Anwendern (Dienstleistungs-Anbieter). Die Aussagen beziehen sich auf Web-to-Print-Projekte in verschiedenen Investitionsstufen. Basis ist eine Kauflizenz, die entsprechend angepasst werden muss (CI-Anpassung etc.).

Die Ergebnisse sind erstaunlich. Nimmt man alle Kosten zusammen, ist der Anteil des Softwareinvestments verhältnismäßig gering. Bei einem typischen Projekt mit Gesamtvolumen von 67.000 Euro entfallen nur etwas 20.000 Euro auf reine Softwarekosten. Die Anpassung schlägt mit knapp 15.000 Euro zu Buche, hinzu kommen fast 12.000 Euro für Beratung und Planung. Schulung und Marketing für die neue Lösung und die damit verbunden Angebote liegen zusammen bei 33 Prozent des Gesamtinvestitionsvolumens. So wird aus einem scheinbar kleinen Investment schnell ein umfassendes Investment. Man sollte also ehrlich und umfassend planen, um nicht in die Kostenfalle zu geraten. Selbst wenn viele Leistungen von einem Mediendienstleister in Eigenleistung übernommen werden können, betriebswirtschaftlich einkalkuliert werden müssen diese Leistungen dennoch. Kosten fallen in jedem Fall an, egal ob extern oder intern.

Strategie-Tipp: Sorgfältige Kostenplanung ist von zentraler Bedeutung. Die Investition in Software macht nur einen Bruchteil der tatsächlichen Umsetzungskosten aus.

Eine andere Grundregel, die sich aus den Untersuchungen ergibt, besagt folgendes: Je höher der Softwarepreis, desto mehr Aufwand muss innerhalb eines Unternehmens betrieben werden. Das liegt einerseits daran, dass bei aufwendigeren Lösungen ein Mehr an Funktionen gleichzeitig ein Mehr an Schulungsaufwand bedeutet. Andererseits soll sich die Investition auch lohnen, weshalb sich der Druck erhöht, die neue Anwendung richtig zu vermarkten. Hierfür fallen ebenfalls zusätzlicher Schulungsaufwand sowie direkte Marketingkosten an. Selbst wenn der Zusatzaufwand nicht unbedingt als direkte Kapitalleistung erfolgen sollte, muss doch der unternehmensinterne Aufwand mit in die Kalkulation einbezogen werden.

Diese Charakteristik wird besonders deutlich, wenn die Software wesentlich teurer ist als 100.000 Euro. Dann werden Training der Mitarbeiter, des Vertriebs und der Kunden mit 13 Prozent am Gesamtaufwand recht teuer. Auch der Marketingaufwand ist erheblich. Er übersteigt bei den befragten Unternehmen mit 32 Prozent deutlich den Kostenaufwand für Software mit 17 Prozent des Gesamtinvesitionsvolumens.

Auf den Punkt gebracht: Schulungsaufwand der Mitarbeiter und Vermarktung der neuen Angebote sind oft vergessene Positionen in der Investitionskostenrechnung.

In dieser Beispielrechnung wird sichtbar, wie Investitionen oft höher werden, als von den Unternehmen erwartet. Zu den Softwarekosten kommen in dieser Musterrechnung noch 123.539 Euro Anpassungsaufwand hinzu. Diese Summe scheint sehr hoch. Bezieht man in die Betrachtung jedoch die Erstellung des Pflichtenhefts, die Projektüberwachung, die Programmierung und diverse Kundenworkshops ein, relativiert sich der Betrag. 180.000 Euro an Marktingkosten (Website, Kundenschulung, Anzeigen, Messen etc.) sind ebenfalls hoch gegriffen. Auf ein Jahr gerechnet, relativiert sich auch diese Summe.

Ebenso kostenintensiv ist die Planung von Web-to-Print-Anwendungen in diesem Preissegment, denn Anwendungen, die über 100.000 Euro kosten, verfügen meist über einen großen Funktionsumfang.

Diese Zahlen dürfen nun keineswegs als Plädoyer gegen kostenintensive Anwendungen missverstanden werden. Sie sind als Hinweis dafür gedacht, dass sorgfältige Planung und Analyse im Vorfeld genauso wichtig sind wie das Investment selbst. Training und Marketing sind ebenfalls Bereiche, die von Mediendienstleistern in der vollständigen Investitionsplanung oft vergessen werden.

Unmittelbare Effekte auf Dienstleister

Mit Web-to-Print müssen traditionell orientierte Dienstleister in vielen Bereichen umlernen. Metadaten, also Daten über die Daten, spielen in Zukunft eine entscheidende Rolle. Dabei ist es nicht nur wichtig zu wissen, aus welchen Daten/Dateielementen

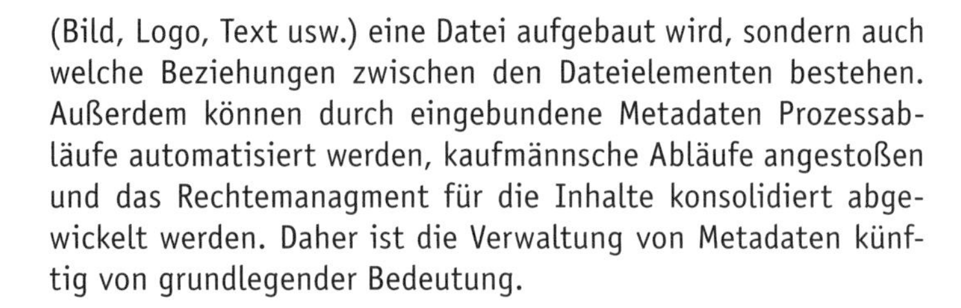

(Bild, Logo, Text usw.) eine Datei aufgebaut wird, sondern auch welche Beziehungen zwischen den Dateielementen bestehen. Außerdem können durch eingebundene Metadaten Prozessabläufe automatisiert werden, kaufmännsche Abläufe angestoßen und das Rechtemanagment für die Inhalte konsolidiert abgewickelt werden. Daher ist die Verwaltung von Metadaten künftig von grundlegender Bedeutung.

Auf den Punkt gebracht: Der Anbieter wird zum Administrator.

Natürlich muss sich ausnahmslos jeder Anbieter eines Web-to-Print-Systems mit IT- und Internetserver-Umgebungen auseinandersetzen. Das liegt in der Natur der Sache. Ob der Druckdienstleister als Anbieter nun selbst einen Internet-Server aufsetzt, auf Mietmodelle (ASP-Services) oder Kooperationen setzt, eine Vertiefung seines bisherigen IT-Wissens ist unumgänglich. Dies vor allem vor dem Hintergrund, dass der Kunde des Web-to-Print-Systems natürlich seine individuellen Templates, seine Daten – vom Bild bis hin zum Standardtext – im Web-to-Print-System abgebildet erwartet.

Das bedeutet für die Dienstleister, dass sie sich zumindest mit dem Prozess der Einstellung von Templates beschäftigen müssen. Hier sind neue Qualifikationen und eine neue Art der Kreativität gefragt. Wurde die Arbeit mit herkömmlichen Layoutsystemen vor allem durch die Verwendung von Layoutelementen und Inhaltsdaten geprägt, fordert Web-to-Print vom Administrator ab, dass er sich mit Datenbanken, variablen Dateielementen und kaufmännischen Prozessen auseinandersetzt.

Auf den Punkt gebracht: Web-to-Print erfordert eine hohe IT-Kompetenz beim Mediendienstleister.

Lassen Sie uns das einmal stark vereinfacht am Beispiel einer Templateerstellung darstellen. Dafür ist zunächst nötig, ein Dokument in statische und variable Bereiche aufzuteilen. Während die statischen Elemente immer erhalten bleiben, sind die variablen Elemente nun mit einer entsprechenden Datenquelle zu verbinden. Dies können ein Eingabefeld für Text, eine Bilddatenbank für Bilder, ein Importfilter für Adressdaten und viele andere Quellen mehr sein. Anschließend muss sich der Administrator auch damit auseinandersetzen, wie die Dateneingabe für den Endanwender, seinen Kunden, realisiert wird. Dies kann ein PDF- oder HTML-Formular sein, eine Flash- oder Java-Anwendung oder auch ein eigenes PHP-Programm – je nach System. Hier steckt, wie so oft, der Teufel im Detail. Während hochwertige Systeme diesen Schritt für den Administrator vereinfachen, bieten hier einfachere Systeme oft nur die Möglichkeit der Eigenimplementierung von Programmierungen mittels JavaScript, Java oder anderen Zusatzfunktionen an.

Ferner muss der Administrator auch die weiteren Prozessschritte definieren können. Was muss später mit der Vorlage geschehen? Müssen drucktechnische Definitionen eingerechnet werden? Wie wird abgerechnet? Das sind typische Aufgaben, die im Prozessablauf festgelegt werden müssen. So ist es unabdingbar vor einer Investitionsentscheidung diesen Bereich genau zu durchleuchten.

Das traditionelle Bild des Druckers, des Reprografen oder des Setzers hat sich bereits hin zu neuen Berufsbildern verändert. Der Beruf Mediendienstleister ist ein längst gesetzter Begriff. Doch auch die Lernmechanismen ändern sich. Mit einer traditionellen Ausbildung ist es nicht mehr getan. Ständiges Weiterbilden im Beruf ist genauso notwendig wie die stetige Weiterentwicklung der Online-Anwendungen. Gleiches gilt für das gesamte IT-Wissen eines Unternehmens. So wird aus dem einstigen „Jünger der schwarzen Kunst" ein moderner Datenadministrator. Zwangsweise. Ob man das nun gut findet oder nicht: Das Berufsbild verändert sich. Für viele mag der Verlust an handwerklichen Elementen ausgeglichen werden durch vielfältigere Aufgabenstellungen und eine tiefere Durchdringung der Unternehmensabläufe.

Auf den Punkt gebracht: Der kreative Dienstleister wird kreativer Administrator.

Es klingt ein wenig wie Zukunftsmusik, ist aber in einigen Unternehmen längst üblich: Der Kunde bestellt nicht nur eine Anzeige, sondern auch das dazugehörige Web-to-Print-Template, damit entsprechende Sprachversionen direkt im Web-to-Print-System erzeugt werden können – ohne die teure Druckvorstufe.

Auf den Punkt gebracht: Der Kunde bestellt Web-to-Print-Templates.

So verändert sich zwangsläufig auch die Aufgabenstellung des jeweiligen Anbieters - aus dem Kreativen in der Werbeagentur (Creation) wird auch der Template-Kreative, der die Möglichkeiten eines Web-to-Print-Systems kennt und für kreative Vorlagen nutzt. Aus dem Druckvorstufen-Anbieter wird der Web-to-Print-Provider, der mit seinem Know-how dafür sorgt, dass Druckprodukte via Web-to-Print farbgetreu und in guter Qualität erzeugt werden können. Umdenken ist also angesagt – in allen Bereichen.

Strategie-Tipp: Der Verlust von Dienstleistungen in der Druckvorstufe kann durch neue Kompetenzen als Web-to-Print-Provider ausgeglichen werden.

Neue Marktpotentiale für Dienstleistungsanbieter

Manche mögen über den Verlust bekannter Märkte jammern. Andere jedoch erkennen und nutzen die Chancen der zuvor beschrieben Marktveränderungen. Web-to-Print-Lösungsanbietern (Dienstleistungsanbietern) eröffnen sich eine Vielzahl neuer Erfolgschancen. Ein gesundes Unternehmen vorausgesetzt, nutzt der Mediendienstleister der Zukunft die Möglichkeiten von beiden Märkten – Druck- und Onlinemarkt – zur Wertschöpfung.

Auf den Punkt gebracht: Eine neue Art von Kunden – aus Kunden werden „Prosumer".

Bedingung hierfür ist aber, dass er seinen „neuen Kunden" versteht. Wie in der Druckindustrie, so gibt es auch auf Kundenseite einen Generationswechsel. Vieles was der Kunde früher in Bezug auf die Qualität von Druckprodukten nicht akzeptiert hätte, wird heute abgenommen – wenn es nur schnell genug geliefert wird.

Ferner wollen Kunden zwar weiterhin keine Verantwortung für die eigentliche Produktion übernehmen, dennoch aber das Produkt aktiv mitgestalten, selbst individualisieren oder modifizieren. Selbst der oft ungeliebte Privatkunde (B2C) möchte aktiv sein Produkt mitgestalten, sei es ein Fotobuch oder ein T-Shirt. Hat sich dieser Prozess einmal etabliert, wird sich das Verfahren automatisch auch in andere digital bedienbare Lebensbereiche ausdehnen.

Der Kunde wird vom Consumer zum Prosumer – er gestaltet sein Produkt mit. Für zipcon consulting ist diese Entwicklung im Print-Bereich das Pendant zum sogenannten Web 2.0 im Online-Bereich. Es geht um die aktive Einbeziehung von Kunden, die Inhalte selbst einbringen.

Auf den Punkt gebracht: Neue Dienstleister erreichen neu formierte Zielgruppen.

Dies erschließt dem Mediendienstleister neue Märkte, sofern er lernt, diese zu entdecken und rasch zu bedienen. Nicht zuletzt sind es oft die anfangs unterschätzten, neuen Geschäftsideen (Spreadshirt zum Gestalten individueller T-Shirts zum Beispiel), die von jungen, aktiven Kunden gerne angenommen werden. So entstehen neue Zielgruppen, die zum Beispiel durch ein Angebot für den Massenmarkt erschlossen werden können.

Marktentwicklung

Auf den Punkt gebracht: Marktinnovatoren sind Initiativanwender, die durch ihre Ideen den Markt in Bewegung bringen.

Noch immer steckt der Web-to-Print-Markt in D/A/CH in den Anfängen. Doch die Phase der Marktinnovatoren (Initativanwender) ist bereits vorbei und es beginnt die Phase der Early Adaptors, der sehr frühen Anwender und Anbieter im Markt. Seit 2008, mit Eintritt in die Phase der frühen Anwender, zeigt dies auch Wirkung auf die Wertschöpfung von Web-to-Print-Dienstleistern. Typisch für diese Phase: Durch die Verbreiterung des Angebots und den zunehmenden Wettbewerb sinkt die Wertschöpfung. Für die Druckindustrie birgt dies aber auch eine Chance. Sie kann durch Mehrwertleistungen ihre Kunden halten und Web-to-Print als Kundenbindungsinstrument einsetzen.

Doch auch der gesamte Druckmarkt verändert sich langsam aber sicher. So sieht zipcon consulting im Moment Web-to-Print als Bindeglied zwischen verschiedenen Druckmärkten. Die Zahl der Anwender, die sich sowohl als Offset- als auch Digitaldrucker verstehen, nimmt stetig zu. Hybriddruck ist seit 2007 eines der bestimmenden Themen in der Druckindustrie.

Weitere Marktveränderungen: Während der Offsetbereich noch weiter zulegen wird, stagniert der Rollendruck (Web Printing). Ursache hierfür sind die wenigen großen Auftraggeber, die mehr und mehr lieber kleinere, zielgruppenkonforme Auflagen produzieren als große Massenauflagen. Selbst große Discounter legen mittlerweile Wert auf die dem lokalen Markt angepassten Prospekte, beispielsweise mit regionalen Preisen. Auch der einfarbige Transaktionsdruck nimmt ab. Das bietet gleichzeitig Wachstumschancen für den farbigen Digitaldruck. Die Schnittmenge zwischen Digitaldruck und Offsetdruck bildet die Menge der künftigen Hybriddrucker ab.

Web-to-Print ist eindeutig das Bindeglied zwischen den Marktbereichen. Die Nutzung des Internets als Infrastruktur ermöglicht neue Produktionsverfahren und die Umsetzung zahlreicher Konzepte ohne Zusatzkosten. „Distribute and Print" – das verteilte Drucken. „Print on Demand" – das Drucken auf Nachfrage. Individualisierung von Druckprodukten. All dies macht Web-to-Print attraktiv und trägt mit dazu bei, dass sich der Markt massiv verändert.

Doch noch ein Bereich wird entscheidend für die Marktveränderung sein. Schon jetzt erfahren zahlreiche Web-to-Print-Systeme, getrieben von den jeweiligen Kundenbedürfnissen, einen Grad der Weiterentwicklung, der nahezu revolutionäre Züge hat. Ziel vieler Anbieter ist, ihre Dienstleistungen eng mit dem Kunden zu verzahnen und seine internen Prozesse (z.B. SAP) an das jeweilige System anzudocken. Dies ist sinnvoll und wird weiter dazu beitragen, dass Web-to-Print langfristig ein Garant für positive Umsatzeffekte auf beiden Seiten – Kunde wie Abnehmer – sein wird.

Strategie-Tipp: Erfolg finden Web-to-Print-Dienstleister an zwei entgegengesetzten Polen: entweder durch Spezialsierung oder durch Bedienen des Massenmarktes.

Möchte ein Web-to-Print-Dienstleister erfolgreich sein, hat er mit Beginn der Phase der „Frühen Anwender" nur zwei Chancen. Entweder er spezialisiert sich oder er setzt auf den Massenmarkt und vermarktet Massenprodukte. Das legen die Erkenntnisse

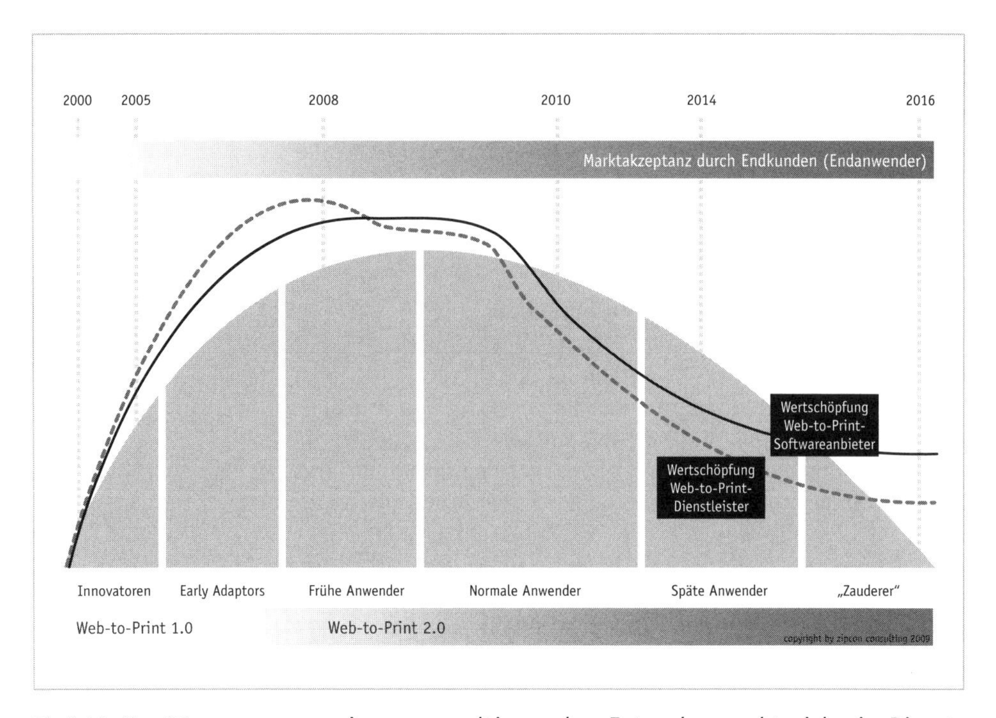

Die Goldgräber-Stimmung ist vorbei. Web-to-Print wird mehr und mehr „normal" und von einigen Kunden als kostenloser Service wahrgenommen..

von zipcon consulting nahe. Entweder macht sich ein Dienstleister in einem Spezialmarkt unentbehrlich für seine Kunden oder er engagiert sich im Massengeschäft, wie es zum Beispiel Vistaprint tut. Die Spezialisierung kann durchaus auch als Generalunternehmer geschehen, dann muss ein Mediendienstleiter jedoch zahlreiche digitale Zusatzdienstleistungen anbieten.

Auf den Punkt gebracht: Standardanwendung für Web-to-Print? Fehlanzeige! Noch.

Im Web-to-Print-Bereich gibt es noch keine unangefochtene Standardanwendung, wie man es beispielsweise aus dem Officebereich kennt (dort z.B. Microsoft Word). Doch es ist nur noch eine Frage der Zeit, wann sich auch bei Web-to-Print eine Anwendung als Standard für bestimmte Anwendungsszenarien herausentwickelt.

IV. Lösungen - Anwendungen

Ein großer Teil dieses Buches ist konkreten Lösungen und Anwendungsszenarien gewidmet. Denn an Beispielen aus dem realen Leben lässt sich am besten zeigen, wie sich Kundenanforderungen, strategisches Geschick und technologische Bausteine zu einem stimmigen Ganzen verbinden.

Um die Beispiele besser einordnen und die Relevanz für Ihre eigene Situation leichter ermessen zu können, haben wir den Szenarien eine Klassifizierung von Web-to-Print-Anwendungen vorangestellt. In Reinform werden Sie diese Anwendungsklassen in der Realität kaum finden, aber sie helfen, den Entwicklungsgrad und die Komplexität der Lösungen stimmig und vergleichbar zu beschreiben. Zudem bewerten wir die Einzellösungen in ihrem jeweiligen Kontext bezüglich Lösungskompetenz und Stimmigkeit von Strategie und technischem Ansatz. Dies fließt an entsprechender Stelle direkt in die Darstellung ein.

Klassifizierung von Web-to-Print-Anwendungen

zipcon consulting hat mit der folgenden Produktklassifizierung einen ersten Ansatz zur Schaffung von Transparenz im Web-to-Print-Anwendungsmarkt entwickelt. Das trifft bei einigen Herstellern nicht immer auf Zustimmung, denn selbst einige namhafte Anbieter scheuen den Vergleich mit anderen Anwendungen. zipcon consulting ist der Auffassung, dass nur Markttransparenz hilft, Web-to-Print langfristig in den produzierenden Unternehmen zu verankern.

zipcon consulting unterteilt die untersuchten Anwendungen in fünf Klassen. Auch wenn diese Klassen in A,B,C,D,E unterteilt sind, bedeutet es nicht zwangsläufig, dass eine B-Anwendung weniger wertig ist als zum Beispiel eine C-Anwendung. Es besteht jedoch ein Unterschied in der Handhabung der Vorlagen und den Gestaltungsmöglichkeiten. Außerdem werden Sie bei den folgenden Anwendungsbeispielen hauptsächlich Anwendungen der höheren Kategorien finden. Das liegt daran, dass man an ihnen Gesetzmäßigkeiten des Web-to-Print-Marktes leichter darstellen kann. Außerdem umfassen die Module dieser Anwendungen ähnliche Funktionen wie Anwendungen der Kategorien A und B.

Klasse A: Automat

Einfaches Web-to-Print-System zur Erzeugung einfacher Druckvorlagen (Visitenkarten etc.) auf Basis von Templates. Möglichkeit zum Austausch von Bildern und einzelnen Layoutelementen.

Klasse B: Layout-Automat

Web-to-Print-System zur Erzeugung von einfachen bis komplexen Druckvorlagen auf Basis von Templates. Möglichkeit zum Austausch von Bildern und einzelnen Layoutelementen, eigenes Bild- und Layoutmanagement. Shop-System/Schnittstellen im Lieferumfang – GUI anpassbar.

Klasse C: Grafischer Layout-Automat

Web-to-Print-System zur Erzeugung von einfachen bis hin zu komplexen Druckvorlagen auf Basis eines grafischen Benutzerinterface. Möglichkeit zum aktiven „Layouten" und Austausch von Bildern/Layoutelementen, eigene Bild- und Layoutdatenbank. Shop-System/Schnittstellen im Lieferumfang – GUI komplett anpassbar.

Klasse D: Kampagnen-Automat

Web-to-Print-System zur Erzeugung von einfachen bis komplexen Druckvorlagen auf Basis einer Layout-/Satzengine. Möglichkeit zum Austausch von Bildern und einzelnen Layoutelementen, eigene Bild- und Layoutdatenbank. Möglichkeit zur freien Gestaltung von Layoutelementen. Shop-System/Schnittstellen im Lieferumfang – Steuerung des Kunden über eigenes CRM. Gestaltung von individuellen Workflows und Kampagnen – GUI komplett anpassbar.

Klassse E: Workflow- und Kampagnen-Automat

Hochindividuelles Web-to-Print-System zur Erzeugung von komplexen Druckvorlagen auf Basis einer Layout-/Satzengine. Möglichkeit zum Austausch von Bildern und einzelnen Layoutelementen, eigene Bild- und Layoutdatenbank. Möglichkeit zur Freigestaltung von Layoutelementen. Shop-

System/Schnittstellen im Lieferumfang – Steuerung des Kunden über eigenes CRM. Freigestaltung von individuellen, komplexen Workflows und Kampagnen – GUI komplett anpassbar.

1. Print-Portal „Titelhelden" (Deutsche Post AG)

Web-to-Print-Lösung der Klasse C.

Hochzeitszeitungen, individuelle Geburtstagsjournale, Jubiläumsschriften – es gibt viele Anlässe, zu denen Menschen anlassbezogene Zeitschriften oder Magazine in Kleinstauflagen für einen kleinen Freundeskreis, die Familie oder einen Verein erstellen wollen. Die Deutsche Post AG erkannte hier eine interessante Marktnische und entwickelte gemeinsam mit der Agentur people interactive das Web-to-Print-Portal „Titelhelden", mit dem sich solche Druckerzeugnisse nicht nur produzieren, sondern auch verschicken lassen. Es dient zudem dazu, das Kerngeschäft der Deutschen Post anzukurbeln, nämlich Versanddienstleistungen.

Zukunftsweisend: So sieht es aus, wenn nicht ein „Programmierer" eine Anwendung erstellt – sondern eine Agentur für digitale Unternehmenskommunikation

people interactive als Web-to-Print-Dienstleister

Die Kölner Agentur people interactive wurde 1999 gegründet und beschäftigt derzeit 37 Mitarbeiter. Der Schwerpunkt des Unternehmens ist die digitale Unternehmenskommunikation, zum Beispiel Weblösungen mit einem kreativen und technisch hohen Anspruch. Die Agentur ist nicht branchen- oder lösungsabhängig und lebt vom Projektgeschäft. So kam es dazu, dass Web-to-Print-Lösungen zu einem Thema für people interactive wurden. Die Agentur sieht ihre Rolle eher als Dienstleister denn als Produktentwickler, da durch das Projektgeschäft ausschließlich Individuallösungen realisiert werden.

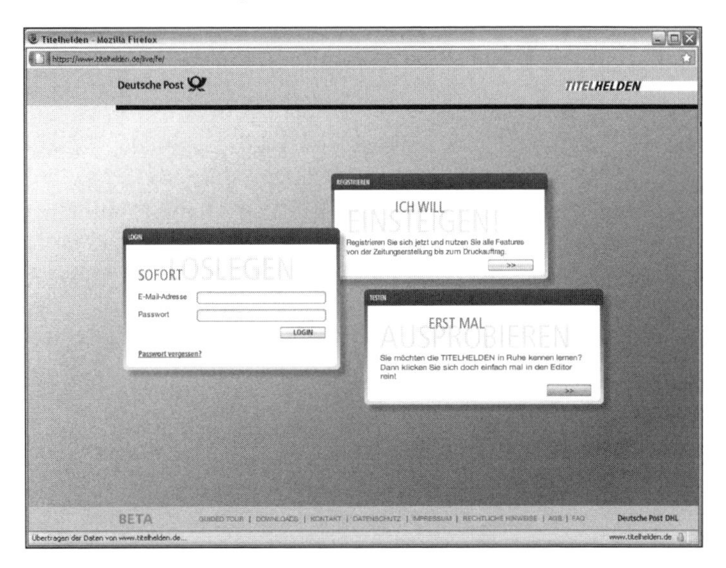

„Yes, we can" – diesmal für Web-to-Print. Der Anwender kann sich anmelden oder erstmal die Anwendung ausprobieren.

Zum Leistungsangebot gehört die strategische Beratung, Konzeption, Design sowie Entwicklung und Umsetzung. Da die Projekte meist sehr umfangreich sind, zählen größere Unternehmen wie die Deutsche Telekom oder die Deutsche Bank zu den Kunden von people interactive.

Das Projekt „Titelhelden"

In Zusammenarbeit mit der Deutschen Post hat people interactive das neue Web-to-Print-Portal „Titelhelden" entwickelt, in dem Zeitungen selbst gestaltet und über die Deutsche Post auch in Kleinstauflagen gedruckt und versandt werden können. Die Grundidee dazu stammt von einer Mitarbeiterin der Deutschen Post, die selbst eine Hochzeitszeitung erstellen wollte und feststellte, dass diese Aufgabe in einer guten Qualität für Endanwender nur schwer zu lösen ist.

Strategie-Tipp: Ein tragfähiges Geschäftsmodell sollte Grundlage für das technologische Konzept einer Web-to-Print-Lösung sein – nicht umgekehrt.

Die Deutsche Post sah für das Thema „anlassbezogene Zeitung" einen Markt und entschied, ein Produkt zu entwickeln, das den Kunden bei der Produktion einer eigenen Zeitung unterstützt. Man hatte jedoch noch keine Vorstellung davon, wie dies technisch umgesetzt werden sollte. Aufgrund einer Ausschreibung der Deutschen Post entwickelte people interactive relativ schnell ein Grobkonzept für die technische Umsetzung sowie ein tragfähiges Geschäftsmodell. Da die Technologie viele Anwendungsmöglichkeiten bietet, wurden als Beratungsleistung weitere Szenarien entwickelt, die in die Strategie der Deutschen Post passen.

Als Zielgruppe für das Portal setzte man auf erfahrene Nutzer, wie zum Beispiel Geschäftskunden aus kleineren Unternehmen, die das Angebot von „Titelhelden" nutzen können, um auch Kleinauflagen produzieren zu lassen, aber auch Privatleute und Vereine. Druck und Distribution können dabei von der Deutschen Post übernommen werden, ein weiterer Produktivitätsgewinn für den Kunden.

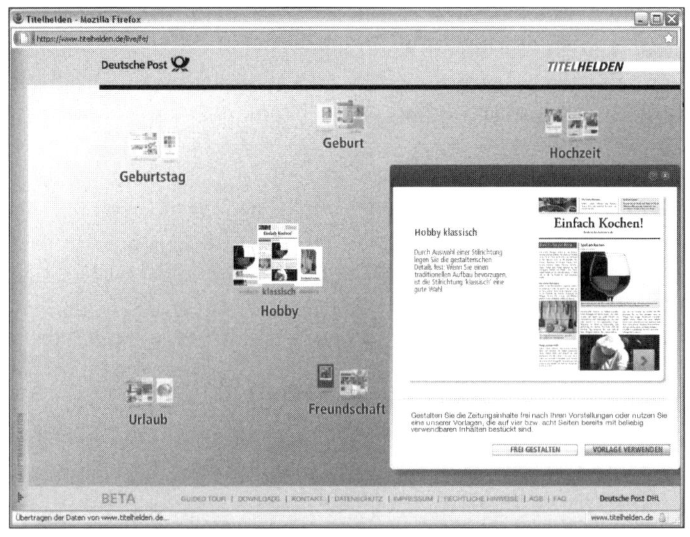

Die Auswahl ist Themenbezogen und auf Anwender aus dem privaten Bereich ausgerichtet.

Auf der anderen Seite sollen mit „Titelhelden" Endkunden erreicht werden, die noch nie mit solchen Systemen gearbeitet haben. Bei der Entwicklung des Portals stand deshalb eine möglichst einfache Bedienbarkeit im Vordergrund. Die Lösung sollte alles über das Internet und den Webbrowser abbilden, damit keine zusätzliche Software benötigt wird. In das Thema Usability wurde sehr viel Arbeit investiert: people interactive führte im Vorfeld zahlreiche Zielgruppenbefragungen durch, um die Benutzerfreundlichkeit des sogenannten Frontends (die Oberfläche der Lösung inklusive der Bedienelemente, mit denen ein Anwender arbeitet) zu optimieren. Die Wünsche der Endkunden bezüglich Oberfläche oder Funktionen wurden aufgenommen. Zusätzlich wurde die Möglichkeit der Kooperation integriert, so dass beispielsweise bei einer Hochzeitszeitung die Gäste gemeinsam an dem Projekt mitarbeiten können.

Auf den Punkt gebracht: Benutzerfreundlichkeit des Gesamtprozesses und leichte Bedienbarkeit sind der Schlüssel zum Erfolg einer Web-to-Print-Lösung.

Technische Umsetzung

Technik-Tipp!
Sogenannte RIAs (Rich Internet Applications) mit Frontends auf der Basis von Flash fühlen sich an wie klassische Desktop-Anwendungen. Das erhöht die Akzeptanz beim Anwender, macht komplexe Anwendung leicht zugänglich und ist für den Nutzer völlig unkompliziert: Schließlich läuft die Anwendung innerhalb eines Standard-Webbrowsers und muss nicht gesondert installiert werden.

Das Web-to-Print Portal wurde recht schnell innerhalb von etwa sieben Monaten realisiert. Das Frontend basiert vollständig auf Flash und ist in ActionScript 3.0 programmiert. Im Backend wird mit einer mySQL-Datenbank gearbeitet, die das Handling der Daten übernimmt. Das Datenmodell dahinter ist sehr komplex, da es sowohl den Speicher- als auch den Bestellprozess verwaltet. Als Präprozessorsprache wird außerdem PHP eingesetzt. Zur Generierung von PDFs kommt die PDFlib zum Einsatz, die dafür sorgt, dass das Layout so übernommen wird, wie es online gesetzt wurde.

Eine Besonderheit des Systems ist die Geschwindigkeit, mit der produziert werden kann. Titelhelden garantiert Druck und Versand innerhalb von fünf Werktagen, jedoch sind die Prüfungen und Freigabemechanismen, die am Backend hängen, sowie die Logistik der Deutschen Post in der Regel schneller.

Die Anwendung befindet sich aktuell noch im Beta-Stadium. Diese Phase wird von people interactive aktiv genutzt, um Feedback der Kunden einzuholen und erweiterte Usability-Tests durchzuführen. „Titelhelden" soll im Jahr 2009 noch weiter ausgebaut werden. Zu den Serviceleistungen der Agentur gehören weiterhin der Second-Level-Support für spezifische Rückfragen, die über die Hotline kommen, sowie das stetige Updaten der Anwendung. Da „Titelhelden" noch weiterentwickelt wird, wurde das Projekt bisher noch nicht stark kommuniziert. Das soll sich im Laufe des Jahres ändern, wenn sich die Anwendung in der nächsten Ausbaustufe befindet, in die noch weitere Ge-

Der Anwender kann durch einfaches Anklicken der Dateielemente in die verschiedenen Bearbeitungsmodi (Text, Bild usw.) wechseln.

schäftsmodelle integriert werden. Dennoch sind die Besucherzahlen für ein neues Produkt laut people interactive gut und allein durch Mundpropaganda stetig wachsend.

Erstellung und Produktionsablauf

people interactive hat bei der Entwicklung von „Titelhelden" sehr großen Wert darauf gelegt, dass die Eintrittsbarrieren für den Benutzer möglichst gering sind. Das heißt, der Benutzer hat die Möglichkeit, sich zu registrieren oder aber zunächst über einen Testzugang die Anwendung mit vollem Funktionsumfang zu nutzen. Die Registrierung wird erst dann notwendig, wenn der Bestellvorgang eingeleitet wird.

Um ein Zeitungsprojekt zu starten, wählt der Benutzer zunächst das gewünschte Layout aus. Dazu werden ihm verschiedene Vorlagenkategorien zu bestimmten Anlässen (z.B. Taufe, Geburtstag) angeboten. Ist keine der Vorlagen passend, hat der Benutzer zusätzlich die Möglichkeit, mithilfe des integrierten Editors ein eigenes Layout zu gestalten. Dieses kann abgespeichert und wieder verwendet werden.

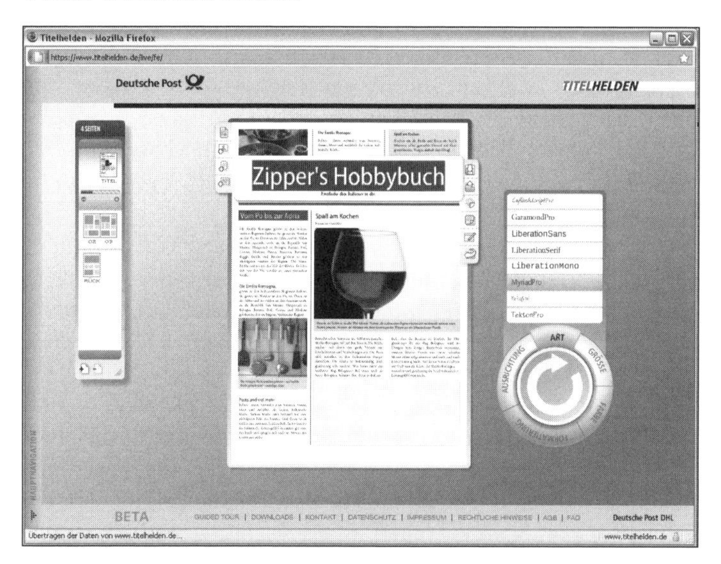

Auch die Auswahl von Schriften und die Modifikation von Headlines und Texten werden einfach per Klick eingeleitet.

Für jeden Anlass werden vorgefertigte Layouts in drei verschiedenen Stilrichtungen angeboten: Die klassische Variante ist an ein klassisches Zeitungslayout angelehnt. Zudem gibt es die moderne und die einfache Variante, die besonders für unerfahrene Benutzer geeignet ist. Die Vorlagen können entweder leer mit dem entsprechenden Layoutrahmen oder mit Texten und Bildern vorbefüllt genutzt werden. Diese sind beliebig editierbar und geben dem Kunden eine gute Orientierung falls Ideen fehlen. Diese Kundenfreundlichkeit und leichte Bedienbarkeit war der Deutschen Post sehr wichtig.

Nach Auswahl des Layouts kommt der Benutzer zum Kernstück der Anwendung, dem Editor. Dieser baut sich aus mehreren Navigationselementen auf. Eine Seitennavigation ermöglicht die Ansteuerung der verschiedenen Seiten sowie das Löschen und Hinzufügen von Seiten. Abhängig davon, ob der Benutzer ein Text- oder Bildelement auswählt, erscheint ein Gestaltungsrad, das passende Funktionen zur Bearbeitung des Elements anbietet. Beispielsweise kann damit bei Textelementen die Schrift geändert oder bei Bildelementen der Ausschnitt ausgewählt werden. Dieses Navigationselement ist sehr intuitiv zu bedienen.

Technik-Tipp!
Ein weiterer Vorteil von Rich Internet Applications: Die Anwendungen lassen sich ohne großen technischen Aufwand maßschneidern für den Einsatzzweck und die konkreten Anforderungen spezieller Kundengruppen. Das erhöht wiederum die Erfolgschance der Gesamtlösung.

Neben den Bearbeitungsmöglichkeiten mit dem Gestaltungsrad gibt es zusätzlich elementbezogene Funktionen, die durch Anklicken aktiviert werden. Dazu gehört zum Beispiel das Speichern des Elements.

Eine Besonderheit bei „Titelhelden" ist die Möglichkeit, mit mehreren Personen an einem Projekt zusammen zu arbeiten. Hierfür kann den einzelnen Elementen ein Redakteur zugewiesen werden. Eine Chatfunktion erleichtert die Kommunikation, wenn Redakteure gleichzeitig online sind. Ebenso kann ein Bearbeitungsstatus für jedes einzelne Element angegeben werden.

Für übergreifende Funktionen steht das Hauptmenü zur Verfügung. Hier kann der Benutzer seine persönlichen Daten ändern, auf seine Zeitungsprojekte zugreifen oder den Bestellprozess initiieren. Zudem gibt es eine Reihe weiterer Funktionen, die dem Kunden dabei helfen, sich selbst zu organisieren. Beispielsweise kann man die Arbeitsfortschritte der in das Projekt eingeladenen Redakteure einsehen oder den jeweiligen Bearbeitungsstatus der Zeitungselemente überprüfen. Ist ein Element beim Bestellvorgang nicht auf den Status „Fertig" gesetzt, erhält der Benutzer eine Warnmeldung. Zur schnellen Übersicht wird der Fertigstellungsgrad der Zeitung außerdem in Prozent angegeben. Dies ist für private Anwender zwar verwirrend – erschließt sich aber über die Produktion von selbst.

Auf den Punkt gebracht:
Darum geht es bei Web-to-Print: den Komfort und die Schnelligkeit von Online-Anwendungen mit dem haptischen Erleben eines Druckerzeugnisses zu verbinden.

Momentan gibt es die Möglichkeit einen „Proof" der Zeitung zu bestellen, das heißt Auflage 1. Entscheidet sich der Kunde daraufhin, innerhalb von zehn Tagen eine höhere Auflage der

Zeitung zu bestellen, wird dieser Proof auf der Bestellung gutgeschrieben. Der konzeptionelle Hintergrund für dieses Detail war der Wunsch, die Zeitung nicht nur zu sehen, sondern auch haptisch wahrzunehmen. Eine PDF-Vorschau ist derzeit noch nicht möglich, soll aber bald integriert werden, da auch hier die Benutzer dies wünschen.

In Zukunft sollen in „Titelhelden" auch Vereinszeitungen erstellt werden können. Die ersten Vorlagen zu diesem Thema befinden sich bereits im System, jedoch sollen dafür noch weitere Funktionen integriert werden, wie zum Beispiel ein Live-Ticker, der Sportergebnisse anzeigt. Auf Basis dieses Systems sieht people interactive noch viele weitere Anwendungsprodukte, aber derzeit konzentriert sich die Agentur noch darauf „Titelhelden" zu optimieren und entsprechende Tools hinzuzufügen.

2. Print-Portal druckgarten.de (RT Reprotechnik.de GmbH)

Web-to-Print-Lösung der Klasse C.

Unternehmen, die ihre Wurzeln in der klassischen Druckbranche haben, müssen sich wandeln, um ihre Umsätze stabil zu halten oder gar zu steigern. Die RT Reprotechnik.de GmbH macht einen erheblichen Teil ihres Geschäfts im Online-Bereich. Grund genug hier das Angebot zu erweitern, um neue Kunden zu erreichen und den Geschäftsbereich auszuweiten.

Von der traditionellen Reprografie zum Online-Business

Auf den Punkt gebracht: Web-to-Print ermöglicht Dienstleistern, die aus dem klassischen Druckbereich kommen, Wachstumschancen und Existenzsicherung. Sie können ihre Kernkompetenz, den Druck, besser und an größere Zielgruppen vermarkten.

Die RT Reprotechnik.de GmbH ist ein traditionelles Unternehmen, das vor über 80 Jahren als Berliner Familienbetrieb gegründet wurde. Seit dem Jahr 2000 ist der Hauptfirmensitz Leipzig. Das Unternehmen kommt aus der Reprografie-Branche, ist mittlerweile aber auch erfolgreich in der Werbedruckbranche zu Hause.

In den letzten drei Jahren ergab sich für das Unternehmen ein erheblicher Umsatz durch das Online-Geschäft. Deshalb entschied man sich für die Erweiterung des Angebots durch ein Web-to-Print-Portal. Um dieses Angebot zu realisieren, arbeitet RT Reprotechnik.de seit 2008 mit dem Software-Entwickler und Vermarkter Konzept-iX zusammen.

druckgarten.de

Ende des Jahres 2008 startete RT Reprotechnik.de das Web-to-Print-Portal druckgarten.de, in dem ausgewählte Druckprodukte gestaltet und bestellt werden können. Es wurde auf der Basis von Pageflex Storefront realisiert. Mithilfe von Pageflex-Schnittstellen wurde eine technisch und Frontend-optimierte Lösung entwickelt. Die gestaltungsgerechte WYSIWYG-Funktion sowie der Bestellprozess sind Bestandteil der Gesamtlösung.

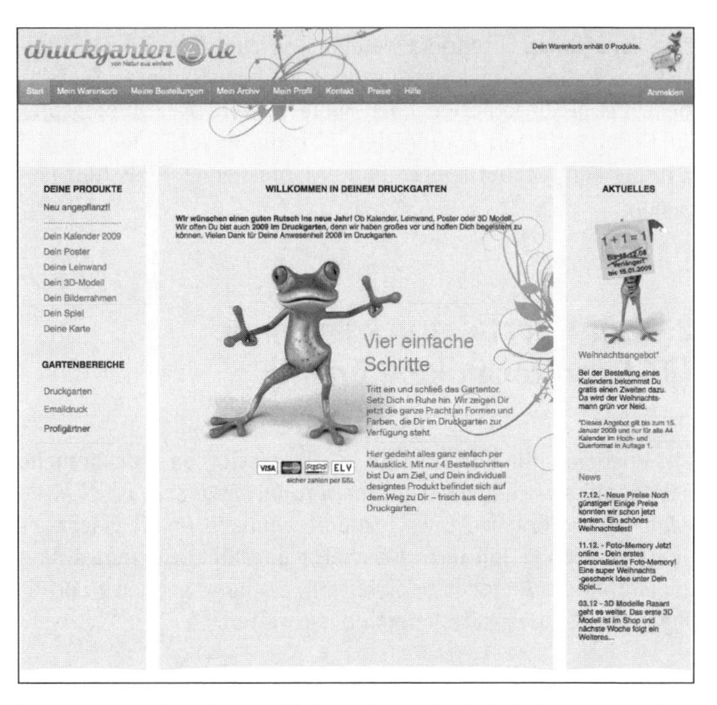

Ein komplettes Druckportal für Kalender und Large-Format-Prints bietet die RT Reprotechnik.de auf Basis von Pageflex an.

Besonderen Wert legte RT Reprotechnik.de bei der Konzeption des Portals auf eine intuitive Benutzerführung und einen Open Shop mit direkter Paymentanbindung. Denn neben Geschäftskunden soll druckgarten.de ebenso Endkunden ohne fachliche Kenntnisse erreichen. Für dieses Ziel ist das Frontend sehr wichtig. Das auf Microsofts Servertechnologie basierende .NET-Framework ermöglichte dabei große Anpassungen für die CI/CD-Umsetzung. Zusätzlich mussten Marketing- und Onlineanforderungen optimiert werden, wie beispielsweise Browserkompatibilität und Suchmaschinenoptimierung.

Zur Vereinfachung des Gesamtvorgangs steht dem Benutzer ein Bestellassistent zur Verfügung, der durch den Prozess führt. Die Aktivitäten des Nutzers werden aufgezeichnet und diese Informationen an das Produktionssystem von RT Reprotechnik.de übergeben. Der Status der Bestellung wird so an das Bestellsystem zurückgeliefert und ist für den Benutzer immer transparent.

Auf den Punkt gebracht: Die automatische Prüfung der Ausgangsdaten, zum Beispiel Bilder, auf ihre Reproduzierbarkeit entlastet den Kunden und ermöglicht dem Dienstleister reibungslose Produktionsprozesse

Ablauf am Beispiel des Leinwand-Assistenten

Zunächst wählt der Benutzer das gewünschte Produkt aus – in diesem Beispiel eine bedruckte Leinwand – und wird dann vom Leinwand-Assistenten durch den Gestaltungs- und Bestellvorgang geführt.

Im ersten Schritt öffnet sich ein Schwebefenster innerhalb des Browsers, in dem das gewünschte Motiv hochgeladen wird. Dabei wird das Bild automatisch bezüglich Dateityp und Auflösung geprüft. Nach erfolgreichem Hochladen wird das Bild zusammen mit den dazugehörigen Bildinformationen angezeigt. Jetzt kann der gewünschte Bildausschnitt mithilfe eines einfachen Auswahlvierecks bestimmt werden. Besteht der Wunsch nach einem klassischen Seitenverhältnis, kann der Benutzer dies jetzt ebenfalls angeben, so dass das Auswahlviereck automatisch die gewünschten Proportionen annimmt.

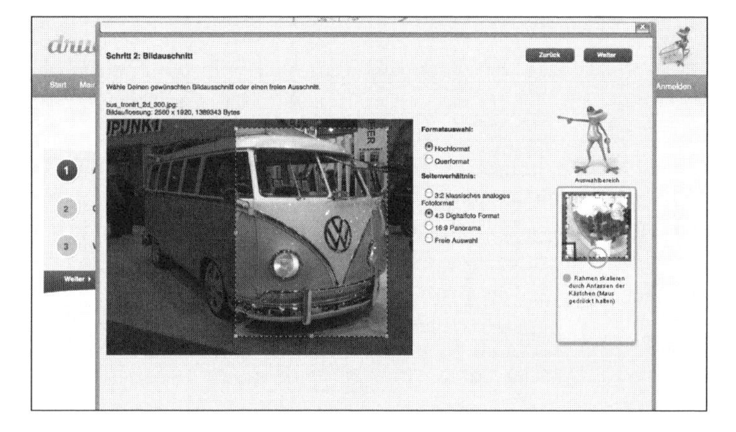

Die Aufteilung von Abbildungen ist in der Online-Anwendung sehr einfach gelöst. Hier werden Profi-Funktionen für Endanwender optimiert.

Im nächsten Schritt wählt der Benutzer das gewünschte Format. Ihm werden automatisch die Möglichkeiten und Teilungen, die mit dem gewählten Bildmaterial realisierbar sind, angezeigt sowie der Randverlust, der durch Umschlagen des Leinwandmaterials entsteht. Weitere Optionen sind verschiedene Farbeffekte, die online ausgewählt und berechnet werden sowie die maßstabsgetreue Abbildung und Positionierung der Leinwand in einem von drei verschiedenen Wohnzimmertypen zur besseren Einschätzung des Ergebnisses. Nach diesen Einstellungen wird das Bild wieder an Storefront übergeben. Bei Einzelbildern besteht die Möglichkeit ein Passepartout frei zu bestimmen. Anschließend erfolgt die Druckfreigabe und der Be-

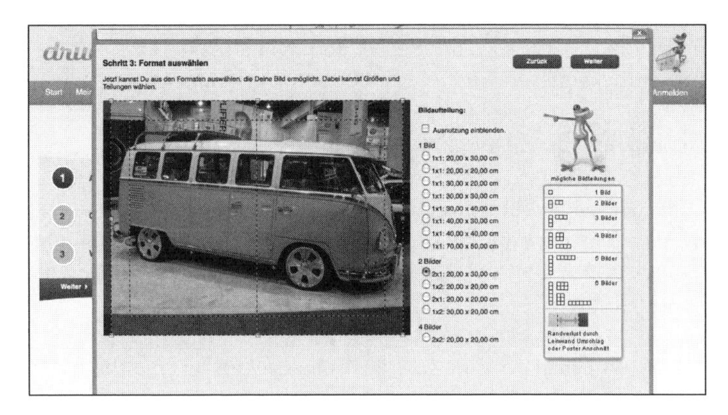

Auch der Ausschnitt von Bildteilen ist in der Anwendung sehr gut gelöst.

zahl- und Lieferprozess werden eingeleitet. Bei dem Bestellvorgang werden die Daten automatisiert als Einzelseiten-PDFs inklusive Anschnitt/Umschlag und elektronischem Jobticket an den Produktionsworkflow übergeben. Der Kunde erhält eine Eingangsbestätigung per E-Mail. Eine weitere E-Mail erhält er bei Versand der bestellten Produkte inklusive einer entsprechenden Trackingnummer.

Nutzen für die RT Reprotechnik.de GmbH und ihre Kunden

Die vollständige Prozessautomatisierung, die Anbindung an Payment- und Fakturaschnittstellen und die Logistik von RT Reprotechnik.de, all dies ist in das Gesamtsystem integriert. Diese Faktoren helfen, Fehler und Verzögerungen zu verhindern. Typische Produktionsprobleme beim Digitaldruck werden durch die Verwendung von Barcodes und Zeitschleifen verhindert. Außerdem entfallen den Online-Kunden durch das System aufwändige Agentur- und Vorstufenarbeiten. Auch intern werden

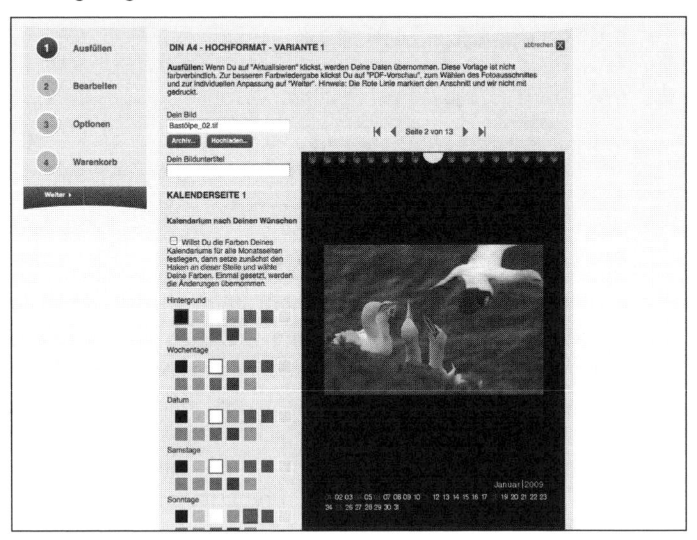

Für Profis gewöhnungsbedürftig, für Endanwender logisch: Die Farbauswahl für das Kalendermodul.

Produktionsprozesse von den in druckgarten.de angebotenen Druckprodukten über Pageflex realisiert, so dass eine Zeit- und Kostenersparnis entsteht, weil die Softwarekosten in den deutschen Filialen von RT Reprotechnik.de so reduziert werden können. Hieraus resultieren für den Endkunden wiederum Preisvorteile, wie bei Markteinführung festgestellt wurde.

Strategie-Tipp:
Wer die Kostenvorteile der günstigeren Web-to-Print-Produktion an seine Kunden weitergibt, stärkt seine Wettbewerbsposition und kann Zusatzgeschäfte generieren.

Die Lösung Pageflex Storefront mit Konzept-iX ermöglichte RT Reprotechnik.de die technische Standardisierung und Automatisierung ohne dabei die Anforderungen des Endkunden außer Acht zu lassen.

3. Produktion von Standarddrucksachen mit iWay (Gronenberg GmbH)

Web-to-Print-Lösung der Klasse B.

Gerade bei Standarddrucksachen schlagen die Kosten für Kreation und Druckvorstufe überproportional zu Buche. Mit einer passenden Web-to-Print-Anwendung lässt sich der Produktionsprozess so standardisieren und automatisieren, dass der Druckdienstleister seine Kunden günstig bedienen und durch die Online-Präsenz seinen Kundenstamm erweitern kann.

Die seit 1912 bestehende Gronenberg GmbH beschäftigt etwa 40 Mitarbeiter und ist ein typischer Dienstleister mit den Geschäftsbereichen Druckerei, Text und Bild, Digitale Fotografie, Elektronische Medien, Konfektionierung und Versand sowie Verlag. Das Unternehmen ist einer der ersten Anwender von iWay im deutschen Markt, wie dieses Beispiel anschaulich präsentiert.

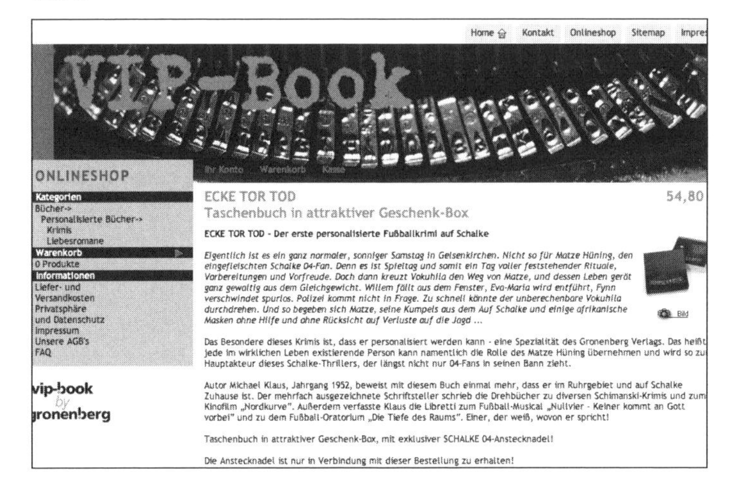

Vom „Schwager" zum Täter. Gronenberg bietet die Möglichkeit besonders geschätzte Zeitgenossen im Krimitext zu verewigen. Gut, dass der Anwender auch den Hauptdarsteller definieren kann.

Auf den Punkt gebracht:
Gerade bei Standarddrucksachen kann Web-to-Print seine Kostenvorteile voll ausspielen, weil teure und aufwendige Arbeitsschritte entfallen.

Web-to-Print mit iWay Prime

Im Bereich Web-to-Print entwickelt Gronenberg keine eigenen Lösungen, sondern nutzt iWay Prime von der Firma Press-sense und auch LeadPrint von be.beyound. Laut Aussage von Gronenberg ist Web-to-Print eine gute Unterstützung für die Kundenbindung und wird den Stamm- oder Großkunden als weiteres Extra angeboten.

Visitenkarten oder ähnliche Geschäftsunterlagen können mittels der Web-to-Print-Lösung über das Internet erstellt und nach Überprüfung zum Druck freigegeben werden. iWay ist ein Komplettpaket, das es nicht in einer modularen Bauweise gibt. Es ist für einen PDF-Workflow ausgelegt und enthält mehrere hilfreiche Tools und einige Zusatzmodule für den Aufbau personalisierbarer Druckvorlagen.

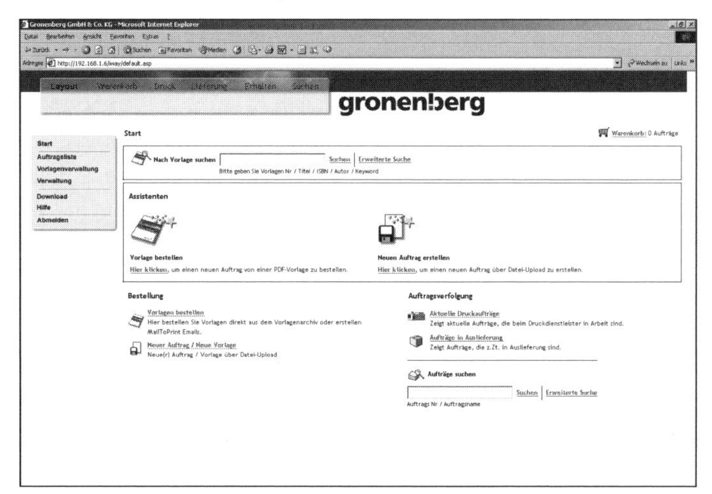

Gronenberg setzte schon sehr früh auf Online-Order und Web-to-Print von Press-sense.

Die Arbeit mit Bilddaten ist sehr einfach gehalten. Die Oberfläche hat keinen Editor auf Java-Basis, sondern tauscht Bilddaten über ein DropDown-Menü aus. Änderungen müssen erst gerendert werden, bevor das Ergebnis in PDF oder als GIF angesehen werden kann. Das Programm erlaubt das automatische Ausschießen, aber bei Gronenberg wird lieber auf eine externe Lösung wie Preps aus dem Prinergy-Workflow zurückgegriffen, da es erheblich einfacher einzustellen ist.

Print-Manager

Der Manager bietet Hilfestellung bei der Auftragsverwaltung der eingehenden Druckaufträge und enthält eine Jobliste mit der Möglichkeit detaillierte Informationen zu einzelnen Jobs zu bekommen. Eine weitere Liste zeigt den Status der gedruckten oder zu druckenden Aufträge. Auch Jobtickets sind möglich, jedoch nicht auf Basis von JDF. Sie dienen lediglich der Ausgabe von Papierauftragstaschen und enthalten eine Zusammenfassung der drucktechnischen Daten des Auftrags wie Farbigkeit, Auflage, Kunde usw.

Beispiel Visitenkarte: Der Anwender muss seine Daten in ein Online-Formular eintragen.

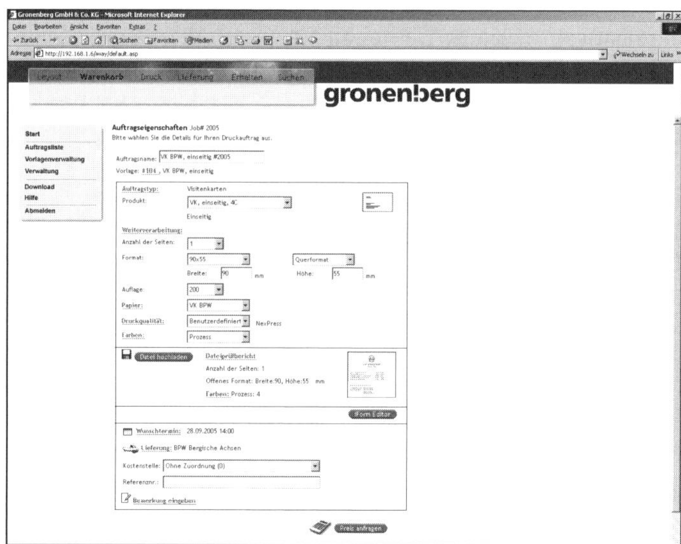

... und kann dann die Auftragsdetails in einem weiteren Formular eingeben.

Personalisierungsassistent

Dieser Assistent ist der eigentliche Template-Editor von iWay. Ohne Programmierkenntnisse kann der Administrator aus den Standard-Layoutprogrammen wie Quark XPress oder Adobe In-

Design stammende PDF-Vorlagen laden. Aus diesen statischen Vorlagen werden dann über eine Oberfläche mit typischen Layout- und auch Personalisierungswerkzeugen, dynamische Templates. Diese können vom Kunden online befüllt werden. Auch bei dieser Lösung wird das Warenkorbsystem genutzt. Die Druckprodukte werden nach ihrer Personalisierung in den Warenkorb gelegt und können dort als Preview überprüft, in der Menge angepasst und bestellt werden. Die Schritte für die Men-

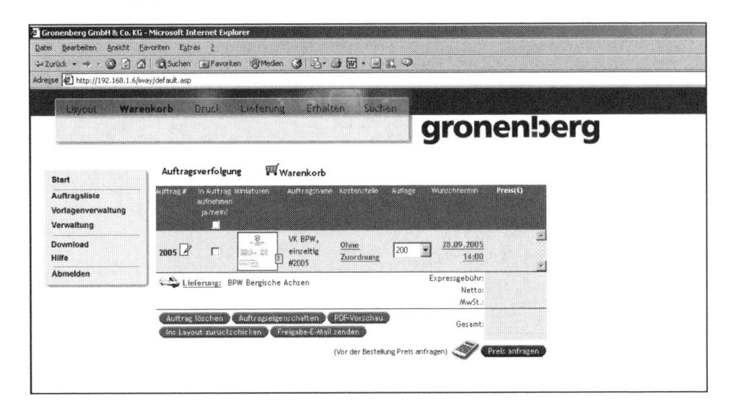

Im iWay-Warenkorb sieht der Anwender seine Bestellung und Bestelldaten.

generhöhung und auch die Preise werden vorher für jedes Produkt durch den Administrator festgelegt. Über das Tool VarData Express ist es möglich, Datensätze aus Excel zu importieren und automatisch mit einem ausgewählten Template zu kombinieren. Aus den Datensätzen werden je nach Anzahl die druckfertigen PDF-Dokumente erstellt. Diese kann sich der Kunde vor der Bestellung online ansehen.

Investitionen

Ein großer Vorteil der Lösung ist der Preis. Dieser beträgt in einer ersten Ausbaustufe 15.000 Euro und reicht bis hin zu 50.000 Euro und mehr für alle Module. Natürlich lassen sich auch hier durch diverse Ausbaustufen die Preise stark nach oben ausweiten. Die im Basispaket enthaltenen Möglichkeiten bieten dem Nutzer einen guten Einstieg in das Thema Web-to-Print. Eine lohnende Zusatzinvestition von ca. 4.000 Euro ist das Modul MiWay, welches online eine vollständige Anpassung des Kundenportals erlaubt. Hierdurch kann die Kundenbindung noch verstärkt werden.

Beispiel einer Visitenkartenbestellung

Der Kunde kann ein auf sein Corporate Design abgestimmtes Template in den gängigen Layoutprogrammen erstellen und von der Firma Gronenberg mittels iWay mit den gewünschten variablen Feldern versehen lassen. Danach ist die Vorlage für den Kunden webfähig und kann online über das System personalisiert werden.

Nachdem sich der Kunde in das Shop-System eingeloggt hat, bekommt er über eine standardisierte Oberfläche der Firma Gronenberg je nach Zugriffsrechten verschiedene Möglichkeiten der Auftragsverwaltung, -verfolgung sowie Durchführung.

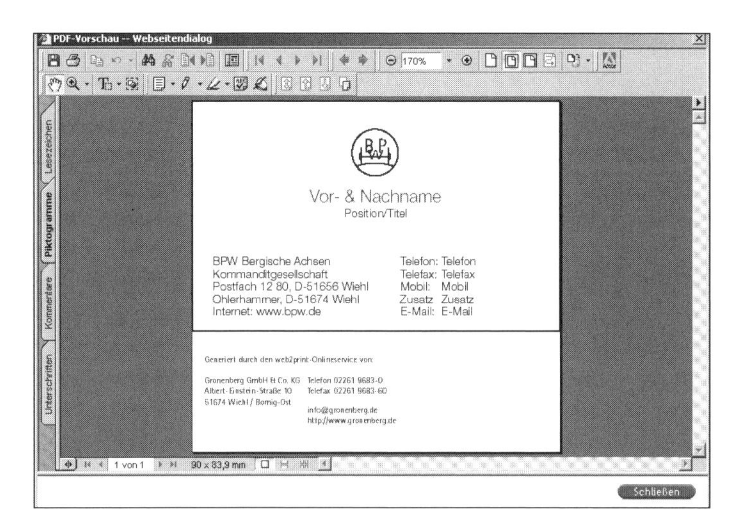

Die Voransicht von iWay ist ein recht verbindliches PDF. Diese Voransicht muss aber vom Anwender per Knopfdruck angefordert werden.

Erstellt der Nutzer einen neuen Auftrag, erhält er eine Übersicht mit den zur Verfügung stehenden, befüllbaren Vorlagen aus einer bestimmten Kategorie. Ein Klick darauf zeigt die Details des Auftrags wie zum Beispiel Auftragstyp, Farbraum oder Format sowie eine kleine Vorschau mit der Möglichkeit der PDF-Vorschau. Je nachdem wie viele Felder freigegeben sind, kann der Kunde diese in einem Formular ausfüllen. Aus den Daten wird automatisiert eine Vorschau im GIF-Format erzeugt, es kann aber auch durchgehend eine PDF-Vorschau mit den eingetragenen Daten erzeugt werden.

Auf den Punkt gebracht: Standardisierung und Individualisierung sind bei Web-to-Print keine Gegensätze und werden bei vielen Anwendungsszenarien konkret benötigt.

Ist das Dokument vom Kunden fertig ausgefüllt und überprüft, kann der Auftrag in den Warenkorb. Dort muss er explizit freigegeben werden, es kann eine Kostenstelle zugeordnet, die Auflage festgelegt oder auch ein Drucktermin angegeben werden. Vor der Bestellung muss der Preis für die Produktion angefragt werden.

Die Bestellung geht als druckfertiges PDF samt auftragsrelevanter Daten an Gronenberg, wird im iWay-System dem Drucker angezeigt und dann digital gedruckt. Hierauf folgen die manuelle Weiterverarbeitung und die direkte Auslieferung an den Kunden.

Nutzen für den Anwender

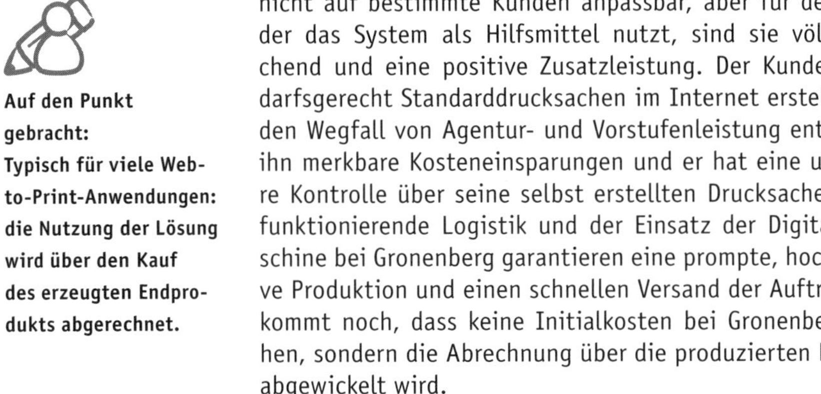

Auf den Punkt gebracht: Typisch für viele Web-to-Print-Anwendungen: die Nutzung der Lösung wird über den Kauf des erzeugten Endprodukts abgerechnet.

Die Abläufe innerhalb des Systems sind zwar standardisiert und nicht auf bestimmte Kunden anpassbar, aber für den Kunden, der das System als Hilfsmittel nutzt, sind sie völlig ausreichend und eine positive Zusatzleistung. Der Kunde kann bedarfsgerecht Standarddrucksachen im Internet erstellen. Durch den Wegfall von Agentur- und Vorstufenleistung entstehen für ihn merkbare Kosteneinsparungen und er hat eine unmittelbare Kontrolle über seine selbst erstellten Drucksachen. Die gut funktionierende Logistik und der Einsatz der Digitaldruckmaschine bei Gronenberg garantieren eine prompte, hochqualitative Produktion und einen schnellen Versand der Aufträge. Hinzu kommt noch, dass keine Initialkosten bei Gronenberg entstehen, sondern die Abrechnung über die produzierten Dokumente abgewickelt wird.

4. Postbank-Services (Sommer Corporate Media)

Web-to-Print-Lösung nicht in Studie klassifiziert.

Je nach Auftragsart kann auch das klassische Druckgeschäft sehr komplex sein. In einem solchen Kontext hilft Web-to-Print in erster Linie, komplexe Bestell-, Produktions- und kaufmännsiche Prozesse zu beschleunigen und leichter abzuwickeln. Das gilt besonders für das Direktmarketinggeschäft, bei dem hohe Auflagen und Individualisierung ein leistungsstarkes und zuverlässiges Datenhandling erfordern.

Bei Sommer Corporate Media wird ein umfangreiches Print-Angebot online per Web-to-Print angeboten und abgewickelt, wie dieses Beispiel aus dem Jahr 2007 veranschaulicht.

Das Unternehmen

Das Dienstleistungsunternehmen wurde 1982 gegründet und ist bis heute auf über 150 Mitarbeiter gewachsen. Aus einer reinen Offsetdruckerei wurde die international tätige Sommer Corporate Media, mit Komplettlösungen in den Bereichen New Media, Print und Direktmarketing.

Die Liste der Kunden liest sich wie ein Who's-Who der Top-Unternehmen – und dies nicht nur deutschlandweit sondern international. Die Postbank Vermögensberatung bietet beispielsweise die Sommer-Lösung im Internet für ihre Berater an und deckt damit alle wichtigen Bereiche für individuelle Mailingaktionen ab. Es entstehen zwar merkbar mehr Kosten für die Postbank durch die täglichen Druckaufträge im Digitaldruckbereich bei Sommer, aber die Responsequoten von bis zu 35 Prozent sind der Postbank die höheren Ausgaben für die Produktion wert.

Strategie-Tipp: Web-to-Print-Dienstleister können ihr Geschäft durch umfassende Lösungsangebote erweitern, die nicht unmittelbar mit dem Druck zu tun haben, sich aber mit der dazu benötigten technischen Infrastruktur gut abbilden lassen. Solche Mehrwertdienste ermöglichen einen weitergehenden Zugang zu den Wertschöpfungsketten der jeweiligen Kunden.

Sommer Corporate Media hat sehr schnell verstanden, wie sich via Web-to-Print eine geniale Kundenlösung erzeugen lässt.

Die Responseauswertung findet übrigens auch bei Sommer statt. Dazu ist gesondert eine Handschriftenerkennung im Einsatz, die die ausgefüllten Bögen der Kunden für die Datenbank digitalisiert und einpflegt. Das Adressmanagement wird bei Sommer mit der Software PrintnetT der Firma GMC realisiert, die auch den kompletten Umgang mit variablen Daten im Haus steuert. Dieses Programm bietet den nötigen Sicherheitsstandard bei hochsensiblen Daten und steuert zudem das Customer Relation Management. Sommer ist in der Lage die Mailings für jeden Kunden in einer hochindividualisierten Form zu generieren.

Eigene Anwendung - Web-to-Print ist ein Modul

Die Web-to-Print-Lösung von Sommer wird unter keinem speziellen Namen vertrieben. Sommer unterscheidet zwischen dem eigentlichen Produzieren von Druckvorlagen über das Internet und den zuschaltbaren Prozessoptimierungs-Modulen. Ein Modul gliedert sich wiederum in Einzelobjekte worunter zum Beispiel Visitenkarten fallen und in Mailing-Objekte. Für die Einzelobjekte reichen beispielsweise das Bestellmodul und der Auftragsstatus völlig aus. Für Mailingaktionen ist zusätzlich die Adressverwaltung erforderlich.

Das persönliche Bildarchiv für Signaturen, Passbilder, Firmenlogos und andere Bilder ist optional zuschaltbar. Ein weiteres Modul in diesem Bereich stellt die automatische Prüfung (ähnlich einem Photoshop-Automatismus) von Bildern dar, wodurch die teure manuelle Kontrolle von Bildern auf Drucktauglichkeit entfällt.

Auf den Punkt gebracht: Die Anbindung von Web-to-Print-Lösungen an Unternehmenslösungen wie zum Beispiel Warenwirtschafts- und Lagerhaltungssysteme schafft zusätzliche Produktionssicherheit.

Viele Kunden nutzen noch weitere Module wie Lagerverwaltung mit Webshop, PDF-Archiv, Anzeigenverwaltung/-gestaltung, Bildarchiv mit und ohne Profilumrechnungen oder Jobfactory. Die Jobfactory ist ein Modul, um Aufträge jeglicher Art online zu beauftragen und zu bearbeiten. So wird bei Web-to-Print gerne das Lagerverwaltungsmodul für eingelagerte und/oder zugelieferte Objekte gebucht. Dabei wird das verbrauchte Material automatisch durch das Web-to-Print-Tool aus der Lagerverwaltung abgebucht.

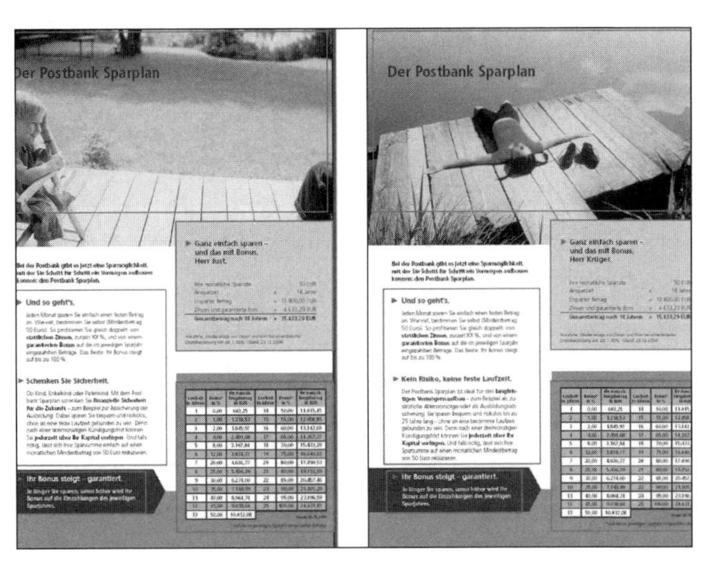

Individuell und auf den Endkunden abgestimmt wird für jede Anfrage ein eigenes Angebot generiert.

Mindestbestandswarnungen, automatische Nachbestellungen und vieles mehr sind optional zuschaltbar. Individuell ist dadurch zum Beispiel die Sperrung von Mailings zu realisieren, wenn der Bestand dafür nicht mehr reicht. Dies ist sinnvoll für monatliche Kundenmagazine mit personalisiertem Anschreiben, die nur in einer bestimmten Auflage verfügbar sind. Für Smart, den Ableger der Daimler AG, setzt das württembergische Vorzeigeunternehmen die Produktion individualisierter Produktflyer um.

Der Kunde konfiguriert im Internet „sein" Auto, und automatisch wird der passende Flyer unter Berücksichtigung seiner Wünsche wie Farbe, Motorisierung und Designanpassung erzeugt, gedruckt und von Sommer versendet. Mittlerweile produziert Sommer bis zu 4.000 vollfarbige Broschüren je Woche in bis zu 13 Sprachvarianten. Das geht nur datenbankgestützt.

Kosten für den Kunden

Betrachtet man, wie Sommer die Nutzung des Systems berechnet, dann wird klar, was das Kerngeschäft von Sommer ist, nämlich der Druck. Die Kosten sind abhängig vom Druckauftrag oder dem Druckvolumen etc. und bewegen sich hier zwischen etwa 500 und 5.000 Euro pro Monat. Bei einem entsprechenden Duckvolumen ist auch ein Mischpreis ohne monatliche Grundkosten möglich. Ansonsten wird bei Sommer über monatliche Nutzungsentgelte abgerechnet, die zum Beispiel Serverhousing (Speicher, Traffic usw.), Systemmiete, Supportleistungen (E-Mail, Telefon, usw.), Systempflege, Updates der Erweiterungen, Inkasso oder Sammelrechnung usw. enthalten können.

Beispiel Postbank

Ein gutes Beispiel, wie die Firma Sommer Corporate Media Leistungen für ihre Kunden erbringt ist das Portal für die Postbank Vermögensberatung GmbH. Über dieses Portal können sich über 400 Vermögensberater der Postbank in das hauseigene System einloggen und individuelle Mailingaktionen für ihre Kunden auf der Grundlage vorgefertigter Templates durchführen.

Auf den Punkt gebracht: Je transparenter der Gesamtvorgang für den Kunden ist, desto größer ist bei diesem die Akzeptanz und der Grad der Wertschöpfung von Web-to-Print.

Als erstes wählen sich die Berater im System ein Mailing aus. Dies geschieht entweder durch eine Eingrenzung nach Gruppen oder frei aus einer Liste. Danach können die Adressen nach vordefinierten Kriterien ausgewählt und in einem Warenkorbsystem gesammelt werden. Den Beratern wird daraufhin ein Kostenvoranschlag auf der Basis der gewählten Adressenzahl gegeben mit der Möglichkeit, eine Nachfassaktion des Mailings zu aktivieren. Nach jeder Kalkulation wird das Restbudget

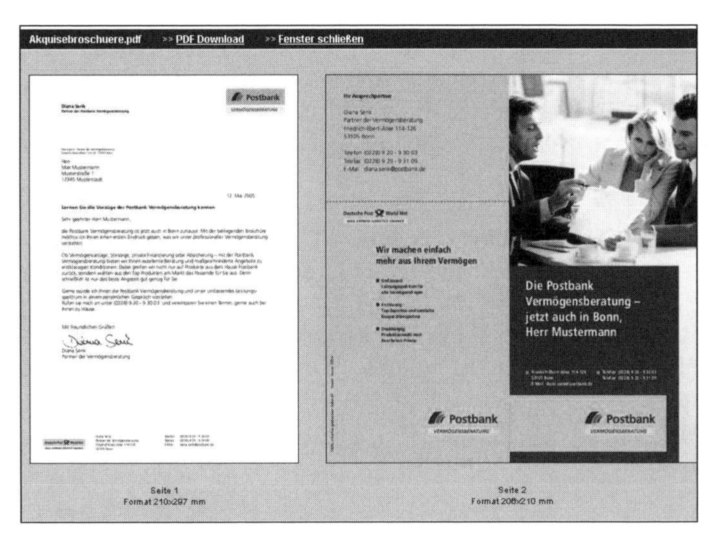

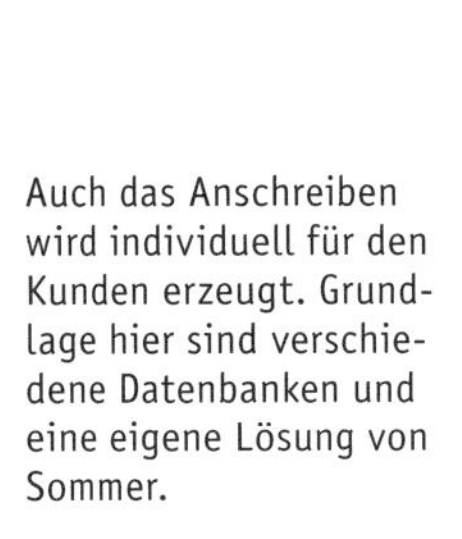

Auch das Anschreiben wird individuell für den Kunden erzeugt. Grundlage hier sind verschiedene Datenbanken und eine eigene Lösung von Sommer.

angezeigt. Die PDF-Vorschau dauert je nach Druckvorlage nur wenige Sekunden. Nachdem die standrichtige Vorschau generiert wurde, besteht die Möglichkeit das Mailing zu speichern, sich anzuschauen und falls keine Änderungen mehr nötig sind als Auftrag an den Druckdienstleister zu schicken. Am Ende einer Mailingaktion, bekommt jeder Berater eine Übersicht über seine erstellten Mailings mit einer weiteren Kostenkontrolle.

Nutzen für die Postbank

Auf den Punkt gebracht:
Höhere Produktionskosten werden vom Kunden gerne akzeptiert, wenn der messbare Mehrwert gegenüber schlichteren Lösungen die Zusatzkosten merklich übersteigt.

Durch das System der Sommer Corporate Media ermöglicht die Postbank Vermögensberatung ihren Beratern, zielgerichtete Werbeaktionen im Corporate Design von jedem Standort auf der Welt aus zu erstellen. Die Einführung der Berater in das System geschieht binnen weniger Tage und entlastet damit die hauseigene Werbeabteilung. Die zielgruppengenaue Ansprache, qualitativ hochwertige Drucke und hohe Produktionsgeschwindigkeiten bei Sommer garantieren eine gute Zusammenarbeit und damit eine gute Kundenbindung. Hinzu kommt die unmittelbare Erfolgskontrolle durch das Auswerten der Rückläufer und dadurch eine erfolgsbasierte Bezahlung.

Die Qualitätssteigerung macht sich zwar in den höheren Produktionskosten bemerkbar, aber die deutlich erhöhten Responsequoten sind ein Indiz für die erfolgreiche Umsetzung. Die Postbank lässt mittlerweile jeden Tag personalisierte Aufträge im Digitaldruck aus allen Geschäftsbereichen bei Sommer drucken.

5. Plakaterstellung und Buchung mit Out-of-Home bei Ströer

Web-to-Print-Lösung der Klasse D/E.

Um seinen Key-Accounts und Agenturen die schnellere Erstellung und Buchung von Plakaten zu ermöglichen, suchte der Werbungsspezialist Ströer nach einer leistungsfähigen Lösung. Die Firma CDO und Ströer entwickelten gemeinsam auf Basis von iBrams das Portal Ströer LIVE, das über das Internet zugänglich ist und die Individualisierung und Buchung von Plakaten ermöglicht.

Die Ströer Gruppe ist Spezialist für alle Werbeformen, die außer Haus zum Einsatz kommen, vom klassischen Plakat über Werbung auf Litfaßsäulen und öffentlichen Verkehrsmitteln bis hin zu elektronischen Medien. Die Gruppe vermarktet in 12 Ländern rund 250.000 Werbeflächen. In Deutschland ist der Konzern mit über 200.000 Werbeflächen Marktführer für Außenwerbung.

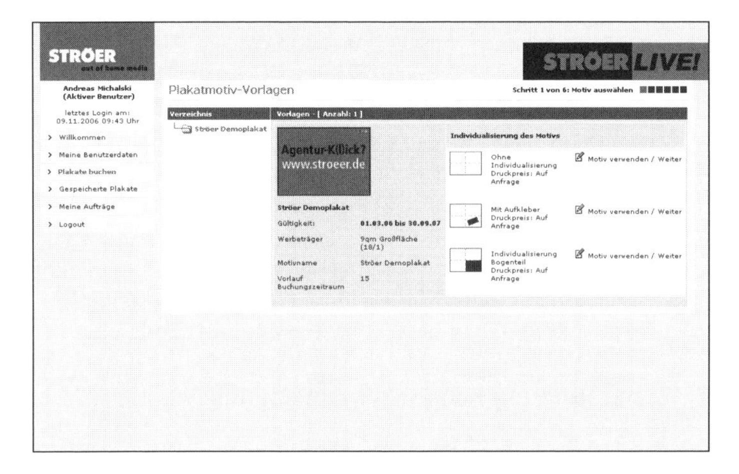

In diesem (älteren) Beispiel kann der Kunde wählen wie er seine Plakatkampagne individualisieren möchte.

Der Weg zum richtigen Plakat an der richtigen Stelle ist weit und reicht von der Erstellung druckvorlagenfähiger Entwürfe durch die Agentur des Kunden über den Individualisierungsprozess durch den Kunden selbst bis zur dezentralen Auswahl der Flächen sowie der Buchung und der gesamten Auftragsabwicklung. Will ein Unternehmen nicht nur die aktuellen Corporate-Design-Vorgaben einhalten, sondern gleichzeitig auch individuelle Elemente wie lokale Händleradressen einbinden, wird der Prozess noch komplizierter.

Um dieses Portal nutzen zu können, benötigen Kunden natürlich entsprechende Vorlagen und das Wissen für die Steuerung des Prozesses. Eine Vorlage für das Ströer-Projekt besteht aus

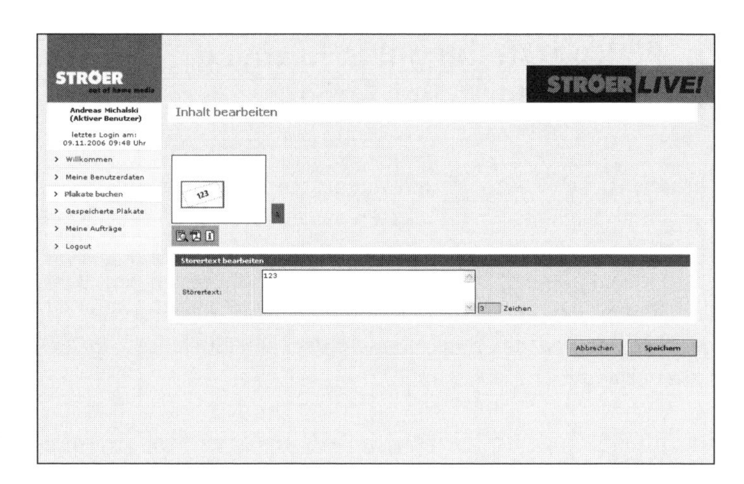

Im nächsten Schritt wird der Kunde aufgefordert sein individuelles Plakatelement zu erzeugen.

einem Plakatmotiv, für das festgelegt werden muss, welche Bestandteile der Nutzer individualisieren darf. Formal gesehen, wird ein Projekt angelegt und diesem dann eine Benutzergruppe und entsprechende Regeln zugewiesen.

Auf den Punkt gebracht:
Je komplexer die Zusammenhänge, in denen Web-to-Print eingesetzt wird, desto wichtiger ist die klare Definition von Prozessabläufen und Nutzerrechten der Anwender.

Der in Adobe InDesign angelegten Vorlage wird nun „Intelligenz" in Form einer automatisierten Prozesslogik verliehen. Dieser Funktionsumfang entspricht dem regulären Leistungsumfang von iBrams, der über das Modul „Print" bei jeder Lizenz eingeschlossen ist. Nachdem der Vorgang erstellt, die Benutzergruppe definiert und das Projekt freigeschaltet wurde, erhalten alle berechtigten Personen eine Benachrichtigung mit einer Übersicht der Motive und dem Zugangsaccount. Ebenso erfolgt später immer dann eine Information an alle freigegebenen Nutzer, wenn neue Vorlagen im System angelegt wurden.

Einfache Nutzung komplexer Funktionen

Der Nutzer auf Kundenseite benötigt auf seinem Rechner lediglich einen Internetzugang, um die Lösung einzusetzen. Die einfachste Anwendung ist die Feldregel „Plain Text". Hier besteht lediglich die Möglichkeit, reinen Text einzugeben. Im Hintergrund wird dann über den InDesign Server das festgelegte Zeichensatzformat verwendet.

Die Formatierung geschieht automatisch, ohne dass Schriften oder Zeichensätze auf dem System des Nutzers vorhanden sein müssen. Der Text erscheint korrekt, inklusive Stationierung oder Zeilenumbrüchen. Hierfür lassen sich sowohl feste Regeln als auch dynamische Abhängigkeiten hinterlegen. Bei einem Textüberlauf oder wenn ein Textrahmen nicht ganz ausgefüllt ist, kann beispielsweise definiert werden, ob der Rahmen mitwachsen oder schrumpfen soll. Anwender können also die Möglichkeiten von Adobe InDesign über den in iBrams integrierten InDesign Server nutzen, ohne dass InDesign auf ihrem Rechner installiert sein muss. Neben dem Recht, Text einzugeben, kann dem Nutzer auch ermöglicht werden, Bilder festzulegen und anzupassen. Er kann aus beliebig vielen Bildmotiven/-varianten auswählen, die Bilder werden automatisch entsprechend der festgelegten Regeln ins Gesamtlayout eingepasst. Auch hier lässt sich vorher festlegen, was mit Textumlauf passiert, wie das Bild skaliert wird und ob sich das Bild an den Rahmen anpasst oder umgekehrt.

Im System ist die Hausdruckerei von Ströer bereits an diesen Prozess angeschlossen. Wenn eine neue Aktion anläuft, erstellt die Druckerei Bögen mit den Motiven, die dann über iBrams individualisierbar sind.

Es gibt drei im System angelegte Möglichkeiten, wie der Auftrag ablaufen kann: Option 1 ist die originalgetreue Auswahl und Buchung eines Plakats, so wie es als Vorlage existiert. Die zweite Möglichkeit besteht darin, einen „Störer" aufbringen zu lassen, einen zusätzlichen bedruckten Bogen Papier, der auf das Plakat aufgebracht wird. Die dritte Option ist am umfangreichsten, hier kann das gesamte Plakat im Rahmen der freigegebenen Regeln personalisiert und gebucht werden. Denkbare Anpassungen sind neben zusätzlichem Text ein ergänzendes Logo oder beispielsweise der Hinweis auf besondere Rabattaktionen. Wenn ein neues Projekt angelegt wird, hinterlegt Ströer im Portal die spezifischen Preise.

Plakat-Positionierung

Wenn sich der Anwender für ein Motiv entschieden und es wie gewünscht personalisiert hat, wählt er neben dem Buchungszeitraum einen Radius um den ausgewählten Standort aus. Man kann die Plakate beispielsweise im Umkreis von einem, drei, fünf oder zehn Kilometern um die Handelsniederlassung oder Filiale buchen lassen. Der Auswahlprozess der in Frage kommenden Plakatflächen erfolgt automatisch.

Auf den Punkt gebracht: Komplexe Lösungen schließen die Nutzung und Vermarktung des Web-to-Print-Produkts ein. Davon profitieren Dienstleister und Kunden gleichermaßen.

Das System zieht aus der Datenbank die Stammdaten des Nutzers, dann wird im System ein Map24-Applet aufgerufen. Hierin wird der Standort des Nutzers angezeigt und nun startet nach einem Algorithmus die Suche nach freien Plakatwänden. Diese Auswahl erfolgt für den gesuchten Buchungszeitraum in immer größer werdenden Abständen zum Standort. Der Anwender kann

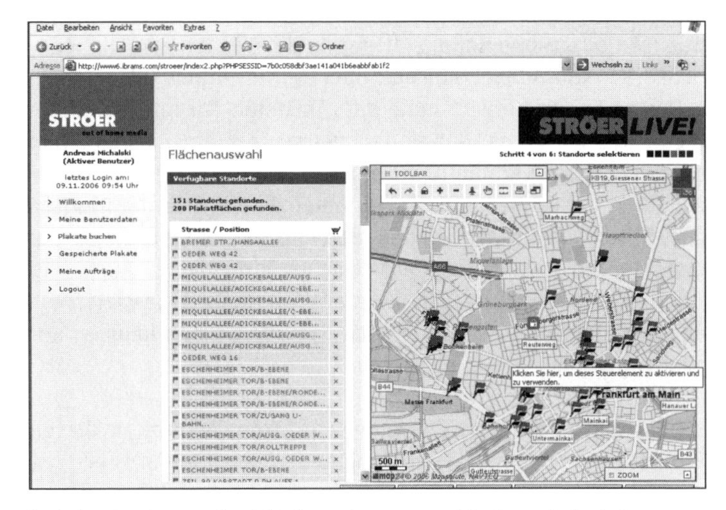

In Kombination mit Maps24 wird automatisch anhand einer Auswahlliste auch eine Auswahlkarte angezeigt. So weiss der Kunde genau, wo seine Plakate später zu sehen sein werden.

bei der Buchung der Flächen dann verschiedene Prioritäten angeben und sie entweder als Wunsch- oder als Ersatzfläche kategorisieren.

Ab dem Moment der Buchungsbestätigung werden diese Flächen sofort im entsprechenden Zeitraum für andere Nutzer gesperrt, damit keine Überschneidungen und Konflikte entstehen. Das System generiert dann automatisch den passenden Druckauftrag. Der Druckdienstleister erhält außerdem eine Preview-Datei, damit er sieht, um welches Motiv es sich handelt, und um eine Qualitätskontrolle durchführen zu können. Zusätzlich bekommt er eine XML-Datei mit allen relevanten Daten im Überblick. Darin sind Auftraggeber oder eine eventuell abweichende Rechnungsanschrift verzeichnet sowie welche Flächen wann gebucht und welche Dateien gedruckt werden sollen.

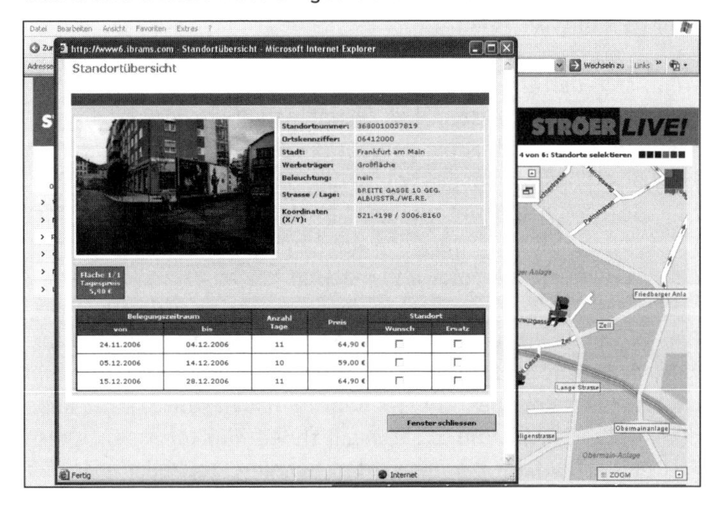

Fast schon spektakulär ist die Anzeige der Fotos der jeweiligen Plakatwand – so kann der Kunde auf Nummer Sicher gehen.

Wenn das Plakat fertig produziert wurde, erhält Ströer automatisch eine Information, dass der Druckauftrag jetzt zur Abholung bereit steht. Dann liest Ströer die XML-Information in sein Abwicklungssystem ein und generiert den Auftrag für den Plakatierer vor Ort. Die Druckerei sorgt für die Anlieferung, so dass das richtige Plakat zur richtigen Zeit am richtigen Ort ist. Über die Ströer Backend-Systeme erfolgt dann auch die Abrechnung. Agenturen und andere Werbetreibende können das System selbstständig benutzen, sofern sie bei Ströer im System angelegt sind. Sie können für ihre Kunden im Rahmen des Portals Plakate erstellen, anpassen, in der gewünschten Anzahl buchen und platzieren. Damit hat Ströer sein Ziel erreicht: ein automatisiertes Buchungssystem, mit dem sich Aufträge einfacher und schneller abwickeln lassen.

Auf den Punkt gebracht:
Komplexe Gesamtsysteme steuern neben der Web-to-Print-Produktion sogar die logistischen und organisatorischen Abläufe beim Dienstleister, beim Kunden oder beim Partnerunternehmen.

Kundennutzen

Durch das auf iBrams basierende Portal entfallen die früher nötigen, wiederholten Abstimmunsgprozesse zwischen Agentur und Kunde inklusive immer wieder neu zu erstellender Reinzeichnungen. Stattdessen wird das Motiv nur einmal abgestimmt und in freigegebener Form in das System eingestellt. Hier wird nun auch festgehalten, welcher Anwender welche Anpassungen vornehmen darf. Man legt also Prozesse und Zuständigkeiten vorab fest und spart Arbeitszeit und Kosten. Es kann zusätzlich noch eine Freigabeschleife eingebaut werden, ansonsten läuft der Freigabeprozess automatisiert entsprechend, der festgelegten Richtlinien.

Das System gibt den Ströer-Kunden die Möglichkeit, über 200.000 Plakatflächen online zu lokalisieren, sich einen Überblick über das jeweilige Umfeld zu verschaffen, das Motiv individuell zu gestalten und dann online zu buchen. Der Einsatz des Portals hilft, die Abwicklung von Aufträgen zu vereinfachen, Prozesslaufzeiten zu verkürzen, die interne Arbeitsorganisation zu verbessern und somit einen effizienteren Einsatz des Budgets zu ermöglichen.

6. Katalogproduktion bei Utesch Media Processing GmbH

Web-to-Print-Lösung der Klasse D.

Anspruchsvolles, komplexes Layout, eine Fülle von periodisch wechselnden Inhalten, und das ganze vielleicht auch noch in unterschiedlichen Sprachen - die Katalogproduktion stellt hohe Ansprüche an Prozessabläufe in Layout und Medienproduktion. Gleichzeitig müssen zahlreiche Projektmitarbeiter aus unterschiedlichen Fachbereichen eingebunden werden, um die Inhalte zusammenzutragen. Web-to-Print bedeutet in diesem Kontext nicht nur das online-basierte Management komplexer Produktionsprozesse, sondern vorgelagert auch die Organisation von zahlreichen Inhalten und die korrekte Versionierung.

Für den Kunden steht bei CODIN ein umfangreicher Editor zur Verfügung.

UMP ist ein Hamburger Traditionsunternehmen, das sich seit rund 70 Jahren mit der hochwertigen Satz- und Reproduktion beschäftigt. Schon seit längerem nutzt Utesch webbasierende Techniken für seine Kunden, und begann 2004 gemeinsam mit der IT-Firma BasiX IT GmbH die Entwicklung von CODIN (Coordinated Online Document InterNetwork). Das System sieht die browserbasierte Verwaltung und Bearbeitung von Dokumenten innerhalb eines frei definierbaren Workflows vor.

CODIN bietet Schnittstellen zu verschiedenen Online- und Offline-Bearbeitungswerkzeugen, die abhängig vom jeweiligen Arbeitschritt eines Workflows eingesetzt werden können. Dazu gehört u. a. die WYSIWYG-Bearbeitung eines Dokuments im sogenannten Layout-Mode über die Pageflex-Schnittstelle und die Bearbeitung im CODIN-Textmode, der die Textboxen (Stories) eines Dokumentes seitenweise im reinen Textmodus darstellt. Darüber hinaus stellt CODIN für Übersetzungsprozesse eine TRADOS-Schnittstelle bereit. Über diesen Weg kann ein Anwender seine lokale TRADOS-Installation zur Übersetzung von Dokumenteninhalten in CODIN nutzen und so die Übersetzungsqualität mit Hilfe des Translation Memories verbessern.

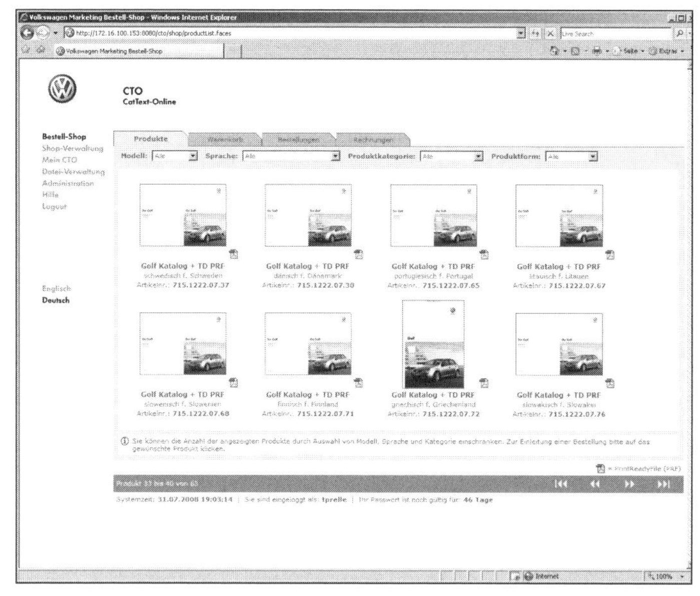

Im Bestellshop wählt der Kunde „sein“ Prospekt aus.

Erfahrungsgemäß werden während einer Übersetzung noch Änderungen an Inhalt oder Layout des Ausgangsdokumentes durchgeführt. Solche Änderungen können durch den CODIN Merge-Prozess mit dem bereits in der Übersetzung befindlichen Dokument vereinigt werden und so unterschiedliche Dokumentenstände automatisch konsolidiert werden. Zu jeder Zeit kann, zum Beispiel nach fehlerhafter Bearbeitung, über die CODIN-Versionsverwaltung ein früherer Dokumentenstand wiederhergestellt werden. Alle Aktivitäten im CODIN werden als Prozessbeschreibungen, so genannten Workflows hinterlegt. Workflows bestehen aus einer linearen Abfolge von einzelnen Arbeitschritten, denen unterschiedliche Eigenschaften zugeordnet werden können. Zu diesen Eigenschaften gehören Zugriffsrechte, Benachrichtigungsregeln, Navigationsregeln, Terminvorgaben und Darstellungsrichtlinien. Einmal erstellte Workflows sind als Prozesstemplates hinterlegt und werden mit entsprechender Terminparametrisierung als Instanz eines Workflows aktiviert.

Auf den Punkt gebracht:
Beim datenbankgestützen Publizieren ermöglicht Web-to-Print, dass alle Beteiligten aus unterschiedlichen Unternehmen, Arbeitsgruppen und Berufen unmittelbar in den Prozess eingebunden werden können.

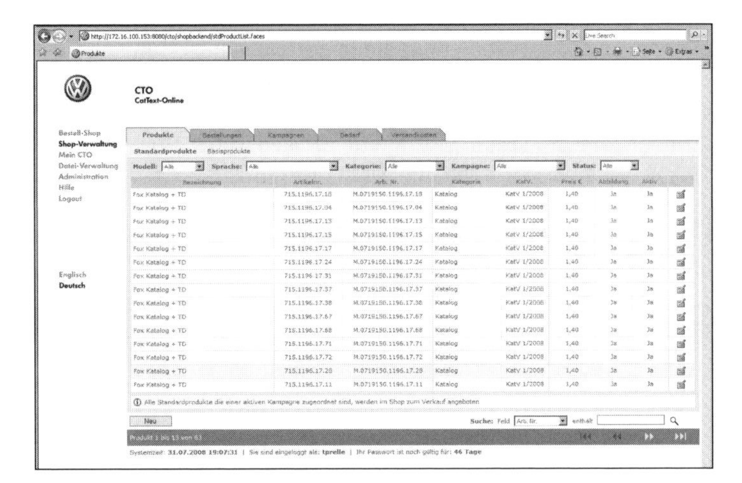

Umfangreiche Verwaltungstools helfen, das System zu organisieren.

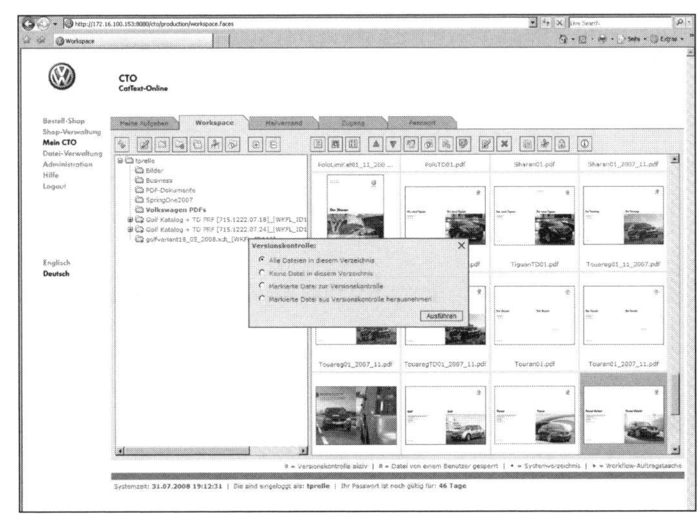

Integriert ist auch eine Versionskontrolle. So können nur aktuelle Informationen in Umlauf kommen.

Beispiel Audi

Zusammen mit dem Produktionsbüro Romey von Malottky hat UMP für seinen langjährigen Kunden Audi ein Workflow-Management entwickelt und umgesetzt. Entstanden ist das Audi Catalogue Management System (ACMS), mit dem bis zu 33 Sprachfassungen der Audi-Modellkataloge vom A3 bis Q7 zur Druckreife gebracht werden. Dabei erstellt das Audi-Marketing den Master, dieser wird von UMP als Grundlage für die Templateerstellung genutzt und online gestellt. Laut UMP dauert die Umsetzung eines ca. 60 Seiten starken Katalogs zwei Tage und steht dann in 30 Sprachversionen online zur Verfügung. Das ACMS ist eine erweiterte Anwendung, basierend auf dem CODIN Source Stack.

Beispiel Volkswagen

Im Rahmen des Übersetzungsmanagements von Katalogen und anderer VW-Verkaufsliteratur, wurde für Volkswagen das CTO (Cattext Online) eingeführt. Das System bietet den unterschiedlichen VW-Importeuren weltweit die Möglichkeit, online auf die deutschsprachigen Ausgangsdokumente zuzugreifen und die jeweiligen Übersetzungen und landestypische Anpassungen vorzunehmen. Das CTO gewährleistet die Termintreue der durchgeführten Bearbeitungsschritte und übernimmt die

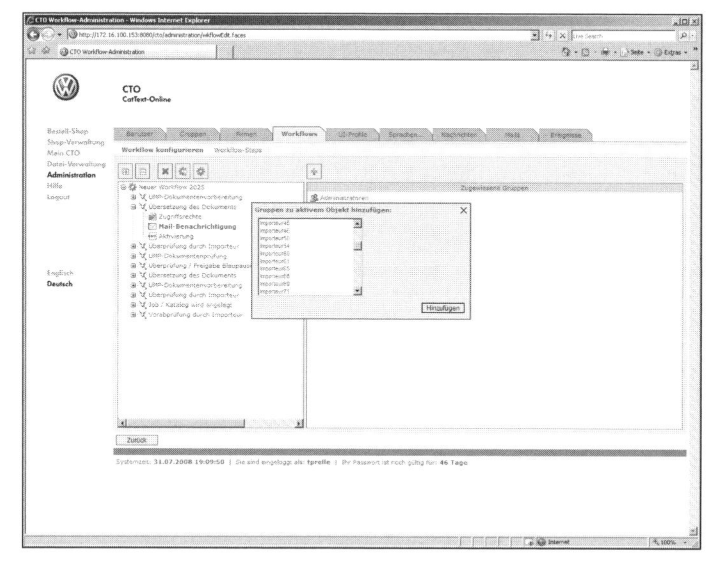

Die integrierte Benachrichtigungsfunktion hält alle Prozesspartner auf dem Laufenden.

Benachrichtigung der User im Rahmen der vordefinierten Workflows. Durch den Einsatz des CTO konnte die Prozesssicherheit im Übersetzungsmanagement der Volkswagen-Verkaufsliteratur deutlich verbessert werden. Das CTO ist eine erweiterte Anwendung, basierend auf dem CODIN Source Stack.

Alle Server sind redundant ausgelegt, stehen in einer externen Serverfarm und entsprechen den Sicherheitsanforderungen der Automobilindustrie. Der Mediendienstleister berechnet einen einmaligen Einstiegspreis samt Rahmenverträgen für die Installation und Service. Neben einer Reduzierung der Kosten liegt der Hauptvorteil in der Minimierung der Fertigungszeiten, die je nach Ablauf bis zu 90 Prozent betragen kann.

7. Web-to-Print als umfassende Dienstleistung bei der infowerk ag

Web-to-Print-Lösungen der Klassen B/C/D.

Je komplexer die Publishingaufgaben von anspruchsvollen Großkunden sind, um so umfangreicher und vielgestaltiger muss auch das Dienstleistungsangebot von Web-to-Print-Anbietern werden. Solche Universalisten im Bereich Medienproduktion nehmen gegenüber ihren Kunden die unterschiedlichsten Rollen ein. Die Vielgestaltigkeit ihres Geschäftsmodells spiegelt sich auch in ihrer Organisation gemäß unterschiedlicher Geschäftsfelder und Kundengruppen wieder.

infowerk als Beispiel für einen Generaldienstleister

Auf den Punkt gebracht:
Die infowerk ag ist der Prototyp eines modernen Mediendienstleisters, der bisher getrennte Bereiche verbindet und gegenüber seinen Kunden unterschiedliche Rollen einnehmen kann.

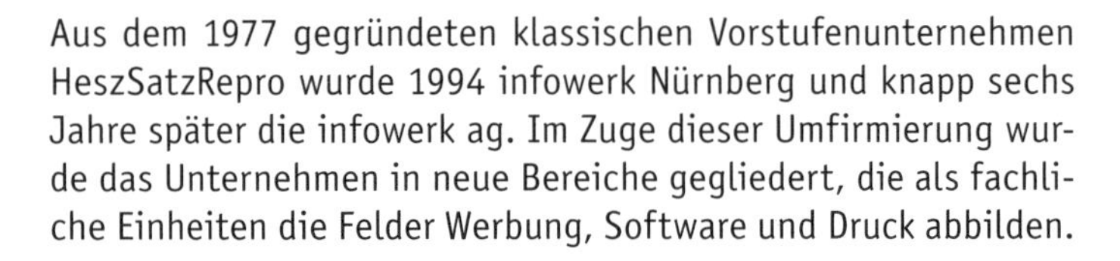

Aus dem 1977 gegründeten klassischen Vorstufenunternehmen HeszSatzRepro wurde 1994 infowerk Nürnberg und knapp sechs Jahre später die infowerk ag. Im Zuge dieser Umfirmierung wurde das Unternehmen in neue Bereiche gegliedert, die als fachliche Einheiten die Felder Werbung, Software und Druck abbilden.

Das Ergebnis der Restrukturierung sind individuelle Kundenlösungen, die aus dem engen Zusammenspiel der Geschäftsbereiche entstehen. Dabei umfasst das Kerngeschäft die Produktion von Print- und Online-Medien. Als Besonderheit bedient infowerk sowohl das Geschäftskunden-Segment als auch den Endkundenmarkt. Eine 100-prozentige Fertigungstiefe bietet Fullservice aus einer Hand in einem Haus. Damit ist die infowerk ag ein Generaldienstleister mit Agenturportfolio, Softwarelösungen und Software-as-a-Service (SaaS oder ASP) sowie variablem Digitaldruck.

Dieses Know-how zeichnet die infowerk ag als zentralen Systemintegrator und Web-to-Print-Spezialisten aus. Durch immer anspruchsvollere Kundenanforderungen und die technische Erfahrung im Bereich der Software und Datenbankentwicklung sowie individueller Softwareapplikationen, Systemanbindungen und Workflowlösungen ist das Unternehmen gleichzeitig zu einem Technologieentwickler in Sachen Web-to-Print geworden.

Die gewachsene Medienkompetenz mit den neuen Publikationsmöglichkeiten des Web 2.0 findet adäquate Antworten in webbasierten Zugangssystemen zu Druckportalen. Aus dem Zusammenwachsen von Software und Druck entwickelt die infowerk ag Druckportale für einen Kundenkreis von Privat- über Profibis zu Unternehmensanwendern.

Die Abbildung ganzer softwaregesteuerter Prozesse im Haus ist ebenfalls Ergebnis der verzahnten Zusammenarbeit der drei Geschäftsbereiche der infowerk ag. Die gestalterischen Ideen des Bereichs Werbung finden ihre Fortsetzung in der technischen Kreativität bei Software und Druck. In einem ständigen Innovationsprozess werden Abläufe überdacht, neu konzipiert und optimiert, wie das Beispiel des infowerk-Produktionssystems zeigt.

Basierend auf den Säulen Prozessautomatisierung, Lean Production und Spezialverfahren sowie Spezialmaschinen garantiert das neue Produktionssystem eine kundengerechte und wirtschaftliche Druckproduktion. Damit werden die Vorteile der Web-to-Print-Technologie ohne Reibungsverluste in die Fertigung weitergereicht. Das Ergebnis ist die Positionierung als zweitgrößter Fotobuch-Hersteller Europas in einem Markt mit über sieben Millionen gedruckten Exemplaren.

Auf den Punkt gebracht: Bei Generaldienstleistern kann Web-to-Print eine Art Katalysator für das Business in unterschiedlichen Geschäftsbereichen sein.

Dazu stehen im Bereich Digitaldruck hochwertige Digitaldrucksysteme zur Verfügung wie zum Beispiel eine HP Indigo Rollendruckmaschine W3200 oder die neusten Bogendruckmaschinen HP Indigo Press 7000. Im digitalen Großformatdruck bietet das Flachbettdrucksystem Tempo von PUR Ausgabemöglichkeiten auf starre Materialien bis zum Format 2x3 m.

Die hauseigene ERP-Lösung nimmt Daten automatisiert an, prüft, optimiert, sammelt und schießt aus. Die Druckdaten werden nach einem Produktionsplan an die Druckmaschinen weitergeleitet. Das System integriert bestehende Branchenlösungen (für Flattening und Datenrouting) mit selbstentwickelten Komponenten, wie einer Workflow-Datenbank. Diese Datenbank verwaltet Verarbeitungsdefinitionen für die Kernprozesse Ausschießen/RIP, Druck, Weiterverarbeitung und Versand.

Anhand vorgegebener Workflows werden Einzelaufträge nach gemeinsamer Verarbeitungsmöglichkeit in Produktionspaketen zusammengestellt. So kann ein Buch eines Businesskunden gemeinsam mit einem Fotobuch eines Endkunden produziert werden. Disposition und Arbeitssteuerung werden durch die Datenbank mittels automatischer Forecasts und Reports über das zu produzierende Tagesvolumen unterstützt.

Schlanke Produktion bei infowerk bedeutet, ein Produkt vom Beginn bis zum Abschluss des Produktionsprozesses ohne Unterbrechungen weiter zu bearbeiten. Dieser sogenannte One-Piece-Flow garantiert beispielsweise, dass die Produkte unmittelbar nach Druck zur nächsten Arbeitsstation weitergeleitet werden. Um den Ablauf weiter zu optimieren, sind auch die Maschinen gemäß des Materialflusses aufgestellt. Damit werden Puffermengen zwischen den Arbeitsstationen minimiert bzw. komplett verhindert. Direkte Folge davon ist eine deutlich kürzere Durchlaufzeit, zusätzlich zur höheren Flexibilität, Liefertreue und reduzierten Kapitalbindung. Alles bei gestiegener Flächenproduktivität und gleichzeitiger Minimierung der Verschwendung durch Materialtransporte oder Überproduktion.

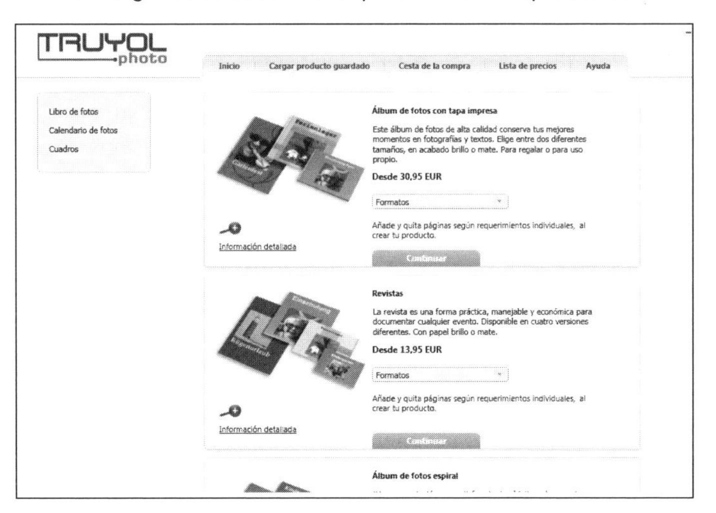

Global und flexibel: Der Comfort-Publisher der infowerk ag.

Die Beschreibung dieses infowerk-Workflowsystems verdeutlicht insbesondere, dass es mit einer Front-End-Anwendung allein nicht getan ist. Auch der Workflow im „Backoffice" muss straff und sauber organisiert sein.

Lösungen für Kunden

Die datenbankgestützten und webbasierten Publishingsysteme der infowerk ag haben sich bei weltweit aktiven Unternehmen wie adidas, Siemens, Nestlé Professional oder der Voith AG sowie zahlreichen anderen bekannten Namen der Automobil- und Investitionsgüterindustrie bewährt. Diese Unternehmen nutzen die bedarfsgerecht zugeschnittenen Lösungen täglich zur Produktion von Druckprodukten, darunter normale Geschäftsdrucksachen wie Briefbögen oder Visitenkarten, aber auch individualisierte Broschüren und Händlerkataloge.

Das globale Instrument dazu heißt Comfort-Publisher. Als webbasierte, plattformunabhängige Lösung stellt das Produkt ein einheitliches Erscheinungsbild aller gedruckten Kommunikationsmittel sicher. Die modulare Mehrschicht-Architektur auf

Basis von Flash, Flex, JAVA und XML DB unterstützt die Übernahme bestehender Adobe InDesign-Vorlagen. Die Bearbeitung der Dokumente erfolgt dabei im Rahmen des jeweiligen Corporate Designs, das unantastbar bleibt. Eine Echtzeit-Darstellung und selbsterklärende Funktionen erlauben eine einfache und schnelle Gestaltung mittels Eingabe von Texten und Einfügen von Bildern.

Strategie-Tipp:
Die Position als Generaldienstleister macht ein Unternehmen krisensicherer, denn es kann leichter flexible Geschäftsmodelle anbieten und umsetzen.

Eine weitere Besonderheit im Portfolio der infowerk ag ist das Angebot, Bücher online zu drucken. Dieses BoD-Portal erschließt einem großen Kundenkreis vom Global Player bis zum Freiberufler die Möglichkeit, in Form eines professionell fabrizierten Buches zu kommunizieren. Ein vereinfachter Bestellablauf mit sicherer Datenübertragung ermöglicht die preisgünstige Erstellung von Hardcover-Büchern bereits ab einem Exemplar via Internet.

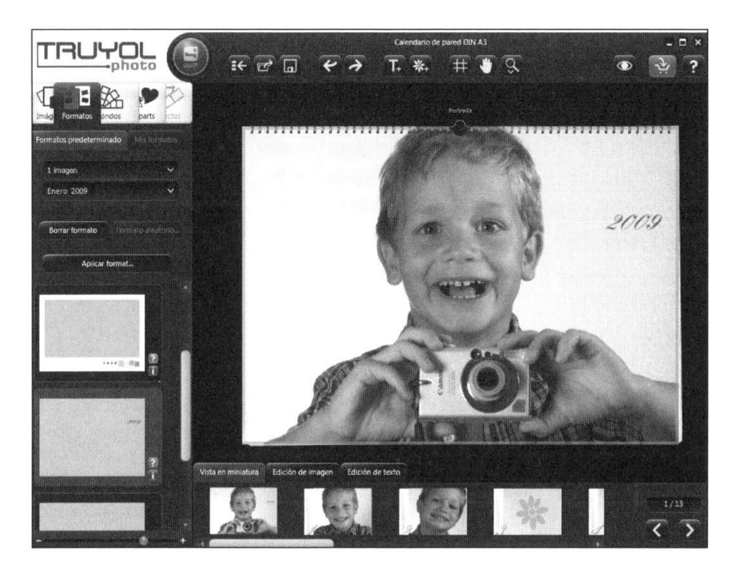

Vorschau auf einen Bildkalender im Comfort Publisher. Der Kunde kann vorgegebene Templates befüllen oder auch selbst kreativ werden.

Endkunden können dagegen den Web Wide Publisher (WWP) nutzen, eine Eigenentwicklung der infowerk ag in der dritten Generation. Diese Editier-Software steht mit einem Web-Client und als Desktop-Anwendung zur freien Gestaltung von Fotobüchern und -geschenken zur Verfügung. Dabei ist der Kunde sehr flexibel bei Layout, Positionierung von Bild und Text sowie Hintergründen und Effekten.

Auch eigene Motive können als Gestaltungselemente eingesetzt und hochgeladen werden. Dank umfangreicher Usability-Tests ist die Bedienung der Software auch für ungeübte Anwender leicht und verständlich.

Im Komplettpaket, einschließlich eines frei erweiterbaren Web-Shops, eröffnet der WWP als Print-Portal zudem attraktive Geschäftsideen für Druck-Dienstleister und Markenhersteller. Durch die Adaption an das Design des Kunden können sowohl Geschäfts- als auch Privatkunden bedient werden. Die Bandbreite reicht vom B2C-Portal für Fotogeschenke und Merchandisingartikel bis zur B2B-Plattform für individuelle Werbemittel wie Produktblätter, Broschüren, Anzeigen oder Flyer.

Die Position des Generaldienstleisters macht die infowerk ag zum Partner für flexible Geschäftsmodelle. Für den Einstieg oder als kleine Lösung kann der Web Wide Publisher als Software-as-a-Service genutzt werden. Unterschiedliche Laufzeiten und Module sowie eine Hotline nach Kundenanforderung erleichtern den Einstieg. Beim Lizenzkauf der Software sind alle Module enthalten.

Das modular aufgebaute Portfolio der infowerk ag nutzt Standardsoftware, die zur maßgeschneiderten Kundenlösung angepasst wird. Neben der Implementierung in bestehende IT-Infrastrukturen wird auch das Frontend nach den Anforderungen der Anwendergruppen modifiziert. Bereits erstellte Layoutdateien in den gängigen Programmen QuarkXPress und Adobe InDesign werden als Layout-Templates übernommen und nahtlos eingefügt.

Kosten

Der Comfort-Publisher wird in einer Einstiegsausstattung ab 24.800 Euro angeboten. Dieses Paket ist erweiterbar und kann

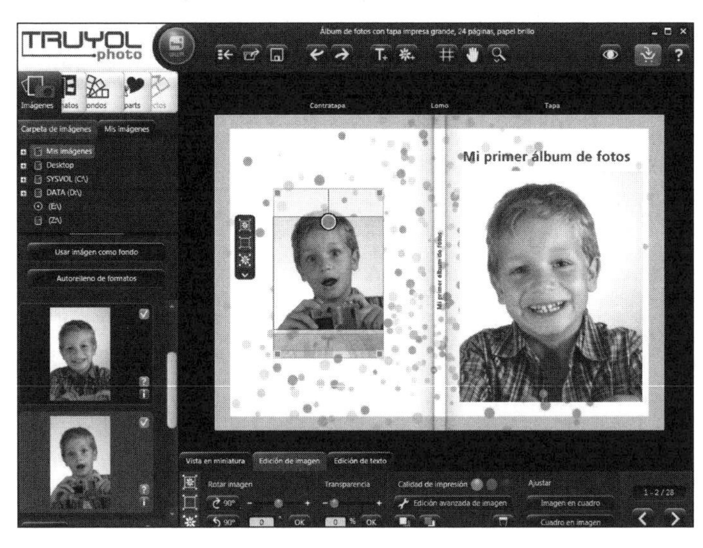

Wichtig: Die Bildbeschneidungsfunktion hilft, schnell Erfolge zu erzielen. Dies ist bei Endkunden zwingend notwendig.

folgende Leistungen enthalten: Umfassende WYSIWYG-Bearbeitungsmöglichkeiten (Text, Bild, Linien, Flächen); einzigartiges Modul zur Online-Tabelleneditierung; Benutzerverwaltung mit Rechtevergabe von Funktions- bis auf Elementebene. Beim Bild-Upload erfolgt ein Qualitätscheck. In dieser Funktion ist zudem eine Bildverwaltung integriert. Nach Fertigstellung des Dokuments können LowRes- oder HighRes-PDF-Dateien erzeugt werden.

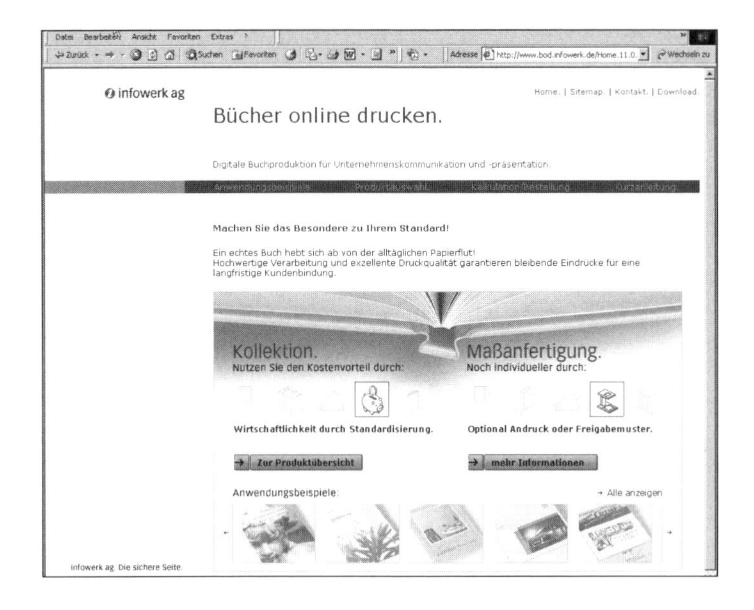

Bücher auf Knopfdruck, auch dies ist eine Dienstleistung der infowerk ag.

Der Web Wide Publisher steht als Software-as-a-Service ab 990 Euro mit unterschiedlichen Laufzeiten und Modulen zur Verfügung. Das Customizing entsprechend dem Corporate Design des Kunden wird nach Aufwand berechnet, ebenso die Hotline. Der Einstiegspreis für eine WWP-Lizenz startet bei 29.900 Euro. Das Gesamtpaket enthält die drei Module Online- und Desktop-Editor sowie den frei erweiterbaren Web-Shop, der bereits mit rund 200 Produkte ausgestattet ist. Die Wartung wird mit 18 Prozent der Lizenzgebühr jährlich angesetzt. Je nach Anforderung wird die Hardware gestellt und das Rendering optional angeboten. Eine Einbindung in bestehende Drittsysteme ist ebenfalls möglich und wird nach Aufwand verrechnet.

Die Kosten für die Dienstleistung BoD, „Bücher online drucken", variieren je nach Produktgruppe. Die Kollektion bietet vorteilhafte Standardprodukte ab Auflage 1, während in der Maßanfertigung der Preis von Auflage, Gesamtaufwand und individuellen Wünschen abhängt.

Auf den Punkt gebracht: Die Innovationskraft und Kompetenz von Web-to-Print-Dienstleistern kann auch von ihren Kunden zur Stärkung der Wettbewerbsposition durch innovative Angebote genutzt werden.

Praxisbeispiele

Das Unternehmen Truyol, einer von Spaniens größten Anbieter für Fotobücher und -geschenke, nutzt den Web Wide Publisher als Software-as-a-Service. Die Software wird zur Gestaltung und Produktion von Fotobüchern, Kalendern und Postern im Online-Portal eingesetzt. Das Leistungspaket der infowerk ag umfasst auch Ausschießen und Generieren von Druck-PDFs.

Ein Beispiel dafür, wie sich mit den Möglichkeiten des WWP neue Geschäftsfelder erschließen lassen, ist der Betrieb von Galerie-Shops durch Truyol. Dort steht den Bestellern eine Auswahl von Bildern und Produkten in dem Shopmodul des WWP zur Verfügung. Die individuelle Kombination von Motiv, Material und Format hebt das Angebot von vorproduzierten Merchandising-Artikeln ab und steigert so die Attraktivität und den Umsatz.

Für TA Triumph-Adler, den Spezialisten für Document Business, wird ein Web-to-Print-System in Verbindung mit einem Digital Media Management realisiert. Dort werden im ersten Projektabschnitt Bilder für interne Zwecke und Öffentlichkeitsarbeit abgelegt. Mit dem Einstellen von Vorlagen (Templates) verfügt der Kunde über ein Werkzeug, das den Erstellungs- und Bestellprozess von Dokumenten beschleunigt, ohne höheren Personalaufwand zu verursachen.

Auf den Punkt gebracht: Ein oft wenig beachteter, aber im Arbeitsalltag äußerst wichtiger Vorteil von Web-to-Print: die Verfügbarkeit der Lösung rund um die Uhr. Vor Ort macht dies unabhängig von Arbeitszeiten der Druckvorstufe, im globalen Kontext ermöglicht es eine reibungslose Nutzung durch geografisch weit verteilte Teams.

Möglich wird dies durch die Bearbeitung der Vorlagen im Intranet über einen Web-Browser von jedem beliebigen Standort aus. Neben der Medien-Datenbank wird zusätzlich ein Corporate-Identity-Guide mit Trainer aufgebaut, in dem das CI-Handbuch abgelegt ist. Dieses ist damit auch für externe Dienstleister nach definierten Zugangsrechten über das Web einsehbar.

Die permanente Verfügbarkeit der Dokumentenvorlagen gewährleistet ständige Aktualität aller Inhalte und Dateien. Änderungen im CI lassen sich sofort kommunizieren, Geschäftsdrucksachen und Kommunikationsmittel können auf sehr einfache Weise im passenden Layout erstellt werden. Alles geschieht bedarfsgerecht ohne Makulatur und bei reduzierten Kosten.

Siemens Industry Sector

Bei Siemens Industry Sector erstellen Marketingmitarbeiter weltweit Layouts nach Corporate Design mit der automatisierten Web-to-Print-Anwendung Ready 2 Print der infowerk ag. Mit über 70.000 Mitarbeitern in rund 190 Ländern ist der Ge-

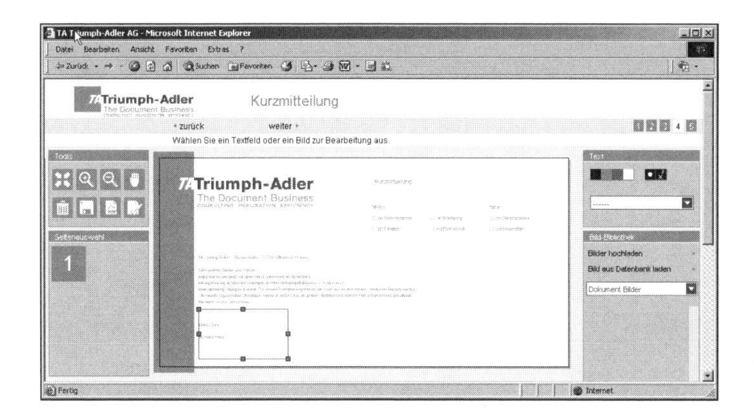

Auf Basis einer Flashanwendung hat infowerk ein Werkzeug für die Öffentlichkeitsarbeit für Triumph-Adler geschaffen.

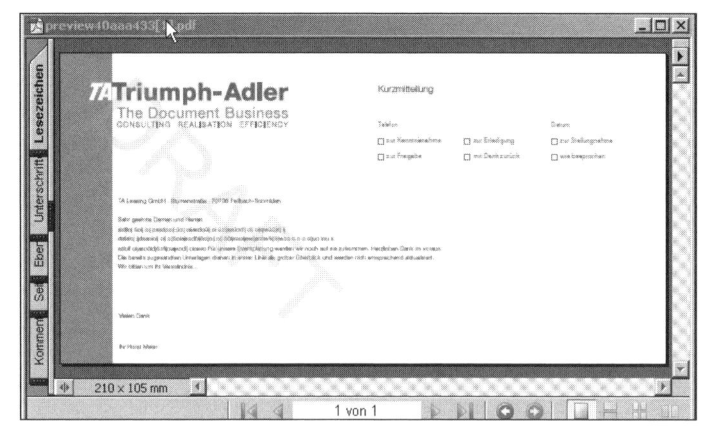

Die Vorschau auf das Endprodukt im TA-System von infowerk.

schäftsbereich Industry Sector einer der weltweit führenden Anbieter von Produkten, Systemen und Lösungen für Automatisierungs-, Antriebs- und Elektroinstallationstechnik. Ein derart aufgestelltes Unternehmen benötigt täglich weltweit die unterschiedlichsten Werbe- und Kommunikationsmittel. Bisher bedeutete dies zumeist, dass die Dokumente vor Ort mit Hilfe von komplexen DTP-Programmen entweder komplett neu gestaltet oder angepasst werden mussten. Die Folge: Abhängigkeit der Marketingabteilung von professionellen, externen Grafikern.

Die technische Antwort auf dieses kostenintensive Verfahren wurde in einem eng gefassten Zeitrahmen entwickelt. Drei Monate lagen zwischen der Erstpräsentation beim Kunden und der Produktivschaltung des elektronischen Workflow-Systems, das ganz auf die spezifischen Bedürfnisse von Siemens Industry Sector zugeschnitten ist.

Das Ergebnis ist eine Anwendung mit einer selbsterklärenden, einfachen Benutzeroberfläche, die einen individuellen Gestaltungsspielraum bei strikter Einhaltung des Corporate Designs

Auf den Punkt gebracht:
Der Traum für alle Markenverantwortlichen in Unternehmen: Web-to-Print bietet die Möglichkeit, das Corporate Design stimmig in alle Nutzungsbereiche zu tragen, ohne Anwender zu überfordern oder einen großen Kontrollaufwand betreiben zu müssen.

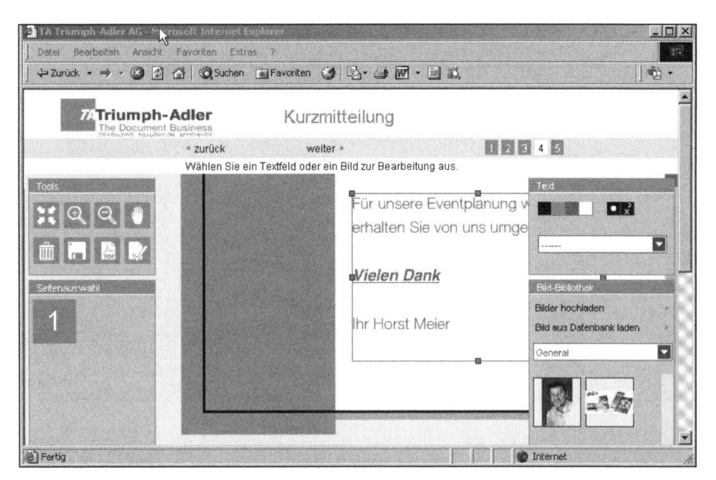

Der Editor im TA-System lässt nur die Änderungen zu, die Unternehmens-konform sind.

zulässt. Die vorhandenen Layouts des Kunden wurden gestalterisch überarbeitet, in Adobe InDesign umgesetzt und dann als standardisierte Vorlage in die Anwendung eingestellt. Detailliert wurden die gestalterischen Freiheiten und Editiermöglichkeiten der Anwender in den einzelnen Vorlagen sowie die Restriktionen festgelegt.

Auf Basis von Usability-Tests konnte die Bedienfreundlichkeit optimiert und damit eine hohe Akzeptanz in der Zielgruppe der Nutzer erreicht werden. Zur Unterstützung dienen zudem eine Powerpoint-Präsentation und ein Handbuch mit allen Informationen, um mit dem neuen Tool innerhalb kürzester Zeit professionell arbeiten zu können.

Dank der intuitiven Führung durch den gesamten Prozess sind alle Schritte bis hin zum Erhalt der hochaufgelösten Druckvorlage leicht nachvollziehbar und sicher: Nahezu alle Aktionen lassen sich per Mausklick ausführen. Der WYSIWYG-Editor zeigt dem Gestalter direkt am Bildschirm wie das Dokument in der Druckfassung aussehen wird.

Auf den Punkt gebracht: Kostentransparenz und -kontrolle sind für die Kunden wichtige Anreize für den Einsatz von Web-to-Print-Lösungen.

Das Log-in in das System erfolgt über einen herkömmlichen Web-Browser mit Passwort. Aus den Vorlagengruppen wird dann die gewünschte Vorlage ausgewählt. Es erscheint eine Auflistung der eignen, bisher in diesem Vorlagenformat erstellten Dokumente. Nun kann ein bereits editiertes Dokument verändert oder ein neues erstellt werden.

Bei einem neuen Dokument liefert die Anwendung zunächst automatisch einen Überblick über mögliche Sprachvarianten, die verfügbar sind – aktuell stehen bis zu sechs verschiedene Sprachen zur Auswahl. Im Editiermodus können nun Texte in die

Auch für Siemens hat infowerk eine individuelle Anwendung erstellt.

vorgegebenen Textboxen eingefügt und vordefinierte Bilder aus der zentralen Bilddatenbank an den dafür vorgesehenen Stellen integriert werden. Dort, wo das System es erlaubt, sind individuelle Textformatierungen wie eine Veränderung der Schriftart oder -farbe möglich. Im nächsten Schritt wird das Endergebnis als PDF am Monitor angezeigt. Nach einem integrierten Freigabeprozess kann abschließend direkt über die Web-to-Print-Lösung ein hochaufgelöstes, druckfähiges PDF bestellt und an den dafür vorgesehenen Druckdienstleister weitergeleitet werden.

Die aufeinander aufbauenden Schritte und der Wegfall schwer einschätzbarer Agenturleistungen garantieren klar kalkulierbare und übersichtliche Kosten. Siemens Industry Sector verfügt damit über eine auf Bedienfreundlichkeit getestete, 24 Stunden an jedem Ort der Welt verfügbare Lösung zur Erstellung von Werbe- und Kommunikationsmitteln, mit der auch Nicht-Grafiker in einem klar vorgegebenen Rahmen professionelle Layouts realisieren können.

Die kurzen Produktionszeiten ermöglichen es, Druckunterlagen Just-in-Time herzustellen. Veraltete Restposten lassen sich auf diese Art ebenso minimieren wie die Lagerkosten, so dass der logistische Aufwand sinkt. Dank des zentral von info-

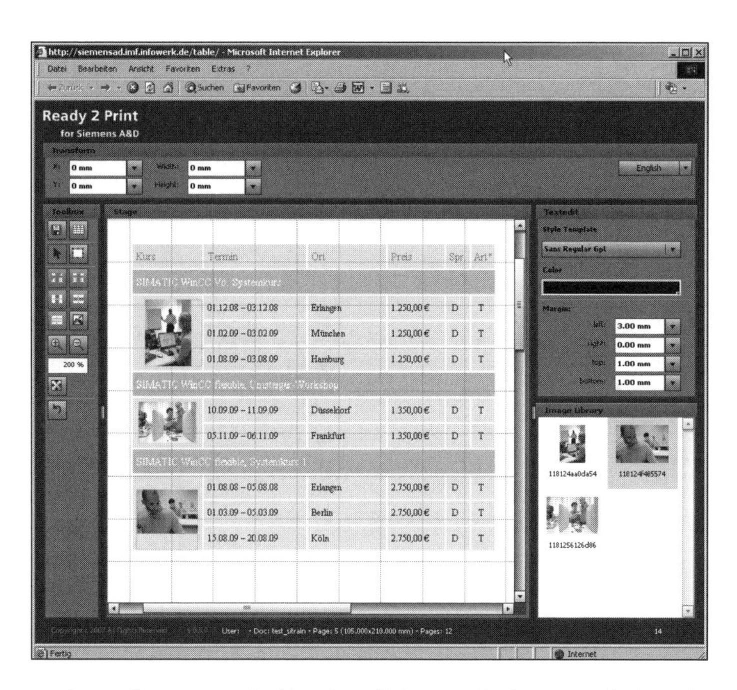

Der Editor des Siemens-Systems ist übersichtlich und verwirrt den Anwender nicht durch „zu viele“ Funktionen.

werk gepflegten, ständig aktualisierten Vorlagenpools ist ein einheitlicher Unternehmensauftritt vom Stammhaus bis hin zu den einzelnen Regionalniederlassungen zu 100 Prozent gewährleistet – gerade bei CD-Relaunches oder Design-Ergänzungen ein entscheidendes Plus. Das System ist dank seines modularen Aufbaus voll zukunftsfähig und kann mit den steigenden Anforderungen im Unternehmen mitwachsen.

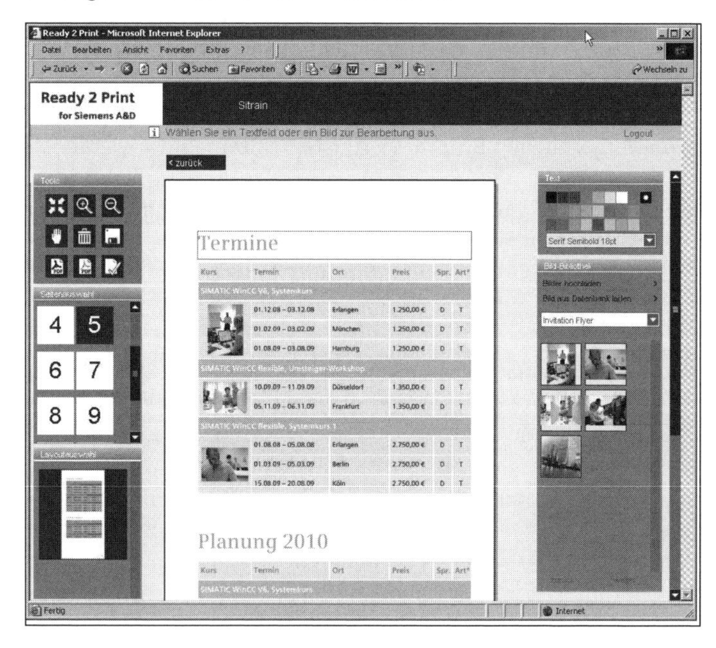

Schnell und sicher kann selbst ein ungeübter Anwender durch die komplexen Dokumente navigieren.

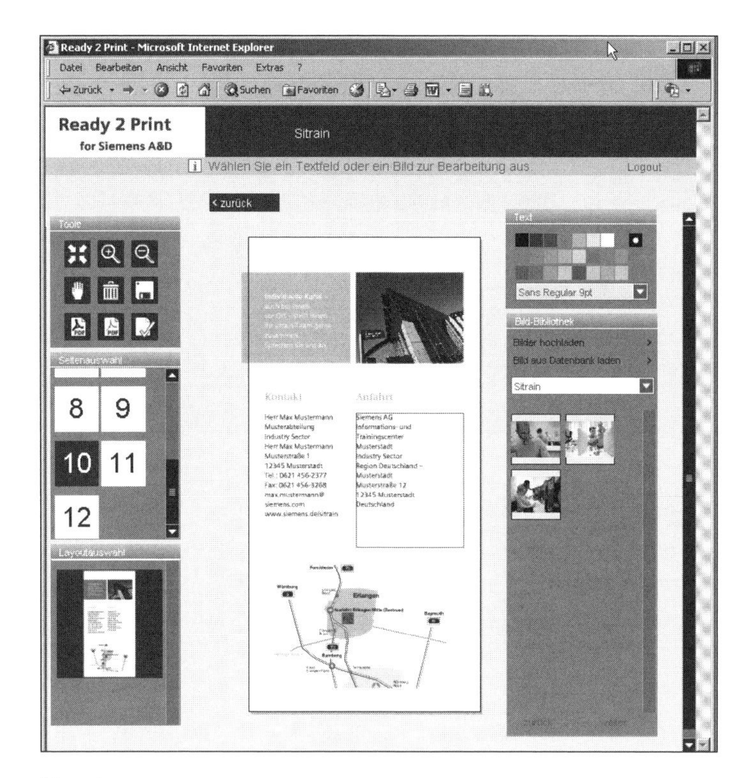

Der Anwender kann schnell Bilder und Elemente austauschen. Die Bilder sind vorab in das System eingepflegt worden und sind so stets im Sinne des Unternehmens. Editierbare Elemente werden dem Anwender angezeigt.

Kundennutzen

Zusammengeführt in einem Workflow bildet das Know-how der infowerk ag das Instrumentarium zur Optimierung von Marketing und Vertrieb. Die durchgehende Automatisierung der Produktionsprozesse vom Auftrag bis zur Lieferung erlaubt bedarfsgerechtes, kosteneffizientes Publishing in allen Kommunikationskanälen.

8. Web-to-Print als Service durch Printable

Web-to-Print-Lösung der Klasse B/C.

Die Produktion von Druckaufträgen mit variablen Daten (VDP) erhält durch Web-to-Print eine ganz neue Dynamik. Flexibilität bis kurz vor der Produktion und die Einbindung von Nutzern auf Kundenseite in den Erstellungsprozess stellen ganz klar eine neue Evolutionsstufe dar.

Printable ist in den USA führender Anbieter von webbasierter und Desktop-Software für zwei Anwendungsfälle: Produkti-

Amerikas Nr.1 übt sich schon seit fast 10 Jahren in Web-to-Print und bietet Lösungen für Großunternehmen – aber nur in den USA.

on von Druckaufträgen mit variablen Daten und lokalisierten Marketingmaterialien (Direktmailings, Broschüren, Flyer und ähnliches). Printable wurde im Jahr 2000 gegründet und wurde schnell zu einem Global-Player im Softwaremarkt für variable Daten. Die FusionPro-Produktfamilie hat sich einen guten Ruf erarbeitet und gilt als preiswert trotz ihrer vielen Funktionen. Beginnend bei einem Desktop-Paket, welches Druckereien erlaubt, Produkte basierend auf variablen Daten herzustellen, wuchs die FusionPro Familie schnell in eine Serie von server- und webbasierten Produkten, die sowohl VDP als auch Lokalisierung von Marketingmaterial bieten.

Printable hat erkannt, dass VDP und lokalisierte Marketingmaterialien viel gemeinsam haben. Beides benötigt Templates mit der Möglichkeit an einigen Objekten Änderungen durchzuführen, andere Objekte aber wiederum müssen unverändert bleiben. Im Falle von VDP kommen die variablen Informationen aus einer Datenbank und das Ergebnis ist eine große Anzahl an personalisierten Dokumenten. Sie haben alle das gleiche Design (basierend auf einem Template), doch der Inhalt ist für jede Kopie anders (da eine Datenbank die Informationen liefert).

Auf den Punkt gebracht: Global denken - lokal handeln. Bei Web-to-Print ist es bereits Teil des Produktionsprinzips.

Bei lokalisierten Marketingmaterialien sind sowohl der Prozess als auch das angestrebte Resultat anders, doch die Software dahinter ist sehr ähnlich. Ein Beispiel verdeutlicht dies: Neh-

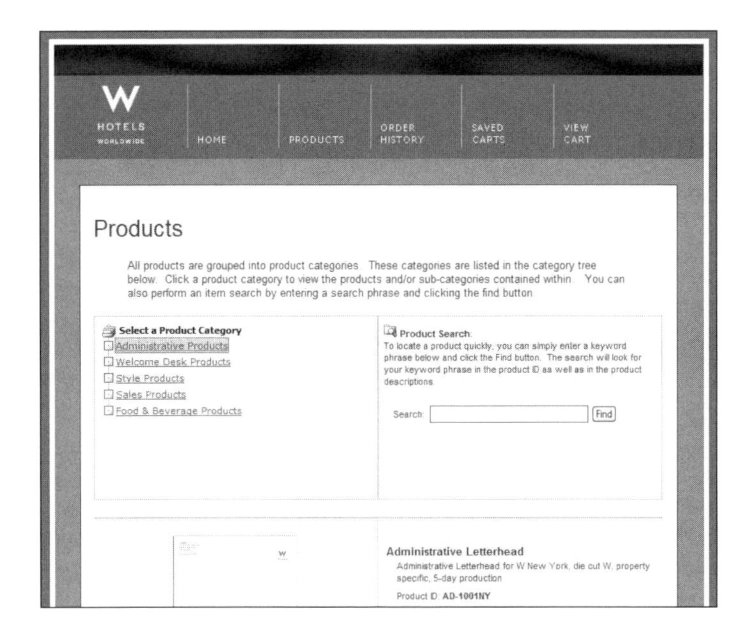

Die W-Hotels erzeugen eine ganze Reihe von CI-konformen Dokumenten über die Printable-Services.

men wir an, Pizza Hut möchte ein Sonderangebot in all seinen Restaurants in den USA starten. Zu diesem Zweck möchte man, dass die Restaurantmanager Flyer erstellen, um dieses Angebot zu promoten. Zwar haben die Flyer überall das gleiche Aussehen, aber sie werden andere lokale Adressen und Kontaktinformationen haben, eine Karte die zum nächsten Pizza Hut Restaurant führt und vielleicht Preisangaben. In diesem Fall wird das Template von der Pizza Hut Unternehmenszentrale gestellt und jeder Restaurantmanager füllt dieses Template über seinen

Automatisch erhält der Anwender eine PDF-Voransicht.

Webbrowser mit den entsprechenden Daten. Die Anwendung ist zu der von VDP-Anwendungen sehr ähnlich, jedoch steckt dahinter keine Datenbank. Der Nutzen für den Kunden (in diesem Fall Pizza Hut) ist, dass Design und Coporate Identity zentral kontrolliert werden, trotzdem können lokale Restaurants einige Elemente verändern.

Printable bietet Produkte für beide Anwendungsfälle. FusionPro Desktop (Single-User) und FusionPro Direct (für mehrere Benutzer) dienen dem variablen Datendruck. Es gibt auch FusionPro Links, ein Produkt für personalisierte URLs (PURLs) für variable Aufträge. Für das Lokalisieren von Marketingmaterialien gibt es FusionPro Web (ein SaaS-Produkt, welches von Printable über das Web angeboten wird). Außerdem gibt es den FusionPro Server, der VDP und lokalisierte Marketingmaterialien in einem einzigen serverbasierten Produkt verbindet. FusionPro Desktop kann genutzt werden, um Templates für VDP und für Marketingmaterialien zu erstellen.

Printable bietet seine Produkte für drei verschiedene Märkte: Druckereien, Unternehmen und Werbeagenturen. Dabei wird allen das gleiche Produkt angeboten.

Anwendungsbeispiel: Dow Corning

Der Silikonhersteller Dow Corning ist ein internationales Unternehmen mit mehr als 30.000 Kunden. Es muss daher in der Lage sein, eine große Anzahl von Druckprodukten zu produzieren, wann und wo immer diese benötigt werden – und nicht alle Aufträge irgendwo lagern und verschicken, wenn die Bestellun-

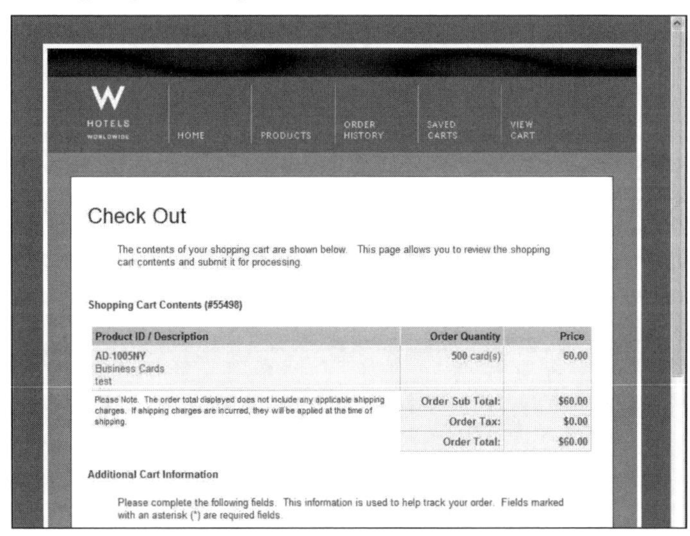

Auch die Bestellung ist in das System integriert. So hat die W-Hotel-Kette ihre Dokumente im Griff.

gen eingehen. Dow Corning hat tausende Datenblätter, die die Firmenprodukte beschreiben, plus die üblichen Marketing- und Unternehmensmaterialien wie Broschüren, Visitenkarten und Anleitungen.

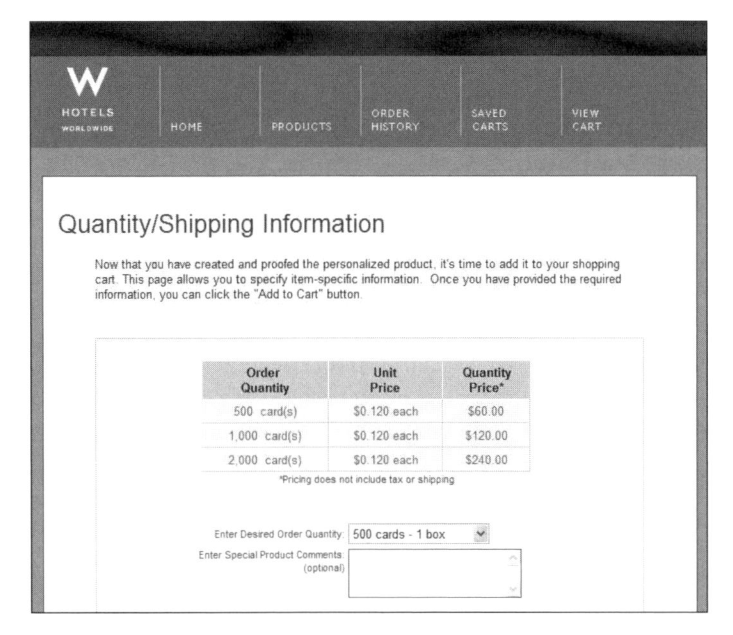

Preis und Versandinformationen erhält der Anwender ebenfalls vollkommen automatisch.

Knapp 8.000 solcher Dokumente werden von den Dow Corning Beschäftigten im Monat bestellt. Das Unternehmen hat einen seiner Druckzulieferer, F. P. Horak, gebeten, ein System zu installieren, das den Angestellten die Bestellung solcher Materialien über das Internet ermöglicht. Dow Corning hatte eine Vision eines globalen Druckprozesses, der alle Unternehmenslagerhäuser zu einer Lieferkette verbindet. Das neue System, das F. P. Horak entwickelt hat, umfasst viel mehr als nur den Druck: Es ist eine Businesslösung die Lagerstände, Lieferverfolgung, Inventar und Verteilung umfasst. Eine Schlüsselkomponente von F. P. Horaks Lösung war die Printable FusionPro Suite. Das daraus entstandene eCatalog-System stellt sicher, dass jedes Dokument zur bestmöglichen Stelle auf der ganzen Welt weitergeleitet, nur die aktuellste Version eines jeden Dokumentes genutzt, und die richtige Sprache verwendet wird.

Auf den Punkt gebracht:
Je komplexer der Produktionszusammenhang und je zahlreicher die benötigten Sprachversionen, um so wichtiger ist die punktgenaue Produktion – ohne große Lagerbestände und stets aktuell.

Durch das System, konnte Dow Corning bei den Auftragsabwicklungskosten eine Reduzierung um 25 Prozent verzeichnen. Auch bei den Druckkosten gab es einen Rückgang von 20 Prozent. Außerdem gibt es weniger Nachbestellungen, mehr Produktivität der Angestellten und die Gewissheit, dass Kunden die richtige Information zur richtigen Zeit bekommen.

V. Technologien

Adobe InDesign Server

Der Adobe InDesign Server CS3 ist eine leistungsstarke, flexible und skalierbare Layout- und Textbild-Engine, die bewährte Funktionen aus InDesign CS3 zur Gestaltung und Produktion professioneller Layouts automatisiert. InDesign Server kann eine breite Palette an automatisierten Publishing-Lösungen steuern und garantiert dabei stets die von den Anwendungen der Adobe Creative Suite gewohnte Ausgabequalität.

Auf den Punkt gebracht: Layoutserver auf der Basis professioneller Satz- bzw. Layoutanwendungen schaffen die Quadratur des Kreises: professionelles Print-Publishing wird orts- und zeitunabhängig.

Moderne Verlage sind an der vollständigen Automatisierung ihrer Publishing-Workflows interessiert, damit sie von geringeren Produktionskosten, kürzeren Produktionszeiten, personalisiertem und effektivem Marketing sowie der Erschließung neuer Absatzchancen profitieren können. Die Qualität des fertigen Produkts soll dabei jedoch unverändert hoch bleiben. Adobe InDesign Server unterstützt alle Kernfunktionen von InDesign CS3 und ermöglicht darüber hinaus die Automatisierung und Integration der Funktionen mit anderen Unternehmensanwendungen.

Wer automatisiert publizieren will, muss zwangsläufig seine Publishing-Prozesse standardisieren. Dies geschieht in der Praxis - auf Anwenderseite - durch Befüllen von Templates. Für auf InDesign Server basierende Lösungen baut man solche Vorlagen in der herkömmlichen Desktop-Version der Software ein. Dies funktioniert aufgrund der vollständigen Kompatibilität zwischen InDesign CS3 und InDesign CS3 Server reibungslos. Kreative arbeiten weiterhin mit ihrem angestammten Werkzeug. InDesign Server lässt sich dank gewohnter Schnittstellen (Scripting, Plug-in) einfach in bestehende Adobe-Workflows einbinden.

Lösungen mit InDesign Server CS3

Adobe InDesign Server CS3 ist das Kernstück automatisierter Publishing-Lösungen, die je nach Anforderung unterschiedliche

Softwarekomponenten enthalten. In der Regel kaufen Kunden über einen Adobe-Partner eine fertige Lösung, die optimal auf ihre Bedürfnisse zugeschnitten ist. Alternativ können sie sich eine individuelle Lösung von einem Solution Partner oder intern entwickeln lassen. In beiden Fällen bietet der InDesign Server eine leistungsfähige Engine, die die Gestaltung und Produktion von Layouts automatisiert, ohne kreative Ideen und die Ausgabequalität einzuschränken.

Auf den Punkt gebracht: Individuelle, kreative Designs lassen sich problemlos und ohne Funktionseinschränkung in automatisierte Produktionsabläufe einbringen. Denn die Desktop- und Serverversionen von InDesign nutzen die gleiche Engine. Inkompatibilitäten ausgeschlossen.

Da Adobe InDesign Server CS3 denselben Programm-Code wie die anderen Anwendungen der InDesign-Familie nutzt, stehen den Anwendern sämtliche Funktionen der Desktop-Version zur Verfügung. Zusätzlich profitieren sie von zahlreichen Server-gestützten Optionen. Hier ein Überblick:

Server-basierte Funktionen

- **Unterstützung gleichzeitiger Instanzen auf Servern mit mehreren Prozessoren**
- **Anpassung der Benutzeroberfläche mit HTML, Java, Adobe Flash oder Adobe Flex**
- **Lösungen für Entwickler mit Plug-ins für SOAP, Java, AppleScript, JavaScript, Microsoft Visual Basic und C++**
- **Unterstützung für Microsoft Windows-Dienste**
- **Universal-Version für Intel-basierte Macs**

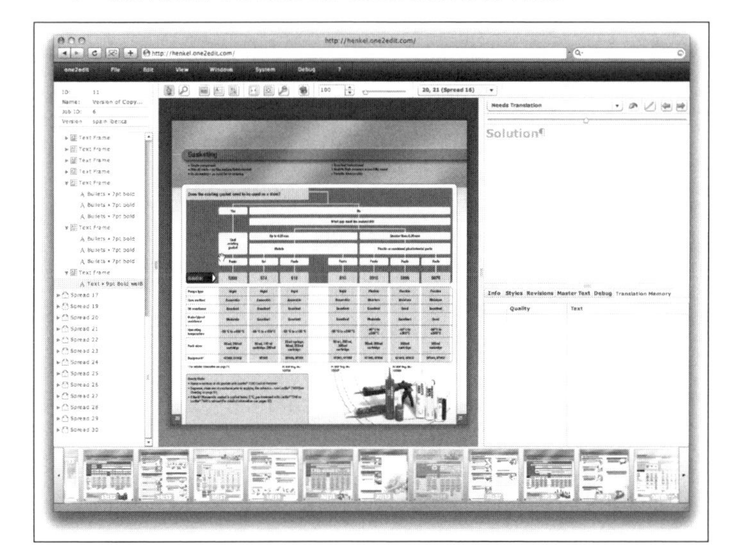

one2edit ist eine der ausgereiftesten InDesign-Serveranwendungen in D/A/CH.

- Kompatibilität mit Windows Server 2003 und Mac OS X Server
- Erstellung von Dokumenten in mehreren Sprachen
- Funktionen aus InDesign CS3

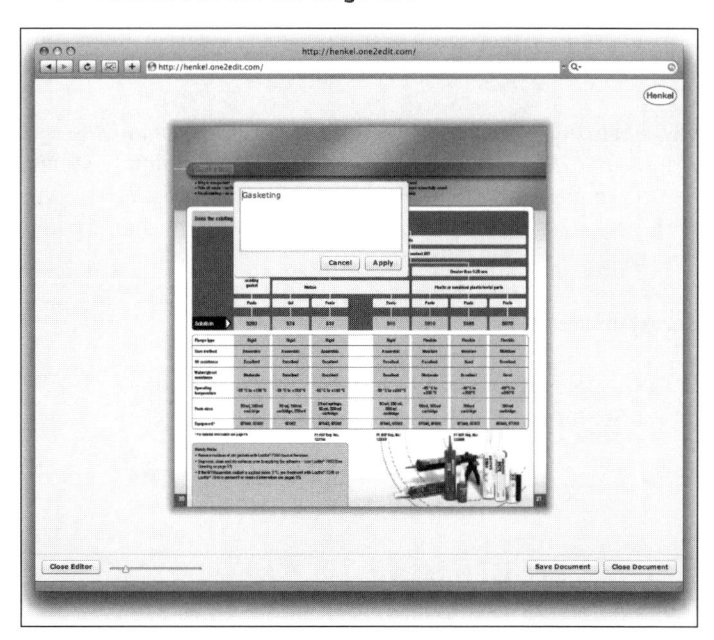

Die Firma Henkel setzt auf one2edit um komplexe Dokumente zu erzeugen und in den Korrekturlauf zu bringen.

Layouts /Typografie

- Erstellung von Regeln, mit denen sich Layouts automatisch aus XML-Inhalten generieren lassen
- XML-Unterstützung (einschließlich Import/Export und DTD-Validierung)
- Unterstützung für CALS-Tabellen und XSLT beim XML-Import bzw. -Export
- Tabellenformate
- Ebeneneffekte
- Unterstützung für native Dateiformate von Adobe-Anwendungen, zum Beispiel Photoshop, Illustrator und Acrobat
- Unterstützung für gängige Dateiformate wie TIFF, JPEG und EPS

- **Zuverlässige Ausgabe von Dateien im Adobe PDF-, Adobe PostScript-, JPEG-, EPS- und XHTML-Format**

- **Umwandeln von Daten in Tabellen (inklusive Unterstützung für Excel-Dateien)**

- **Unterstützung für Cross-Media-Standards wie XML, XMP und XHTML**

Auf den Punkt gebracht: Die Integration des InDesign Servers ist eine Sache für Profis und wird normalerweise durch qualifizierte Partner erledigt.

Wer Lösungen auf der Basis von InDesign Server selbst bauen will, sollte bereits über Erfahrungen mit Publishing-Lösungen verfügen und idealerweise schon für InDesign in der Desktop-Variante entwickelt haben. Voraussetzung dafür sind Kenntnisse in C++, Scripting, SOAP oder Java. Das SDK (Software Development Kit) von InDesign CS3 Server lässt sich unter www.adobe.com/de/devnet/ kostenlos herunterladen. Zum Download der Software selbst (Debug-Version für die Entwicklung) muss ein Formular ausgefüllt und eingereicht werden. Für den Entwicklersupport steht eine Partnermitgliedschaft beim Adobe Solutions Network (ASN) zur Verfügung.

InDesign CS3 Server im Einsatz bei Web-to-Print-Lösungen

Der Einsatzbereich des Adobe InDesign Servers konzentriert sich im Rahmen des Web-to-Print-Workflows auf die Nutzung und Befüllung von anspuchsvollen, hochwertigen Layouttemplates. Prepress-Profis erstellen Vorlagendateien, die der Kunden später über den Browser bearbeitet. Bei Web-to-Print-Systemen, die auf InDesign Server basieren, werden diese Vorlagen mit der normalen Desktopversion von InDesign realisiert, für Kreative vorerst keine Änderung der angestammten Arbeitsweise. Die Vorlagendateien kommen dann ins Web-to-Print-System, das sie online zur Verfügung stellt. Kunden loggen sich über den Webbrowser ein, um eine Vorlage zum Ändern und Befüllen zu wählen. Die InDesign-Engine des Servers errechnet bei jeder Änderung eine neue Vorschau.

Nach getaner Arbeit kann der Kunde entweder ein druckfertiges PDF-Dokument herunterladen oder einen weiteren Prozess anstoßen, beispielsweise die soeben erstellte Anzeige buchen. Im Hintergrund laufen weitere Prozesse. Diese können kaufmännischer Natur sein, wie das Erzeugen der Rechnung oder des Lieferscheins. Aber auch technischer, wie das Verfolgen der vorgenommenen Änderungen, um später genau nachvollziehen zu können, wer zu welchem Zeitpunkt was an der Datei geändert hat.

Bei mehrsprachigen Publikationen wird die Ursprungssprache ganz normal in InDesign gesetzt, die InDesign-Datei dann ins Web-to-Print-System eingepflegt, auf die der Übersetzer über den Webbrowser zugreift. So bietet zum Beispiel iBrams, eine auf InDesign Server basierende Lösung, etwa eine direkte Schnittstelle zu TRADOS, einer Standardsoftware für Übersetzungen.

Auf den Punkt gebracht: Layoutserver bringen die Leistungsfähigkeit moderner Kreativtools mit den Anforderungen an Layout- und Produktionsautomatisierungen zusammen.

Web-to-Print-Systeme lassen sich technisch in zwei Kategorien unterteilen: Zum einen gibt es Lösungen, die lediglich Textdateien mit enthaltenen Formatdefinitionen generieren. Nach dem Import dieser Dateien in die Layoutapplikation ist der Großteil der Arbeit gemacht. Zum anderen stehen Systeme zur Verfügung, die auf Layoutprogrammen wie etwa InDesign Server basieren. Diese Lösungen sind flexibler und qualitativ besser. Natürlich muss ein gewisser Durchsatz garantiert sein, damit sie sich amortisieren.

Web-to-Print-Lösungen auf Basis von InDesign CS3 Server

Die Anzahl der InDesign CS3 Server-Lösungspartner liegt weltweit bei mehreren hundert. Im deutschsprachigen Raum hat sich die Landschaft der Web-to-Print-Anbieter sehr diversifiziert, um den Anforderungen des Markts gerecht zu werden. Nachfolgend eine kleine Auswahl:

- **CDO Corporate Design Online GmbH & Co. KG - www.cdo.de**
- **censhare AG - www.censhare.de**
- **kuhnert GmbH - www.one2edit.de**
- **BrandMaker gmbh - www.brandmaker.com**
- **RS Adware GmbH - www.rsmg.de**

Was Regeln hat, kann automatisiert werden. Die logische Folge: Web-to-Print-Systeme werden in den nächsten Jahren einen festen Platz in der Medienproduktion einnehmen und dauerhaft behaupten. Dabei wird die Grenze zwischen Web-to-Print, Database-Publishing, Content-Management-Systemen und Redaktionssystemen mehr und mehr verschwimmen.

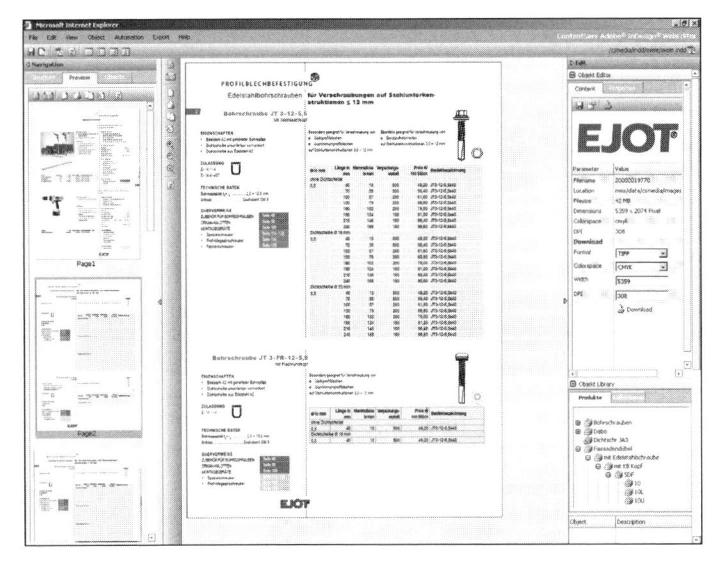

Komplexe Kataloge realisiert die Firma ContentServe ebenfalls via InDesign Server.

Langfristig werden die meisten Applikationen von lokalen Arbeitsstationen auf online erreichbare Server verlegt. Das spart Supportkosten und erhöht die Verfügbarkeit und Flexibilität.

InDesign CS3 Server ist der erste Schritt in diese Richtung: professionelles Print-Publishing orts- und zeitunabhängig. Agenturen und Dienstleister sollten diesen Trend als Chance sehen, denn Fachkompetenz in Kombination mit den richtigen Werkzeugen wird auch in Zukunft entscheidend sein. Auch die Qualität der Typografie wird ihren Platz in der Web-to-Print-Welt haben und nicht alle Satz-Aufgaben lassen sich kostengünstig via XSL-FO oder anderen günstigen Verfahren lösen.

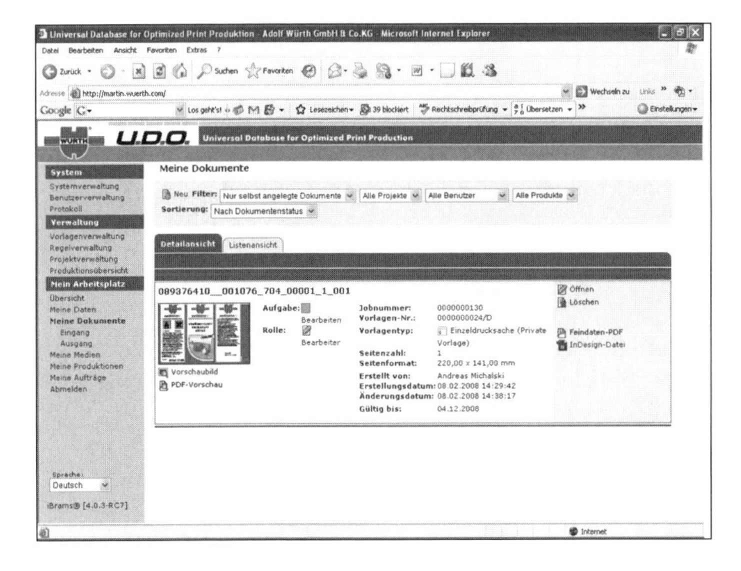

Auch CDO setzt mit iBrams auf die Technologien von Adobe Systems.

QuarkXPress Server

QuarkXPress Server ist eine Basistechnologie für dynamisches Publishing, die die Funktionalität der Layout- und Designsoftware QuarkXPress mit server- und webbasierter Automatisierung verbindet. Partner und Kunden von Quark verwenden QuarkXPress Server und beispielsweise einen Webbrowser oder XML-Daten, um Lösungen für Web-to-Print, für Database-Publishing und für das Publizieren mit variablen Daten zu entwickeln bzw. einzusetzen. Durch eine Automatisierung der Medienproduktion werden Kostenersparnis, eine kürzere Time-to-Market, eine bessere Vernetzung von internen und externen Mitarbeitern, die Wiederverwendung von Content sowie Markenkonsistenz und eine bessere Qualität durch weniger Fehlerquellen erreicht.

QuarkXPress Server Web-to-Print-Lösung

QuarkXPress als Layoutprogramm wird zur Erstellung von sogenannten Templates (Vorlagen) zum Beispiel für Marketing- und Werbematerialien eingesetzt. Die fertigen Layoutvorlagen werden dann serverbasiert und über einen Webbrowser unterschiedlichen Anwendern zur Verfügung gestellt, wobei bestimmte Layoutbereiche für sie gesperrt sind, während andere editierbar bleiben. So ist es auf der einen Seite möglich, Bestandteile des Layouts zu personalisieren und Zielgruppen individualisiert über verschiedene Kanäle anzusprechen. Auf der anderen Seite bleiben dabei bestimmte Gestaltungsmerkmale unverändert, die für die Markenkonsistenz wichtig sind. Die Benutzeroberflächen der verschiedenen QuarkXPress Server Lösungen sind auch für Mitarbeiter, die sich nicht mit Layoutprogrammen auskennen, ohne Vorkenntnisse zu bedienen. Ausgabeformate, Vorgaben/Regeln usw. können vordefiniert werden. So entsteht am Ende ein druckfertiges Produkt, ohne dass das Layout nach der Befüllung und vor dem Druck nochmals von einer Produktions- oder Herstellungsabteilung bearbeitet werden muss.

Auf den Punkt gebracht: Die Funktionalität eines professionellen Layouttools über den Webbrowser verfügbar zu machen – auch das bedeutet Web-to-Print.

Der Workflow mit einer QuarkXPress Server basierten Lösung besteht im Wesentlichen aus folgenden Schritten:

Erstellen. Designer verwenden QuarkXPress zur Kreation von Layoutvorlagen, sogenannten Templates, und legen diese auf dem Server ab.

Individualisieren. Webbasierte und datengesteuerte Anwendungen senden Inhalte und Anweisungen an QuarkXPress Server und modifizieren die Vorlagen. Diese Anwendungen können jede beliebige Geschäftslogik abbilden, Geschäftsprozessregeln verarbeiten und auch in einen File-Server oder in jedes beliebige Enterprise-System integriert werden (zum Beispiel ECM, CRM, DAM). Die Individualisierung kann natürlich auch manuell geschehen, beispielsweise durch das Hochladen von Logos oder Bildern, das Einfügen bestimmter regionaler Marketingtexte oder Händleradressen.

Zusammenführen. QuarkXPress Server verarbeitet Inhalte und Anweisungen, um die einzelnen Bestandteile zu Dokumenten zusammenzuführen.

Auf den Punkt gebracht: Web-to-Print-Lösungen verhindern Wildwuchs im CI-Bereich von Unternehmen und ihren Partnern. Anwender genießen die leichte Erstellung CI-konformer Druckvorlagen, die Brand Manager im Unternehmen hingegen den konsistenten Markenauftritt.

Veröffentlichen. QuarkXPress Server generiert die angepassten Marketingmaterialien für die Ausgabe in folgenden Dateiformaten: QuarkXPress Projekte, EPS, PDF, Postscript, PPML, JPEG, PNG und XML.

Die QuarkXPress Server Technologie wird vor allem für medienübergreifendes Publizieren, webbasierte Übersetzungslösungen, das Online-Editieren und die Online-Freigabe, in der Katalog- und Anzeigenautomatisierung, für das Brand Management und das Dokumenten-Rendering sowie für die automatisierte Ausgabe verwendet.

Einsatzbereiche von QuarkXPress Server im Web-to-Print-Sektor

Die Firma DTS Medien, ein Anbieter für Lösungen zur Automatisierung, Standardisierung und Prozessoptimierung in der Druck- und Medienbranche, hat basierend auf QuarkXPress Server ein Web-to-Print-Modul für die ISY3 Software Suite entwickelt.

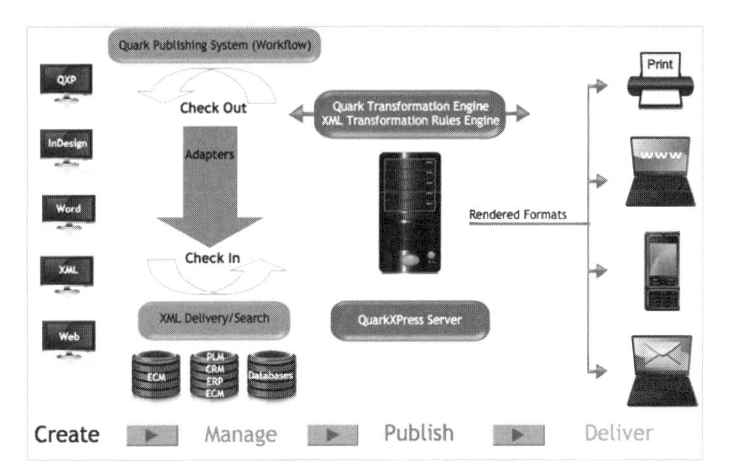

Die Funktionsweise von QuarkXPress Server im Überblick.

Die Anwendung erlaubt es, ohne Expertenwissen in standardisierten Abläufen QuarkXPress-Funktionalitäten über den Webbrowser zu nutzen. So setzt der global vertretene, mittelständische Hersteller von Schutzgas-, Schweiß- und Schneidbrennern ABICOR Binzel ISY3 als Übersetzungsmanagement-Lösung ein. QuarkXPress Server und ISY3 lösen bisherige manuelle und sehr komplexe Übersetzungsprozesse ab. Neben Workflow- und Managementfunktionen ist ein wesentliches Feature des neuen Übersetzungsmanagement-Systems, dass Übersetzer, Layouter, Controller und andere am Prozess Beteiligte jederzeit eine verbindliche Vorschau des übersetzten Dokuments über den Webbrowser live sehen. Dabei kann wahlweise zwischen der aktuellen Sprachversion und dem Master als Ursprungsversion gewechselt werden. Auch Vergleichsansichten beider Versionen sind in Echtzeit möglich. Alle Arbeitsschritte im gesamten Workflow (Übersetzung, Kontrolle, etc.) sind über den Webbrowser über Supervision- und ToDo-Listen-Funktionen und ohne die Arbeit an nativen QuarkXPress Dokumenten durchführbar. Für das Ursprungsdesign stehen alle Funktionen von QuarkXPress zur Verfügung.

Auch der Deutsche Genossenschafts-Verlag eG (DG VERLAG), Partner und Dienstleister der Volksbanken und Raiffeisenbanken, der Waren- und Dienstleistungsgenossenschaften sowie der Unternehmen im genossenschaftlichen Verbund, arbeitet mit ISY3. Das Wiesbadener Medien-, Handels- und Systemhaus hat die Web-to-Print-Lösung in seine Internetplattform GenoBuy integriert. Diese ermöglicht es Kunden, über einen Webbrowser und ohne QuarkXPress-Kenntnisse in kurzen Produktionszyklen CI-konforme Druckerzeugnisse wie Anzeigen, Broschüren, Flyer sowie andere gestaltungsaufwendige und personalisierte Kom-

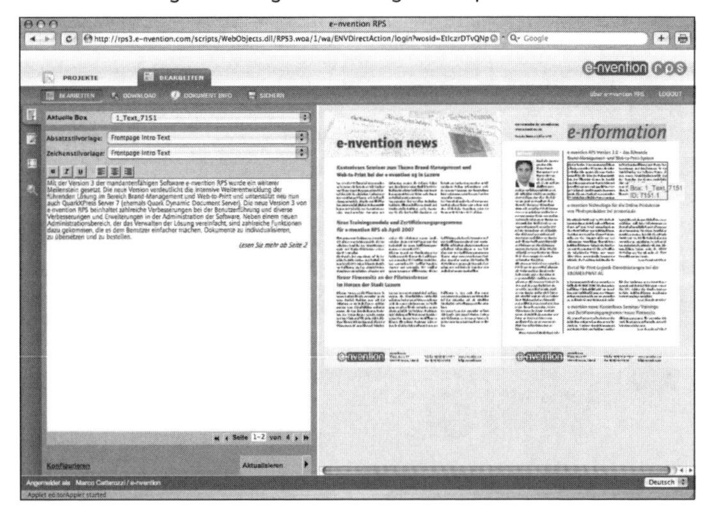

e-nvention aus der Schweiz nutzt die Quark-Technologien für umfangreiche Dokumente.

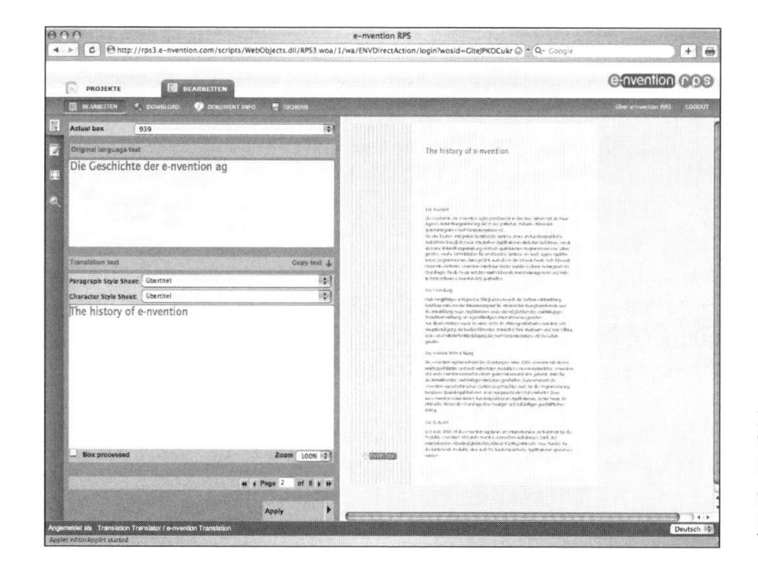

Ideal ist die direkte Vorschau und die Möglichkeit oben den Originaltext zu sehen und unten den übersetzten Text einzugeben.

munikationsmittel, die ohne zusätzliche manuelle Schritte oder Nachbearbeitungen direkt produziert werden können, zu erzeugen.

Weitere Anwendungsbeispiele sind der Heiler Web Publisher, das Brandmanagement-System BrandMaker, e-nvention mit seinem Remote Publishing System, oder auch infowerk, ein Unternehmen, das basierend auf QuarkXPress Server zusammen mit e-nvention die Web-to-Print-Plattform www.printeria.de entwickelt hat. Am Ende des servergesteuerten, webbasierten Publishing-Prozesses steht stets ein druckfertiges Dokument, zum Beispiel im PDF-Format.

Web Hub – Quarks hauseigene Web-to-Print-Lösung

Quark nutzt die QuarkXPress Servertechnologie auch für die Web-to-Print-Funktionalität des hauseigenen Workflowsystems Quark Publishing System (QPS), und zwar für den QPS Web Hub. Der Web Hub dient zur kostengünstigen Einbindung interner und externer Mitarbeiter in den Publishing-Prozess: Wenn ein Mitarbeiter oder ein Kunde von einem entfernten Standort aus arbeitet, kann er einen Webbrowser (statt Quark Copy Desk oder QuarkXPress) starten, sich beim QPS Web Hub anmelden, den jeweiligen Text- oder Bildrahmen, den er bearbeiten möchte, aus QPS auschecken – das heißt, ihn zur Bearbeitung anfordern

– und ihn über den Webbrowser editieren. Es erscheint ein dreigeteilter Arbeitsbereich, in dem links die Vorschau der Seite mit exaktem Umbruch in QuarkXPress dargestellt wird, in der Mitte der Bereich zum Durchführen der Textänderungen, und rechts die zur Verfügung stehenden Stilvorlagen, falls nachträglich Textauszeichnungen geändert werden sollen. Dies geschieht, ohne dass QuarkXPress oder QuarkCopyDesk geöffnet sind. Für die umbruchgenaue Voransicht sorgt im Hintergrund QuarkXPress Server. Durch den Befehl „Änderungen anwenden" übergibt der Bearbeiter seine Änderungen an das System. QuarkXPress Server arbeitet diese Änderungen ab, um umbruchgenaue neue Voransichten zu erzeugen und sie dem Browser zur Verfügung zu stellen. So stellt der QPS Web Hub zu jeder Zeit die aktuelle Seitengeometrie und den Textumbruch dar, so wie es nachher im Druck aussieht. Im nächsten Schritt kann auch die Ausgabe in QPS mit Hilfe von QuarkXPress Server komplett automatisiert werden. Mit Hilfe des QPS Script-Managers können Java-Scripte importiert und angepasst werden. Diese Scripte weisen QuarkXPress Server an, automatisiert Aufgaben abzuarbeiten, zum Beispiel bestimmte Ausgabeformate zu erzeugen.

Anwendungsbeispiel: Web-to-Print 2.0 – Dynamic Publishing

Strategie-Tipp: Werden wirklich alle Kreations- und Publishingprozesse auf eine einzige Datenbank ausgerichtet, dann gehören Reibungsverluste durch fehlerhafte, nicht mehr aktuelle Inhalte der Vergangenheit an.

Das Versandhaus Walz, das pro Jahr über 50.000 Layoutseiten produziert, hat seinen Publishing-Prozess basierend auf QuarkXPress Server automatisiert. Die Firma Softbricks entwickelte eine Plattform namens MediaDB. Diese ist die zentrale Inhaltsquelle für sämtliche Publikationsvorgänge im Bereich Web und Print bei Walz. MediaDB wurde an das Warenwirtschaftssystem von Walz gekoppelt, wo sich sämtliche Produktdaten befinden. In MediaDB fließen diese Daten mit Archivdaten von alten Werbemitteln zusammen sowie mit Produkttexten, und zwar strukturiert, zum Beispiel nach Produktname, Beschreibung, Preiszeile – inklusive der entsprechenden Stilvorlagen und Produktgeometrien. MediaDB ist auch angebunden an die Datenbank Xinet WebNative der Reprofirma Christ. Dort laden alle beteiligten Fotografen bereits während des Fotoshootings ihre Bilder über gesteuerte Zugriffsrechte auf eine Bilddatenbank hoch. Sie ordnen ihre Bilder in der Datenbank gleich der richtigen Katalogseite zu. Die Bilddaten werden über den QuarkXPress Server 7 und MediaDB von der Bilddatenbank in das Layout importiert. Dies geschieht durch die Verknüpfung von erstellten Musterseiten, die schon bei der Konzeption von neuen Werbemitteln basierend auf Produktgeometrien aus vorangegangen Katalogen angelegt werden, via QuarkXPress Server und MediaDB. Mit

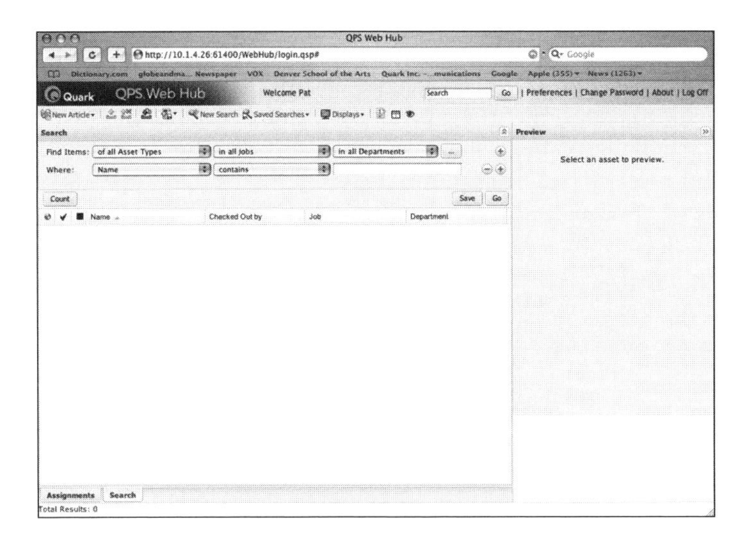

Quark nutzt die QuarkXPress Servertechnologie auch für die Web-to-Print-Funktionalität des hauseigenen Workflowsystems Quark Publishing System (QPS).

Hilfe von MediaDB ist eine echte Vorproduktion eines QuarkXPress Dokumentes bei der Erstellung eines neuen Kataloglayoutes effizienter und einfacher geworden. Denn mit Hilfe der Texte, Bilder, Produktdaten und Produktgeometrien wird jetzt vollautomatisiert und strukturiert das gesamte Kataloglayout vorproduziert.

Auf den Punkt gebracht:
Bei der Katalogproduktion ist Zeit besonders kostbar. So werden Katalogseiten mit Hilfe von Platzhaltern automatisch vorproduziert. Dann müssen nur noch die finalen Daten eingespielt werden und der Produktionsprozess beschleunigt sich.

Anschließend führen Grafiker manuelle Anpassungen an den automatisch generierten QuarkXPress Dokumenten durch. Nach der Produktion wird der neue Katalog im letzten aktuellen Zustand wieder in seine Teile zerlegt und in MediaDB gespeichert. Auch die Auslandsübersetzungen werden über QuarkXPress Server und MediaDB abgewickelt, die übersetzten Texte fließen ebenfalls automatisiert in das Layout ein.

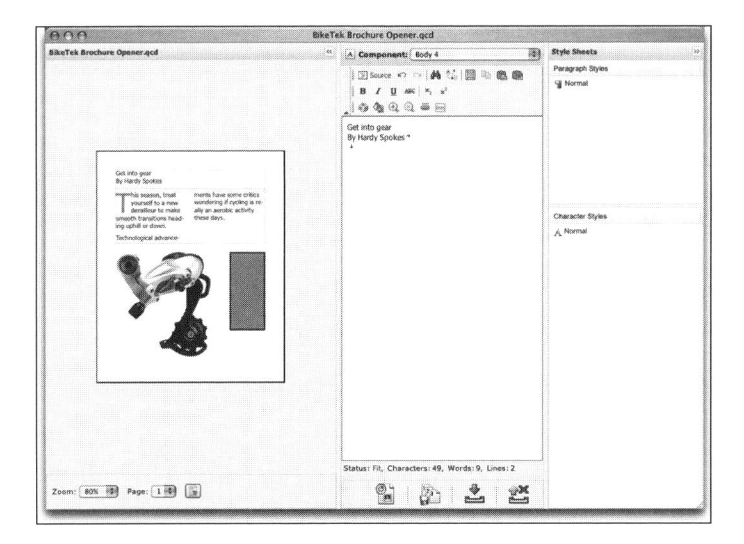

Durch den Befehl „Änderungen anwenden" übergibt der Bearbeiter seine Änderungen an das System. QuarkXPress Server arbeitet diese Änderungen ab und zeigt sie an.

Der Datenfluss ist in beide Richtungen möglich: Neben dem Einspeisen der Daten aus dem Warenwirtschaftssystem und der Bilddatenbank über MediaDB in die Layouts erfolgt umgekehrt auch die Rückpflege von Daten aus den Katalogen in MediaDB automatisiert. Bei jeder Katalogerstellung werden die finalen Texte inklusive Stilvorlagen vom QuarkXPress Server aus den Katalogseiten ausgelesen und XML basiert strukturiert – getrennt nach Headline, Subheadline, Preiszeile, Produktbeschreibung etc. – in MediaDB importiert, so dass auf der Plattform immer die aktuellen Texte inklusive Stilvorlagen liegen.

Im Rahmen dieses neuen Dynamic Publishing-Konzepts wird sogenanntes Multi-Channel-Publishing möglich: Eine einzige Inhaltsquelle – MediaDB – speist Kataloge, e-Commerce und andere Werbemittel. Interne und externe Mitarbeiter greifen auf diese Inhaltsquelle zurück. So arbeiten stets alle mit denselben Inhalten und kommunizieren eine einheitliche Botschaft. Die medienunabhängige Markenkonsistenz ist gewährleistet.

Man denkt nun darüber nach, diesen automatisierten Workflow durch eine browserbasierte Katalogseitenplanung zu erweitern, deren Ergebnis ein vorproduziertes QuarkXPress-Dokument für das finale Layout ist. Das funktioniert folgendermaßen: Ein Produktmanager, Vorlayouter oder Mitarbeiter der Werbung legt über einen Webbrowser Groblayouts an, indem er Voransichten der Produkte auf Seiten platziert. QuarkXPress Server erstellt daraus automatisiert ein QuarkXPress Dokument für die Produktion. Dies ist möglich aufgrund der bidirektionalen Transformation zwischen QuarkXPress-Dokument und XML (XML-Construct/ XML-Deconstruct).

Durch eine zusätzliche Implementierung von Quark Publishing System können auch Übersetzungsprozesse und Korrekturprozesse webbasiert organisiert werden, indem Walz sie über den Web Hub von QPS abwickelt.

Schnittstellen und Integration

QuarkXPress Server ist skalierbar und kann erweitert und/oder in bestehende Lösungen integriert werden, da die Technologie auf offenen Standards basiert.

Die Basistechnologie verfügt über folgende Schnittstellen:

- **Integrierter Web-Server, die einfachste Form der direkten Ansteuerung über URLs/HTTP**

- **Webservices (SOAP, WSDL, XML) sind offen für die Integration u.a. aus Java (JSP, Java RMI), PHP, ASP, .Net (Visual Basic, VisualC) und in beliebige IDEs**
- **XML-Construct/Deconstruct: Für die Ein- und Ausgabe eines QuarkXPress-Dokuments oder Teilen des Dokuments oder eines Platzhalters im XML-Format**
- **XTensions-Development-Kit (XDK) - entspricht der XTensions Schnittstelle von QuarkXPress (C++)**
- **Java Software-Development-Kit (Java SDK)**

QuarkXPress Server bietet im Vergleich zu anderen Technologien umfassend integrierte Load-Balancing- und Skalierungskonzepte über Maschinengrenzen hinweg, um auch große Lasten verarbeiten zu können und einen hohen Durchsatz zu erzielen. Des Weiteren stehen Stabilität, Performance und Support bei Quark an erster Stelle.

Pageflex

Die meisten Experten in der Druckbranche kennen Bitstream Inc. als Lieferant digitaler Schriften. Die technologische Kernkompetenz von Bitstream liegt eigentlich in der Rendertechnik. Pageflex Inc. ist Entwickler dynamischer Seitengenerierungstechnologien für eine Reihe verschiedener Märkte wie Web-to-Print, Cross-Media-Publishing, individuelle Dokumentenerzeugung und Marketing-On-Demand. Pageflex lizensiert seine Produkte weltweit an Web-to-Print Unternehmen, Dienstleister (ASPs), Customer Relationship Management Unternehmen (CRM), sowie Druckdienstleister und andere Wirtschaftsunternehmen. Pageflex ist der Publishing-Bereich von Bitstream.

Die Konzept-iX GmbH wurde 1994 gegründet und ist die europäische Vertretung der Pageflex Inc. mit den Schwerpunkten On-Demand-Publishing, Digital Asset Management und Netzwerk-Workflow. Sie ist Anbieter von Softwarelösungen für Unternehmen im Druck-, Medien- und Marketingbereich. Gemeinsam mit ihren Partnern realisiert und betreut Konzept-iX Softwareprojekte aller Größenordnungen.

Mit den Pageflex-Lösungen werden eher Werbe- und Geschäftsdrucksachen und weniger Kataloge erstellt. (Auch wenn hier

Auf den Punkt gebracht: Nur so kann automatisiertes Publishing reibungslos funktioneren: Gängige Standards und die verbreitesten Ausgabegeräte sollten direkt unterstützt werden.

die Ausnahme durchaus die Regel sein kann - siehe CODIN von der Firma Utesch) Da Pageflex einer der Mitbegründer der PODi (Print-On-Demand-Initiative) ist, wird die Druckersprache PPML (Personalized Print Markup Language) unterstützt, denn sie ist ein Industriestandard.

Es besteht zudem die Möglichkeit, Produkte von Drittanbietern über eine sogenannte Rendering-API (Programmierschnittstelle) zu implementieren. Laut Aussage des Distributoren ist Pageflex in der Lage, alle farbigen Digitaldruckmaschinen mit den gängigen Protokollen auch im Bereich des Variablen Datendrucks anzusprechen. Als eine Art Basistechnologie verfügen alle Pageflex-Produkte über die NuDoc-Engine, eine Umbruchsoftware, durch deren Einsatz die Umbruchergebnisse in allen Teilen des Workflows für alle möglichen Ausgabeformate immer absolut gleich sind.

Pageflex Studio

Studio ist der eigene Template-Editor und Projektmanager für die Pageflex-Suite und sorgt für die strikte Einhaltung der CI-Regeln des Kunden. Alternativ können auch QuarkXPress- oder InDesign-Dateien importiert und für die dynamische Templateerstellung benutzt werden.

Es lassen sich flexible Produkte wie zum Beispiel Flyer, Kataloge, Visitenkarten oder Anzeigen, erstellen und im XML-Format abspeichern. Studio dient dem Kunden sozusagen als visuelles Planungstool zur dynamischen Layoutgenerierung, Definition von Datenbankanbindungen und Festlegung von Variablen und Ausgabekanälen. Ein dynamisches Layout lässt sich einfach mit Hilfe der verschiedenen Werkzeuge anlegen. Dazu muss man weder Profi, noch Programmierer sein. So lassen sich Textcontainer nicht nur mit der Schriftart und Farbe belegen, sondern über die Elementeigenschaften auch mit Regeln, die ihr Verhalten bei Größen- oder Mengenänderungen (zum Beispiel bei mehr oder weniger Textinhalten) anpassen können.

Abhängigkeiten der einzelnen Seitenobjekte sind definierbar und damit auch das sogenannte Scale-to-fit. Das bedeutet, dass der gesamte Inhalt einer Seite immer im gleichen Verhältnis auf eine Änderung des Seitenformats oder der variabel hinzugefügten Inhalte reagiert. Ein praktisches Anwendungsbeispiel hierfür ist, wenn die gleiche Anzeige in verschiedenen Zeitschriften mit unterschiedlichen Spaltenbreiten erscheinen soll, ohne dass sie dafür jedes Mal neu angelegt werden muss.

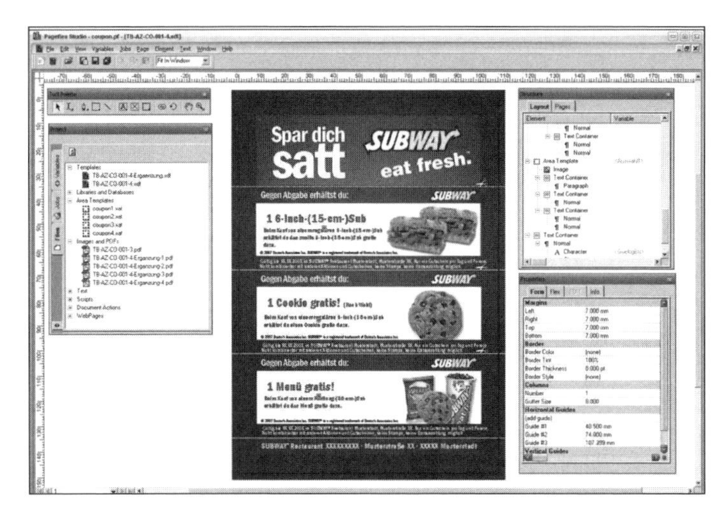

Auch Subway-Partner können via Pageflex eigene Dokumente erzeugen.

Die Eingabe der einzuhaltenden Maße genügt, um das neue Layout CI-gerecht anzupassen.

Studio kennt verschiedenste Arten von Variablen, die für den individuellen Text- und Bildaustausch sorgen. Zu nennen sind hier die sogenannten Area-Templates. Das sind Templates innerhalb Templates, also Verschachtelungen, die alle dynamisch im Layout mitlaufen und bestimmten definierbaren Regeln unterliegen.

Solche Regeln können besagen, dass nur bei der Erfüllung einer bestimmten Bedingung auch noch das Area-Template mit einem definierten Inhalt gefüllt wird, ansonsten wird es für den Betrachter unmerklich übergangen. Der Nutzen dieser Vorgehensweise: Es entstehen keine Lücken oder ungewollten Überläufe.

Auf den Punkt gebracht:
Ein heikles Thema sind beim automatisierten Publishing die unterschiedlichen Textlängen unterschiedlicher Sprachversionen. Moderne Produktionstools beherrschen durch ausgefeilte Anpassungsmechanismen auch das.

Ein weiteres Feature nennt sich Copy-fit-down und erlaubt, die Schriftgröße mit speziellen Regelwerken an veränderte Rahmengrößen anzupassen. Dies ist zum Beispiel von Vorteil bei Übersetzungen in Fremdsprachen, die von der Länge her unterschiedlich sind, für die aber trotzdem nur ein bestimmter Bereich zur Verfügung steht. Bei der Ausgabe wird noch kein finaler Code erzeugt, dieser wird erst über den Produktionsserver generiert.

Pageflex Mpower

Mpower basiert ebenfalls auf NuDoc-Engine, Bistreams serverbasierten Umbruchsystem, und ist in kleinere Untermodule aufgeteilt. Während die Studio-Version zur Offline-Generierung individueller Projekte genutzt wird, benötigt man für das Zusammenfügen aller Publikationsbestandteile das eigentliche Herzstück, den Mpower-Server und damit auch teilweise die Render-Engine. Erst Mpower generiert aus den individuell erstellten Dokumenten druckfertige Dateien in verschiedenen Ausführungen. Bei der Ausgabe ist die direkte Unterstützung der Digitaldruckmaschinen von zentraler Bedeutung. Da der Server alle gängigen, jeweils auf die Maschine angepassten Ausgabeformate beherrscht, erhöht sich die Ausgabegeschwindigkeit deutlich. Alternativ werden die Standardformate PostScript oder PDF unterstützt.

Damit der Kunde auch ohne jegliche Programmierkenntnisse seine Druckprodukte im Netz den Mitarbeitern oder weiteren Kunden zur Verfügung stellen kann, besteht die Möglichkeit, den WebForm Wizard zu benutzen.

Auf den Punkt gebracht: Intelligenz hat ihren Preis, auch bei der Software. Systeme, die automatisch Abhängigkeiten zwischen unterschiedlichen Gestaltungselementen berücksichtigen, gehören zu den teureren Angeboten im Markt.

Durch eine Konfiguration in fünf Schritten entsteht ein Webformular auf HTML-Basis, das mit variablen Inhalten gefüllt werden kann. Diese Inhalte werden dann in die vorher erstellten Templates eingebaut. So entsteht eine Art Webshop für Druckprodukte. Eine druckverbindliche Vorschau oder ein druckfertiges PDF dienen der Überprüfung der eingegebenen Daten und schließen den Bestellvorgang ab. Das Mpower-Paket bekommt der Kunde ohne jede Anpassung ab 40.000 Euro.

Pageflex Storefront

Storefront gleicht einem Shopsystem mit Rechteverwaltung für die einzelnen Benutzer und wird meistens von Druckdienstleistern zur Erstellung von Web-to-Print-Portalen genutzt. Die Editorfunktion kann von bis zu 15 Kunden gleichzeitig genutzt

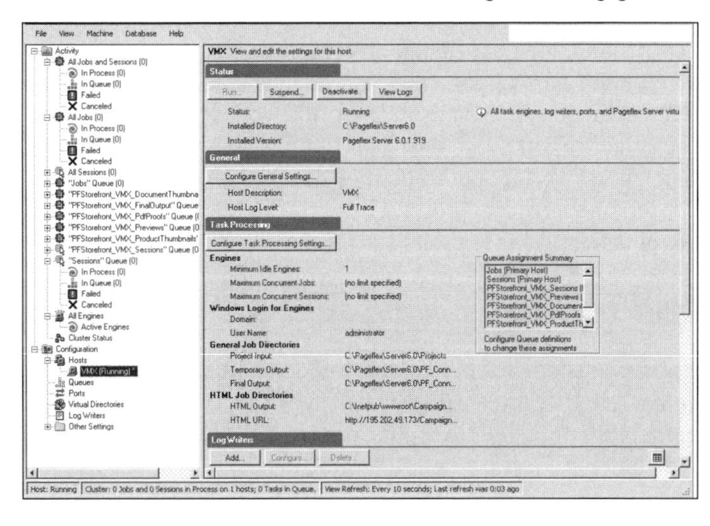

Komplex wird es, wenn es um die Administration des Pageflex-Servers geht.

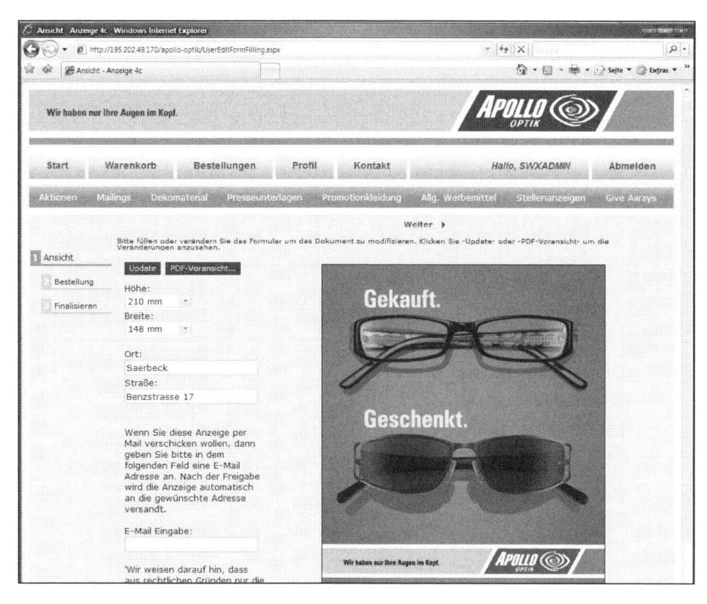

Die Optiker-Kette Apollo nutzt Pageflex als ASP-Lösung von der Firma Webdox aus Berlin.

werden, ohne dass die Serverleistung zu stark beeinträchtigt wird. Doch prinzipiell kann Storefront unendlich viele Kunden verwalten und pro Kunde unendlich viele Nutzer mit unendlich vielen Dokumenten. Von der Softwarearchitektur her sind keine Limits gesetzt.

Der komplette Shop kann wieder ohne jegliche Programmierkenntnisse innerhalb von drei Minuten über einen Assistenten erstellt und an bestehende Datenbank- oder ERP-Systeme angepasst werden. Die vorher erstellten Produkt-Templates aus Studio können eingepflegt und je nach Vorgaben verwaltet werden. Die Seiten für den Shop werden automatisch in ASP generiert.

Auf den Punkt gebracht:
Mit leistungsfähigen Shopsystemen können Web-to-Print-Anbieter ganze Portale mit wenig Aufwand aufbauen und betreiben.

Die Oberfläche und Benutzerführung kann für jeden Kunden individuell angepasst werden. Dieser editiert dann aus einer für ihn erstellten Auswahl seine Druckprodukte entweder geschwindigkeitsoptimiert auf Formular- oder standrichtig aus WYSIWYG-Basis. Durch den Dienstleister vordefinierte Layoutregeln sorgen für die Einhaltung des hinterlegten Corporate Designs. Pageflex-Storefront gibt es im Paket für 55.000 Euro.

Pageflex .EDIT

Als WYSIWYG-Editor dient das Tool .EDIT (gesprochen „dot edit"). Das komplett auf Java basierende Modul erlaubt eine intuitivere und von den Möglichkeiten her erheblich umfassendere Bearbeitung der Produkte. Es ähnelt deswegen stark einer Desktop-Anwendung. Über eine XML-Steuerdatei können die Werkzeug- und Bearbeitungsmöglichkeiten vom Dienstleister für jeden Kunden individuell eingegrenzt werden. Der finale Code wird über .EDIT in die gewünschten Druckformate umgewandelt. Wie für einen Shop üblich, lassen sich am Ende der Bestellung die Produkte in einem Warenkorb sammeln, abrechnen und für den Versand vorbereiten. Die Abrechnung lässt sich für mögliche Staffelpreise variieren. Ein separates Reporting gibt dem Dienstleister selbst Einblick über die verschiedenen Bestellzustände wie Versand, Bezahlung etc.

Viele Schnittstellen halten Pageflex-Lösungen relativ flexibel, so ist es auch möglich, den Bestellvorgang direkt über ein Warenwirtschaftssystem auszulösen. Dadurch wird ein doppelter kaufmännischer Ablauf vermieden, wie zum Beispiel Rechnung oder Lieferschein schreiben und wieder in das System eingeben. Unternehmen können so etablierte oder gewünschte Methoden übernehmen.

Das Tool ist in der Standardversion ab 20.000 Euro und in der Unlimited Version ab 60.000 Euro erhältlich. Der Unterschied liegt in der Nutzergruppe und der Anzahl dieser Nutzer. So kaufen große Unternehmen wie zum Beispiel Ford die Unlimited Version und können eine unbegrenzte Anzahl an Nutzern, zum Beispiel Mitarbeiter und Händler, damit arbeiten lassen.

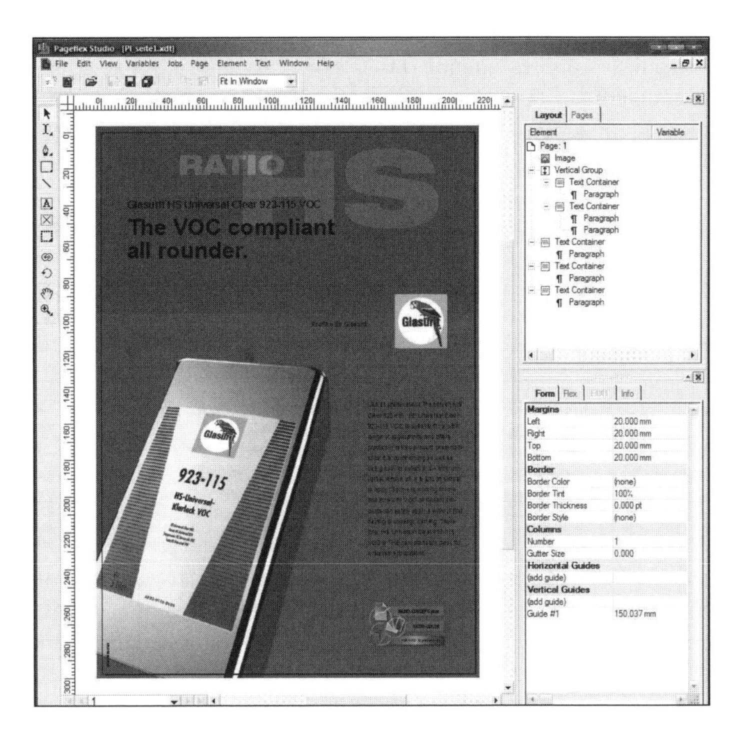

Pageflex Studio ist der Template-Editor der Pageflex-Suite. Hier werden Vorlagen erzeugt und mit entsprechenden Regeln versehen.

VI. Anwendungen

iBright

Die KiNETiK GmbH ist Anbieter von Software-Lösungen für Firmen in der Druck- und Medienindustrie. Die Firma wurde 1997 gegründet, hat ihren Sitz in Bayreuth und beschäftigt heute 7 Mitarbeiter. In den ersten Jahren nach der Gründung belieferte KiNETiK fast ausschließlich die professionelle digitale Druckvorstufe mit der benötigten IT-Infrastruktur.

Web-to-Print-Lösung der Klasse C.

Das Internet wurde immer wichtiger und KiNETiK entwickelte als Konsequenz daraufhin sein erstes Web-to-Print-System, welches 2002 unter dem Namen iBright Web2Print erschien. Seit 2003 konzentriert sich KiNETiK auf die Erstellung von Internetanwendungen für die Print- und Medienbranche.

Web-to-Print mit iBright

iBright Web2Print ist ein sehr umfangreiches Web-to-Print-Produkt, das sich auch leicht erweitern lässt. Das Produkt wird bereits in vielen verschiedenen Firmen produktiv eingesetzt. Über die aktuellen Projekte wollte KiNETiK aber keine Auskunft geben. Einige Referenzen nennt indes die Webseite der Firma: KIA Motors, Quelle, IHK und Messe Düsseldorf.

iBright Web2Print eignet sich gut für dezentral aufgestellte Firmen wie Franchise-Unternehmen oder geschlossene Händlernetze, die es ihren jeweiligen Niederlassungen ermöglichen wollen, entsprechend individualisierte Druckerzeugnisse herzustellen.

Hinweis:
Die in diesem Kapitel dargestellten Anwendungsbeispiele geben einen exemplarischen Überblick über den Markt. Sie beschreiben in etwa das Spektrum des Angebots und demonstrieren das Innovationspotenzial der Anbieter sowie Web-to-Print-typische Spezialisierungen.

iBright Web2Print unterstützt neben der Benutzerführung in Deutsch auch noch Englisch, Italienisch und Französisch und erkennt die richtige Sprache idealerweise automatisch an der im Browser eingestellten Sprache. Deshalb kann iBright Web2Print auch in internationalen Unternehmen eingesetzt werden. Druckereien können ebenfalls auf iBright Web2Print setzen, um ihren Kunden die Möglichkeit zu geben, online

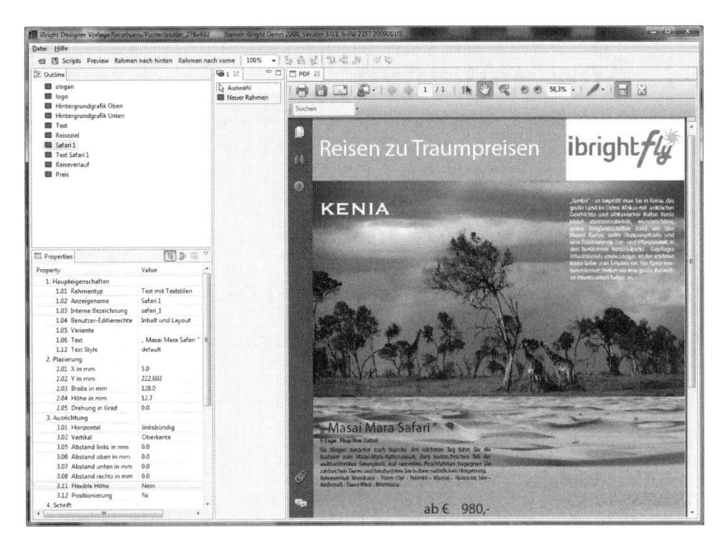

Der iBright Designer ist das Werkzeug zum Erstellen von Web-to-Print-Templates für iBright.

Druckobjekte zu erzeugen, und so ihr Geschäftsfeld zu erweitern. Letztlich ist Web-to-Print für viele Geschäftsbereiche optimal, denn durch die Abwicklung von Druckaufträgen über das Internet sparen alle Beteiligten eine Menge Zeit, die sie kreativer und somit gewinnbringender einsetzen können.

Aktuell ist derzeit die Version 3 von iBright Web2Print, die unter anderem eine Ganzseitengestaltung und eine umfangreiche Mailingfunktion bietet. Von iBright Web2Print gibt es zudem eine ASP-Lösung, die den Einstieg in den Web-to-Print-Markt deutlich erleichtert, da die Kosten überschaubar sind.

Auf den Punkt gebracht: Web-to-Print-Lösungen entfalten in dezentral organisierten Unternehmen und im internationalen Zusammenhang einen sehr großen Nutzwert. Dafür müssen die Anwendungen aber auch die wichtigsten Sprachen ihrer Zielmärkte beherrschen.

Die Technologie

Aus allen gängigen PDF-Formaten können Druckvorlagen erzeugt werden, die sich im späteren Verlauf individualisieren lassen. Für die Erstellung der Druckvorlagen verwendet man ein in Java geschriebenes Programm, dem iBright-Designer.

Um ein PDF zu erzeugen, das später als Vorlage dient, können Kreative ihre normale Arbeitsumgebung mit den gewohnten Grafik- und Layoutprogrammen weiterbenutzen und zum Beispiel aus Adobe InDesign oder QuarkXPress PDFs erzeugen.

Werden diese in iBright-Designer geladen, lassen sich Gestaltungsrahmen festlegen, die dann später online in iBright Web2Print mit Inhalten gefüllt und so personalisiert werden. Das geht formularbasiert und in der neuesten Version von iBright Web2Print auch über eine WYSIWYG-ähnliche Ganzseitengestaltung. iBright Web2Print selbst kann über einen normalen

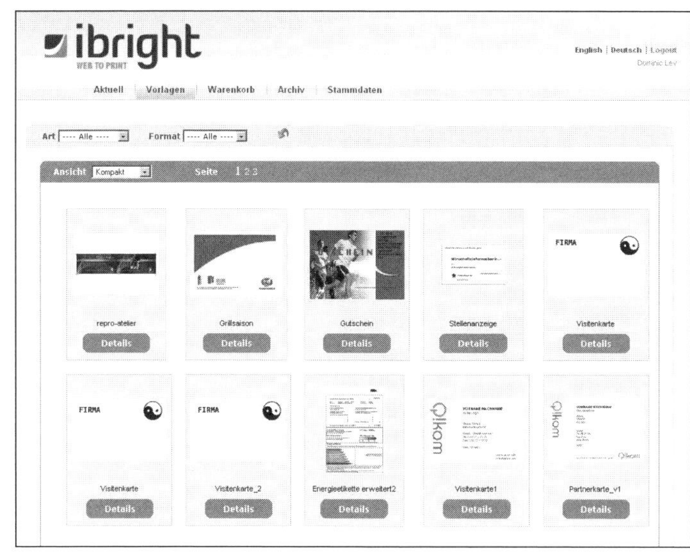

Technik-Tipp!
Lösungen, die keiner Plug-Ins oder Add-Ins für den Webbrowser bedürfen, können leichter als plattformunabhängige Anwendung etabliert werden.

iBright präsentiert sich sehr übersichtlich, daher „unterschätzen" viele Anwender die Leistungsfähigkeit dieser Applikation.

Web-Browser bedient werden, dazu sind weder Plug-Ins noch Add-Ins wie Java oder ActiveX nötig. Somit lassen sich Druckerzeugnisse plattformunabhängig unter Windows, Linux oder Mac online herstellen. Sogar für die Vorschaufunktion wird kein Plug-In benötigt, da iBright Web2Print die Vorschau über ein JPEG ermöglicht.

Zusätzlich kann iBright Web2Print die Vorschau über ein PDF anzeigen und gibt somit einen verbindlichen Online-Proof aus. Für die PDF-Vorschaufunktion wird allerdings ein installierter Adobe Reader vorausgesetzt. Dadurch, dass auf Java, XML, HTML und PDF gesetzt wird – gängige und genormte Standards –, arbeitet iBright zuverlässig auf allen aktuellen Betriebssystemplattformen.

Für den Einsatz wird nur ein Linux- oder Windows-basierter Webserver mit 512 MB RAM, mindestens 20 GB Festplattenkapazität und installiertem Apache/Tomcat benötigt. Auch lässt sich das System einfach mit JavaScript anpassen. Dies kann sogar der Kunde je nach Kenntnisstand selbst tun. Außerdem besteht die Möglichkeit, iBright Web2Print in bereits vorhandene Infrastrukturen zu integrieren – eine Workflowumstellung ist also nicht nötig. So besteht zum Beispiel die Möglichkeit, iBright Web2Print in externe MIS-Systeme oder Digitale-Asset-Management-Systeme wie MediaBeacon, zu integrieren. Umgekehrt ist es Möglich auch iBright als Produktions- oder Print-Portal zu nutzen und über die offene Architektur andere Systeme anzubinden.

Per Klick, lassen sich Bildelemente in den Regel-Templates austauschen.

Ablauf einer Erstellung über das Online-System

Bei iBright Web2Print kann der Workflow je nach Kundenwunsch durch JavaScript individuell angepasst werden. Weiterhin können die Grundelemente Preiskalkulation, Bestelldatenerfassung und Warenkorb in der Systemkonfiguration ein- und ausgeschaltet werden.

Aus den vorhandenen Vorlagen, die zuvor von einem Administrator erstellt wurden, wählt der Benutzer die seinen Wünschen entsprechende Vorlage aus. Dabei gibt es eine Kompaktansicht sowie eine Detailansicht. Wird eine Vorlage ausgewählt, kann man eine JPEG-Voransicht erhalten oder gleich den Download als PDF beginnen. Auch hier gibt es die Möglichkeit, die Vorlage zu bearbeiten. Dies ist aktuell über zwei Wege möglich: über die Text- und Formular-basierte Editierung oder über die Ganz-

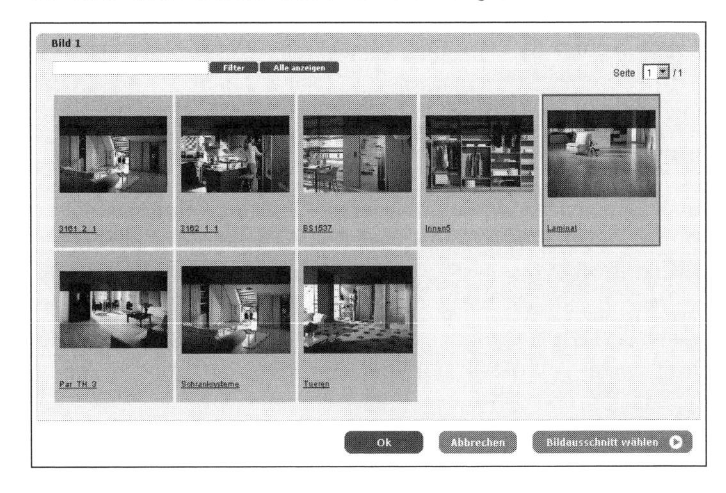

Die Bildauswahl zeigt sich ebenfalls sehr übersichtlich.

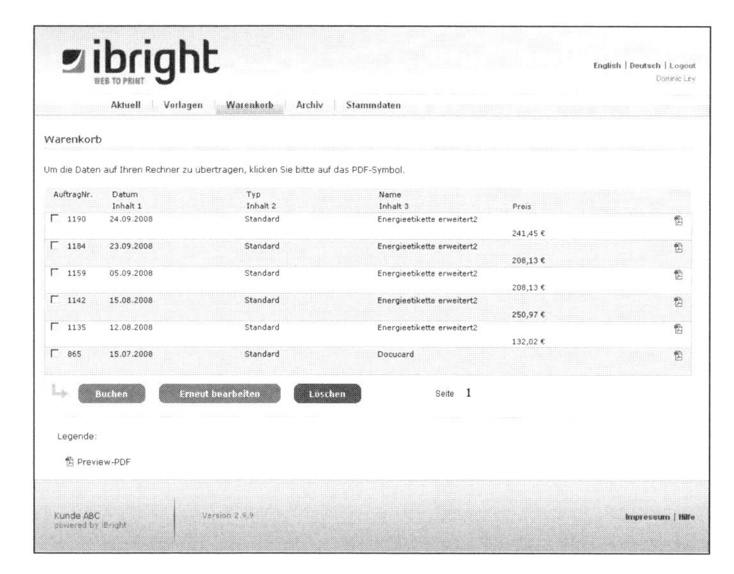

Das Shopsystem von iBright ist einfach, aber ausreichend für Bestandskunden. Für einen Open Shop sollte ein weiteres Shopsystem ggf. vorgeschaltet werden.

seitengestaltung, die mit Web 2.0-Funktionalität ausgestattet ist. Bei letzterer Funktion, die mit der aktuellen Version 3 von iBright Web2Print großflächig Einzug gehalten hat, kann man die Textrahmen direkt verschieben oder die Texte ändern.

Wenn alle Änderungen vorgenommen worden sind, gibt es die Möglichkeit einer Vorschau (bei der formularbasierten Editierung) oder man arbeitet bereits durch die Ganzseitengestaltung direkt in dem Vorschaumodus einer WYSIWYG-ähnlichen Umgebung. Entspricht die Voransicht den Wünschen, kann man die Vorlage als fertiges Produkt abspeichern und bestellen. Dies geschieht über die eingebauten Warenkorb- und Verkaufsfunktionen.

iBright ist ein solider Start in die Welt der Web-to-Print-Systeme und dürfte den meisten Ansprüchen gerecht werden.

trivet.net

Web-to-Print-Lösung der Klasse B.

Die Boretius EDV-Beratung & Vertrieb aus den nordrhein-westfälischen Remscheid stellte ihr Produkt trivet.net im Jahr 2004 vor. Aktuell ist die Version trivet.net 2008 erhältlich, die es auf Deutsch, Englisch und Französisch gibt. Weitere Sprachen können eigenständig hinzugefügt werden. Seit 1986 setzt die Boretius EDV-Beratung Projekte im IT-Bereich um. Die Schwerpunkte und Kompetenzen des Unternehmens liegen dabei nach eige-

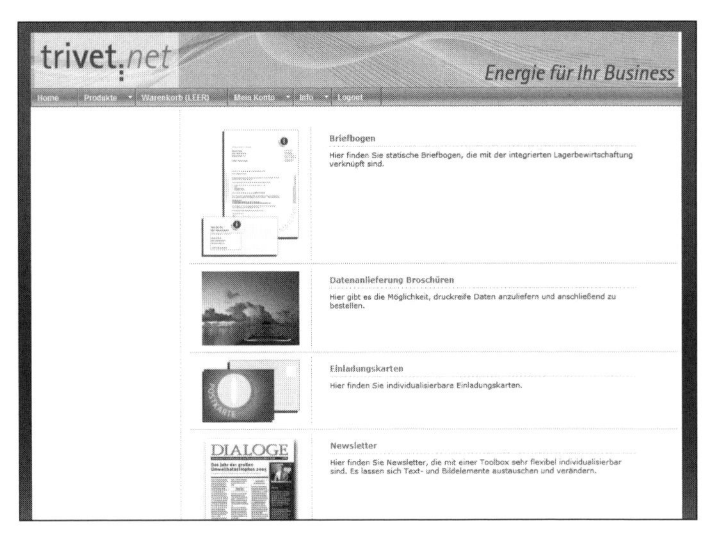

trivet.net startet mit einem Überblick über alle Dokumentarten des Systems.

nen Angaben auf betriebswirtschaftlichen Komplettlösungen für Handel und Industrie sowie auf Entwicklung von kundenspezifischen, individuellen Anwendungen für technische Problemstellungen. Mit Beginn des Internetzeitalters bezog das Unternehmen die neuen Technologien mit ein.

Seitdem werden serverbasierende Internet- und Intranet-Applikationen als Stand-Alone-Lösung erstellt oder in unternehmensweite Anwendungen eingebunden. Es ist Unternehmensphilosophie, Kunden und ihre Organisation intensiv kennen zu lernen, um so die „gleiche Sprache" zu sprechen und Projekte effektiv und optimiert realisieren zu können. Daher setzt das Unternehmen auf eine intensive Kommunikation und auf langfristig angelegte Zusammenarbeit. Die Kunden sind dabei kleine und mittelständische Unternehmen aus Industrie und Handel.

Neben der Web-to-Print-Lösung trivet.net bietet Boretius Serviceleistungen für Netzwerke, Schulungen und Beratung an, entwickelt und realisiert Internet- und Intranet-Lösungen und programmiert auf Kundenanfrage individuelle Anwendungen. In über 23 Jahren ist man seinem damaligen Kerngebiet weiterhin treu geblieben, erweiterte aber seine Kompetenzen entsprechend neuer Technologien und neuer Anforderungen. So entstand auch die Web-to-Print-Lösung trivet.net.

trivet.net 2008 ist ein out-of-the-Box Web-to-Print-System (standardisiert und schnell einsatzbereit) für Closed- und Open-Shops mit dem sich einfache und komplexe Dokumente erzeugen lassen. Mailings und Marketing-Dokumente sind ebenso möglich wie Übersetzungen durch ein integriertes Translation-

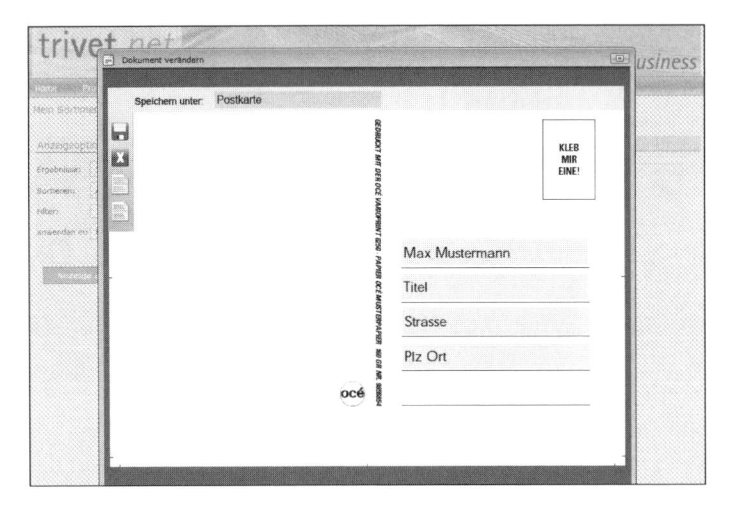

Die Anwendung nutzt PDF-Dokumente als Template. Der Anwender kann sich die editierbaren Elemente anzeigen lassen.

Management. Je nach gewünschter Funktionalität beginnen die Systemvoraussetzungen bei einem Windows 2003 oder 2008 Server mit installiertem IIS, ASP.NET 2.0, SQL 2008 sowie 250 MB Festplattenspeicher. Möglich ist außerdem eine dem Cloud Computing ähnliche Verteilung des Systems auf mehrere Server, um hohen Datendurchsatz und Verfügbarkeit zu gewährleisten.

Die Produktlösung wird aufgespielt und steht im Anschluss ohne längere Warte- und Anpassungszeit sofort für den produktiven Einsatz zur Verfügung. Für Kunden ist das System wie jede Web-to-Print-Anwendung über eine Web-Oberfläche zugänglich. Daher reicht zur Nutzung des Systems ein Windows-Rechner, Mac oder Linux-PC mit aktuellem Webbrowser und Adobe Reader Plug-In.

Strategie-Tipp: trivet.net nutzt sehr intelligent PDF-Dateien und erreicht damit ein hohes Kosten-/Nutzen-Verhältnis. Bevor man in teure Technologien anderer Hersteller investiert, sollte man stets zuerst die günstige Alternative testen.

Durch seine IntelliSign-Technologie ist trivet.net 2008 leicht zu bedienen und ohne große Schulungen und Einarbeitungszeit allen Anwendern sofort zugänglich. Die Lösung, die durchgehend auf Web-Technologien wie ASP.NET basiert, bietet einen WYSIWYG-Editor, der Änderungen in den Dokumenten sofort sichtbar macht.

trivet.net steht dabei sowohl zum Kauf – mit Kauflizenz – als auch als Mietservice (also als ASP-Version, zur Verfügung). Die Kauflizenz lohnt sich vor allem, wenn man konkrete Projekte plant und die Systemanforderungen ohne Investitionen bereits bestehen. Auch ist nur mit der Kaufversion eine Integration in vorhandene IT-Systeme möglich sowie die häufig gewünschte Anpassung an die kundeneigene Corporate Identity. Die Mietversion empfiehlt sich für Druckereien, Druckdienstleister und Agenturen, wenn man die Web-to-Print-Möglichkeiten ausloten

Umweltkatastrophen 2005

EINBRUCH DER AKTIENKURSE BEI RÜCKVERSICHERERN

▶ Die Aktienkurse der großen Rück- und Erstversicherer waren kurzfristig, aufgrund der Milliardenschäden durch die großen Wirbelstürme in Nordamerika, drastisch gefallen. Alleine dem Wirbelsturm „Katrina" werden Gesamtschäden in Höhe von 100 Mrd. Dollar zugerechnet.
Die versicherungrelevante Schadenhöhe, die durch den Hurrican „Katrina" verursacht wurde, beträgt rund 40 Mrd. Dollar und „Rita" steht noch aus. Da die Branche aber über hohe Kapitalpolster verfügt (kolportierte 400 Mrd. Dollar), ist mit keinen nennenswerten Folgen für die Versicherer zu rechnen. Auch meinen die Experten von Dresdner-Kleinwort Wasserstein, dass die Versicherer keiten) – sicherlich neu überdacht werden müssen, was zwangsläufig zu Prämienerhöhungen führen würde.

Steigende Anzahl der Wirbelstürme

Allein im Jahr 2005 hat es bis heute fünf Flugzeugabstürze und mit „Wilma" insgesamt vier Wirbelstürme gegeben. Ein deutlicher Hinweis auf den sich vollziehenden Klimawandel können z. B. die seit 1995 stetig zunehmende Anzahl von Wirbelstürmen sein.
Die in Europa zu verzeichnenden Überschwemmungen sowohl an der Elbe in Jahre 2002 als auch in Süd-

Sinkende Prämien bei Industrieversicherern

Bis zum Jahr 2002 verrechneten die Versicherer ihre Verluste aus dem Industriegeschäft mit Gewinnen aus dem Privatkundensektor. Ab 2002 änderten die Versicherer die Geschäftspolitik und konsolidierten das Industriegeschäft, was zu enormen Prämienerhöhungen führte. Nach dieser Phase der Konsolidierung in den Jahren 2002 – 2004, zwingt nun der Konkurrenzkampf die Versicherer wieder zu Zugeständnissen. Als Folge dieser Handlungsweisen sind Prämienreduzierungen verhandelbar. Den Versicherern droht wieder die Spirale der ab-

Editorial

Nach kaum zwei Jahren der Sanierungsbemühungen stehen bei den Versicherern die Zeichen jetzt wieder auf Wachstum. Die differenzierte Annahme- und Risikopolitik der Versicherer fördert den Wettbewerb und zwingt die Kunden mehr denn je, sich unabhängige Berater an die Seite zu stellen, um die notwendige Transparenz zu schaffen.

Vermehrte Ausschreibungen und viele Versicherungsverhandlungen zum Renewal 2006 haben dazu geführt, dass wir überwiegend Reduzierungen von Versicherungskosten und/oder Erweiterungen des Versicherungsumfangs

Leicht lassen sich statische Elemente mit dynamischen Bereichen kombinieren.

will und anfänglich erst wenige Aufträge erwartet. Dennoch kann man direkt nach der Testphase von der Mietversion auf die Kauflizenz umsteigen. Die Mindestlaufzeit für den Mietservice beträgt daher nur einen Monat und kann ebenfalls monatlich gekündigt werden.

Preise und Zusatzoptionen

Die Preise für die Kaufversion belaufen sich dabei aktuell auf 4.500 Euro. Die Lieferung erfolgt innerhalb zwei Werktagen per Web-Auslieferung direkt auf den Server. Der Mietservice kostet monatlich 247 Euro und einmalig 150 Euro Einrichtungsgebühr. Dabei läuft das System dann auf den trivet.net-eigenen Servern. Das Standard-trivet.net-System kann mit zahlreichen Optionen erweitert werden. Zur Verfügung stehen unter anderem ein Shop-Portal, das erweiterte Upload-Center trivetIQ mit automatischer Word- und PowerPoint-Konvertierung und trivetSpot für die Konvertierung von CMYK in Spotfarben. Zusätzlich gibt es mit trivetJDF eine Workflow-Anbindung an Management Information Systeme (MIS).

Strategie-Tipp: Vorlagen, die auf PDF-Dateien basieren, können aus beliebigen Programmen stammen. Dies ist ein großer Vorteil, wenn man mit vielen Kunden schnelle Lösungen schaffen muss.

Workflow mit trivet.net

Der Betreiber von trivet.net, zum Beispiel eine Druckerei, konfiguriert im Administrationsbereich über das Web-Interface die gewünschten Kunden und die zur Verfügung stehenden Produkte. Dies können statische oder veränderbare Drucke sowie lagerbezogene Artikel sein. Die Strukturierung des kundenbezogenen Produktsortiments ist dabei frei definierbar und jederzeit erweiterbar. Die Erstellung von Vorlagen ist simpel und schnell in Adobe Acrobat durchzuführen. Mit Hilfe eines integrierten Assistenten werden die Vorlagen bei trivet.net hochgeladen und dem Kunden/Benutzer zur Verfugung gestellt. Der Benutzer selbst sieht und bearbeitet im Webbrowser direkt das PDF

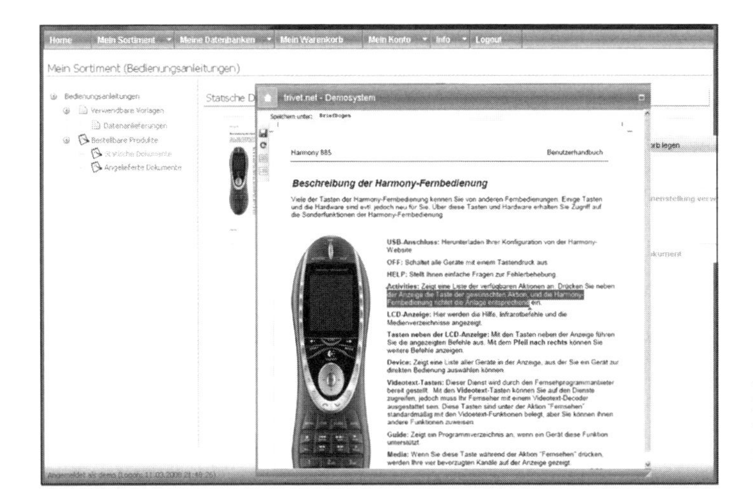

Auch die Erstellung von Sammlungen (Kombination statische/dynamische Dokumente) sind möglich.

in den freigegebenen Bereichen. Hierbei sind sowohl einfache inhaltliche Textänderungen möglich, der Austausch und Upload von Bildern sowie gegebenenfalls das Ändern von Attributen, wie zum Beispiel Schriftart, Größe, Farbe und Platzierung der Elemente. Über das integrierte Rechtesystem wird jeweils der Grad der Änderbarkeit eingestellt.

Nach dem Einloggen in trivet.net 2008 bekommt der Benutzer eine Übersicht über die zur Verfügung stehenden Produkte, in diesem Fall Briefbogen, Broschüren, Einladungskarten, Visitenkarten, Produktblätter und Newsletter.

Bei den Broschüren besteht jedoch keine Möglichkeit, diese zu personalisieren. Hier werden druckreife PDF-Dokumente erwartet. Öffnet man dagegen eine Einladungskarte zur Individualisierung, eröffnet sich das ganze Leistungsspektrum von

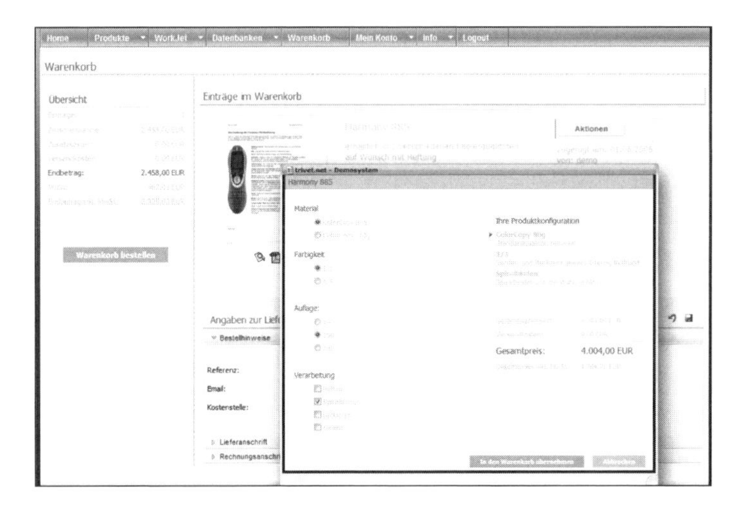

trivet.net ermöglicht auch die Kalkulation von Druckpreisen etc..

trivet.net 2008. In einer Flex-ähnlichen WYSIWYG-Oberfläche lassen sich alle möglichen Änderungen ohne Umwege vornehmen. Dazu klickt man in die blau hinterlegten Bereiche, die änderbare Felder anzeigen, und trägt die neuen Daten ein. Der Newsletter zeigt ebenfalls, was das System zu leisten vermag.

Neben dem Bearbeiten von Texten lassen sich auf Wunsch (und nach Klick) auch Bilder austauschen, die zuvor bei der Vorlagenerstellung als austauschbar markiert wurden. Zum Bildtausch greift das System auf eine Datenbank zurück. In der Demoversion sind eigene Uploads nicht möglich, in der Kaufversion steht diese Option aber zur Verfügung.

Nach dem Speichern des individualisierten Produktes steht dieses im persönlichen Archiv des Benutzers dauerhaft zur weiteren Verwendung zur Verfügung: entweder für eine erneute Änderung oder zum Bestellen über das (optionale) Shop-System. Nach dem Abschluss einer (möglichen) Freigabeprozedur wird die Bestellung an den Betreiber – also die Druckerei – gemeldet und die Produktionsdaten werden bereitgestellt.

Je nach Einsatz kann dies per E-Mail, per Download, Hotfolder-basierend oder als direkte Anlieferung an die Druckmaschine erfolgen. Parallel dazu werden kaufmännisch relevante Informationen entweder über die integrierte Rechnungsschreibung aufbereitet, an angeschlossene MIS übermittelt oder elektronische Jobtickets (JDF/Printtalk) angeboten. Der Kunde/Benutzer kann seine sämtlichen Transaktionen (Bestellungen, Rechnungen etc.) in seinem persönlichen Archiv jederzeit einsehen und gegebenenfalls neu verwenden.

Schaut man sich trivet.net genauer an, so ist man oft erstaunt wie leistungsfähig dieses System ist. Man darf jedoch die scheinbare Einfachheit nicht auf die leichte Schulter nehmen: Ein Blick ins Manual ist manchmal Gold wert. Wohl eines der vom Markt am meisten unterschätzen Systeme.

LeadPrint PrintLounge

Web-to-Print-Lösung der Klasse C.

Die LeadPrint PrintLounge ist ein Web-to-Print-Produkt der Firma Be.Beyond mit Sitz in Willich. Die Be.Beyond GmbH bietet neben der Web-to-Print-Suite auch eine Bild- und Mediendatenbank, ein CMS-System, einen Online-Shop und ist auch als

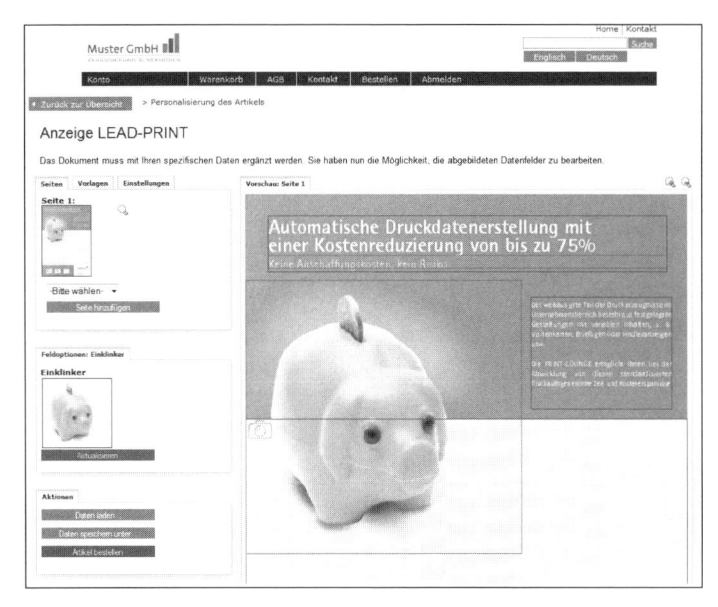

Sehr aufgeräumt bietet LeadPrint seine Web-to-Print-Funktionen an.

Dienstleister für Gestaltung, Marketing und e-Business tätig. Neben diesen Produkten ist die Web-to-Print-Lösung Print-Lounge jedoch die in der Industrie bekannteste Lösung.

LeadPrint PrintLounge gibt es seit 2001 und kommt heute bei über 400 Druckereien, Werbeagenturen und Druckdienstleister zum Einsatz, die wiederum mit dem System Kunden wie Banken, Finanzdienstleister und Versicherungen betreuen. Die Print-Lounge hilft dabei, eine Druckerei zu einer Online-Druckerei zu machen. Zu den bekanntesten Anwendern gehören Wella, Siemens und Carl Zeiss Sports Optics GmbH.

Die Funktionsweise der Print-Lounge erschließt sich sehr schnell, wenn man bereits andere Web-to-Print-Lösungen kennt. Da viele Druckerzeugnisse in Unternehmensbereichen aus festgelegten Gestaltungen mit variablen Inhalten bestehen (zum Beispiel Visitenkarten oder Briefbögen), erstellt man mit der Print-Lounge Vorlagen, die im System später den Kunden zur Verfügung stehen.

Auf den Punkt gebracht: Ein interessanter Ansatz, um Business zu generieren: Eine Druckerei lässt für ihre Kunden ein gehostetes System aufsetzen und lässt darüber dann Druckaufträge für das eigene Geschäft erzeugen.

Diese Vorlagen werden im firmeneigenen Corporate Design angelegt und können danach jederzeit aktualisiert und direkt in Auftrag gegeben werden – von jedem Computer mit Internet-Anschluss aus. Die Vorlage wird dabei mit den gewünschten Daten gefüllt, zum Beispiel eine Visitenkarte mit Name und Anschrift, und das LeadPrint-System erstellt daraus automatisch eine fertige Druckdatei zur sofortigen Produktion. Hierbei kommt PDFLib zum Einsatz. Da die Daten im System gespeichert bleiben, sind auch Nachdrucke und Lagerware jederzeit möglich. Der Vorteil eines Web-to-Print-Systems wie diesem ist, dass die Auftragsschritte „Auftragsvorbereitung“, „Druckvorstufe“, „Proof-Erstellung“ und „Kundenfreigabe“ zusammenhängend in einem System vorgenommen werden. Das ist schneller und weniger aufwändig als früher.

Die Print Lounge wird als Software-as-a-Service angeboten. Dieser Dienst wird auftragsgebunden berechnet. So kann man ohne finanzielles Risiko das System nutzen, da Kosten erst dann in die Unternehmenskalkulation einfließen, wenn man erste Aufträge damit abarbeitet. Gleichzeitig müssen sich Druckereien oder Agenturen so nicht um Updates kümmern, da diese automatisch durchgeführt werden.

Zusätzlich verspricht Be.Beyond, dass man LeadPrint auf Wunsch auf die individuellen Bedürfnisse anpasst und es ebenfalls in bereits bestehende Systeme (wie Datenbanken) einbindet. Die Kosten für sogenannte dynamische Artikel beträgt dabei für eine bestellte und generierte PDF-Seite 4,50 Euro sowie einen zusätzlichen Euro für jede Folgeseite. Dabei sind die Gebühren unabhängig von der Auflage sowie Größe der Druckerzeugnisse. Erstellt man also eine Visitenkarte mit einer 100er Auflage, zahlt man nur ein Mal für die Erstellung der PDF-Seite. Individu-

Auch komplexe Dokumente können via LeadPrint realisiert werden, wie hier im Beispiel der Firma Zeiss.

LeadPrint realisiert auch größere Web-to-Print-Projekte für Konzerne.

elle Mailings sind dadurch aber relativ teuer, weil man faktisch ein Mailing pro Adresse erstellt. Abrufartikel, wie Nachbestellungen kosten 50 Cent pro Artikel und Bestellung. Bei mehr als 300 Aufträgen pro Monat bietet Be.Beyond Unternehmen spezielle, angepasste Tarife auf Nachfrage an.

Zusätzliche Funktionen

Neben den klassischen Web-to-Print-Funktionen liefert die Print-Lounge ein komplettes Warenwirtschaftssystem mit, das über umfangreiche Auswertungsfunktionen verfügt. Damit erhält man wichtige Daten über Kunden und Aufträge. Das ermöglicht zusammen mit dem Warenwirtschaftssystem eine hohe Kontrolle über Aufträge.

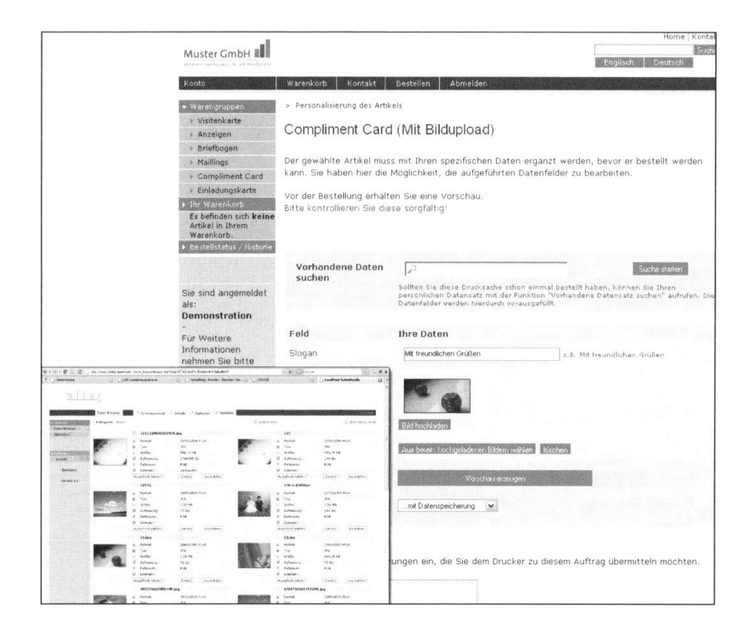

Beispiel für den Upload von Bildern – die Anwendung lässt sich schnell und leicht erlernen.

Zusätzlich besteht die Chance, komplett eigenständig Preise und Lieferzeiten zu gestalten, was genug Spielraum für jede Art von Druckerei, Druckdienstleister oder Agentur liefert.

Workflow am Beispiel einer Anzeige

Mit dem interaktiven Editor wird eine Anzeige erstellt. Dazu loggt sich der Benutzer zuerst in das System ein (eine Demo-Funktion ist über die Webseite von Be.Beyond zugänglich). Nach dem Einloggen sieht der Kunde die zur Verfügung stehenden Warengruppen. Hier wählt man eine Anzeige aus und öffnet den Editor. Die editierbaren Bereiche werden durch einen Kasten kenntlich gemacht, die Farbe dieser Rahmen lässt sich frei definieren. Dabei sehen Grafik- und Textrahmen jedoch gleich aus, in Grafikrahmen deutet ein kleines Kamera-Symbol darauf hin, dass hier Grafiken eingefügt werden. Wählt man einen Grafikrahmen aus, so bietet der „Einklinker" die Möglichkeit, Grafiken aus einer bestehenden Datenbank auszuwählen und in das Dokument einzufügen. Dabei wird das Bild durch einen Klick ausgewählt und automatisch skaliert und an den Kasten angepasst. Auch können eigene Bilder hochgeladen werden.

Die Anpassung von Text gestaltet sich ebenfalls einfach. Hierzu wählt man den entsprechenden Rahmen aus und kann im linken Bereich des Editors nun den Text ändern oder komplett neuen Text hinzufügen. Die Größe und Schriftart werden bereits bei der Vorlagenerstellung festgelegt, so dass die Unternehmens-CIs genau eingehalten werden, wenn man die Vorlagen entsprechend vorbereitet. Nachdem man den Text geändert oder eingestellt hat, führt ein Klick auf „Aktualisieren" zur aktualisierten Ansicht. Gibt man zu viel Text ein – und sprengt damit den festgelegten Rahmen – gibt der Editor eine Warnung. Man hat hier also keine WYSIWYG-Umgebung sondern, arbeitet mit einem formularbasierten Editor, der aber einfach zu bedienen ist.

Eine weitere nützliche Funktion ist die Möglichkeit, die bearbeitete Vorlage zwischenzuspeichern, so dass man die Arbeit auf Wunsch später fortsetzen kann. Ist man mit dem Artikel zufrieden, kann man ihn bestellen und erhält ein Vorschau-PDF als SoftProof. Ist dieser den Wünschen entsprechend, kann man das Dokument in den Warenkorb legen und gibt den Auftrag in Bestellung. Im Anschluss daran wird die druckfertige PDF-Datei erstellt und in den Druck gegeben. Die Auslieferung der fertigen Daten erfolgt dann an eine im Bestellprozess eingegebene Adresse. Zusätzlich kann man sich den Bestellstatus ansehen sowie eine Bestellhistorie und damit Nachbestellungen ausführen. Weitere Möglichkeiten neben der Anzeigenerstellung sind Visitenkarten, Grußkarten, Briefbögen, Mailings und Einladungskarten.

print4media

Der deutsche Softwarehersteller und Projektdienstleister diron bietet seit 1991 Software-Lösungen zur Automatisierung von Publishing Workflows und Integration von (Online-) Geschäftsprozessen an. Bis zum Jahr 2001 sammelte diron viel Erfahrung in professioneller Modellierung, Design und Implementierung von Datenbankanwendungen durch das Projektgeschäft, bei dem Individuallösungen meist für internationale Konzerne, wie beispielsweise die Deutsche Post oder die Bertelsmann-Tochter Arvato, entwickelt wurden.

Web-to-Print-Lösung der Klasse C/D.

Das Unternehmen spezialisierte sich auf die automatische und dynamische Erstellung von Dokumenten und entwickelte dafür eine eigene Technologie. So begann diron im Jahr 2001 damit, seine Softwarelösungen zu standardisieren und veröffentlichte 2004 schließlich die Anwendung print4media. Die jüngste Entwicklung des Unternehmens ist die Integration in die CeWe Color Gruppe. Dadurch konnte diron seine Entwicklungskapazitäten ausweiten.

Auf den Punkt gebracht: Intelligente Warenkorbsysteme geben den Endkunden volle Kostentransparenz. Wer mit flexiblen Preismodellen, mit Staffelpreisen, Rabattierungen u.ä. im Markt agiert, sollte deshalb sein besonderes Augenmerk auf eine sorgfältige Implementierung im Warenkorbsystem einer Web-to-Print-Lösung legen.

Zuerst waren die Softwareangebote noch Individuallösungen, aber mittlerweile sind die Produkte unter dem Namen print4media in einer einheitlichen Modulbauweise zu bekommen. Diese Module erlauben eine schnelle, weitere Anpassung und Erweiterung der individuellen Lösungen für die Kunden. Sie sind für die intelligente Abwicklung online individualisierter Druckaufträge aller Art gedacht, wie etwa für Werbemittel, Standarddruckprodukte oder das Direktmarketing. Sie basieren auf einer Art Shopsystem mit intelligenter Warenkorbfunktion, bei dem der Kunde am Ende eine genaue Auflistung der bestellten Druckprodukte erhält und diese dann als druckfertiges PDF an ein Dienstleistungsunternehmen zur Fertigung schicken kann.

Intelligent kann man das System deshalb nennen, weil der Warenkorb je nach Produktauswahl ein anderes Abrechnungsprinzip anbietet, das der Administrator vorher festlegen kann. Beispielsweise sind Staffelpreise, eine vordefinierte Mengensteigerung oder auch automatische Einrechnung der Mehrwertsteuer möglich. Zu dirons Kunden zählen Unternehmen wie zum Beispiel die Deutsche Post, die Bertelsmann-Tochter Arvato, die Allianz-Versicherung oder die Messe Düsseldorf. Aber auch Dienstleister wie etwa Drescher Druck & Dienstleistung, Mediahaus Bierig oder Grundewald. Durch diese Mischung von reinen Firmenkunden und reinen Dienstleistern entstand auch die Aufsplittung der print4media-Produktgruppen, die später noch genauer erläuert werden.

Als Frontend nutzt das Unternehmen HTML und DHTML. Das hat den Vorteil, dass der Nutzer keine Applets oder Plug-Ins benötigt. diron setzt als Backend eine Java-Server-Anwendung mit diron.technology ein, einer Verbindung von Datenbanken, „intelligenten" Programmen und der Erzeugung und Verarbeitung von PDF. Im Mittelpunkt dieser automatisierten Lösungen für die Dokument- und Druckvorlagenherstellung steht die diron.technology als Kerntechnologie.

Zur Berechnung der PDFs wird eine von diron stark angepasste PDFlib genutzt und teilweise XSL:FO. Auch hier wird XSL:FO durch eine Weiterentwicklung mit eigener Technologie zum Beispiel für die Ausgabe von Spotfarben ergänzt, was im normalen Umfang von XSL:FO nicht möglich ist. Wie bei anderen Lösungsanbietern auch, gibt es bei diron die Möglichkeit, die Lösung mit allen vier Modulen als Lizenz zu erwerben, die als Standardversion 25.000 Euro kostet. Die Lizenz ist nicht benutzer- oder transaktionsbeschränkt und kann unbegrenzt die Shops oder Portale verwalten. Bei den diron-Kunden liegt die Zahl der Nutzer pro Lizenz im Schnitt bei etwa 20-30. Zusätzliche Lizenzen werden vergünstigt angeboten.

Auf den Punkt gebracht:
Wenn Kunden ergänzende Technologien und Anwendungen benötigen, dann sollte man hierfür auf die besten und die verbreitesten setzen. Auf diese Weise erhält man sich wettbewerbsfähig und mindert nicht die Qualität der eignen Leistung.

diron setzt auf die „best-of-breed-Strategie". Sie besagt, dass der beste Ansatz ergänzender Technologien und Systeme, zum Beispiel von den Firmen Pageflex Inc. oder auch DirectSmile, integrierbar sein muss, wenn der Kunde es wünscht. Damit entfällt für den Kunden die Festlegung auf ein bestimmtes System. Trotz der unterschiedlich integrierbaren Systeme bleiben die leichte Benutzerführung und das einheitliche diron-System erhalten.

Grundsystem

print4media ist eine multilinguale Baukastenlösung mit mehreren Modulen. Sie ist unterteilt in eine Standard- und eine Enterprise-Ausführung und spricht unterschiedliche Zielgruppen mit unterschiedlichen Erwartungshaltungen und Interessenslagen an. Während die eine Gruppe, in der Regel Druckdienstleister, mit dem System Geld verdienen möchte, will die andere Gruppe der Unternehmenskunden, damit Kosten und Ressourcen sparen.

Auf den Punkt gebracht: Web-to-Print-Lösungen bringen unterschiedlichen Zielgruppen unterschiedlichen Nutzen. Anbieter, die unterschiedliche Versionen für unterschiedliche Anforderungsprofile im Programm haben, genießen Wettbewerbsvorteile.

Die Standard-Ausführung ist dementsprechend eher für Druckdienstleister, Druckereien oder Agenturen ausgelegt, die Enterprise-Ausführung hingegen für den internen Einsatz in Konzernen oder Unternehmen. Dies können neben Marketingabteilungen auch Hausdruckereien sein. Des Weiteren enthält die Enterprise-Ausführung die Pro-Versionen der folgenden Produkte innerhalb des print4media-Baukastens:

Template-Editor

Damit der Kunde nicht mehr lange seine Produktgruppen im Portal programmieren muss, integriert diron seinen Template-Editor, der die komplette Oberfläche ohne jegliche Programmierkenntnisse des Nutzers je nach Produktwahl automatisch erstellt und anpasst.

Dabei legt der Kunde eine neue Produktgruppe als Template mit allen notwendigen Vorgaben und Feldtypen an, beispielsweise bei Visitenkarten mit Name, Telefon oder E-Mail. Der Editor generiert daraus eine voll funktionsfähige HTML-Oberfläche mit den richtigen Verknüpfungen zum Warenkorb und unter Berücksichtigung der Rechte einzelner Benutzer. Die Vorlage ist dann innerhalb des Systems online verfügbar und kann schrittweise befüllt und bestellt werden.

Vorlagen können außerdem in den gängigen Layoutprogrammen wie Adobe InDesign oder QuarkXPress erstellt werden. Im sogenannten Vorlagendesigner legt man die individualisierbaren Felder fest sowie die Format-, Satz- und Layoutregeln, wie etwa die festen Vorgaben für Trennungen in Telefonnummern.

Corporate Print

Auch hier geschieht die Auswahl der Produkte über einen Assistenten. Die komplette Oberfläche wurde nicht manuell programmiert, sondern über den diron-eigenen Template-Editor automatisch nach der fertigen Vorlagengestaltung erstellt.

Hat der Kunde seine Eingaben gemacht, erhält er aus rechtlichen Gründen immer eine PDF-Vorschau. Damit wird verhindert, dass er das Produkt bestellt, ohne vorher einen Korrekturabzug

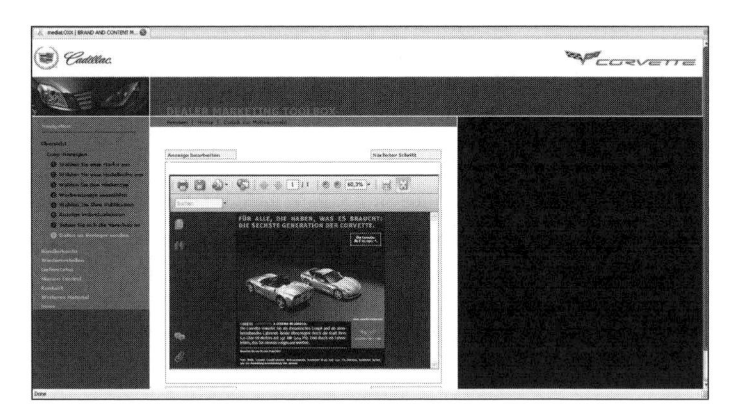

Cadillac nutzt die diron-Anwendungen für das Händlermarketing.

gesehen zu haben. Die PDF-Vorschau wird durch die eigene Render-Engine erstellt, die komplett die dynamischen Layoutänderungen CI-konform umsetzt.

Direktmailing

Mailing Easy ist ein Direktmailing-Modul zur einfachen Erstellung von personalisierten Mailings. Ein Assistent hilft, die Vorgaben für die richtige Adressierung einzuhalten, Datensätze zum Beispiel aus Excel zu importieren und fehlerhafte Datensätze anzuzeigen.

Auf den Punkt gebracht:
Bei Direktmailings bringt Web-to-Print erhebliche Produktivitätsgewinne. Für die Anbieter entsprechender Lösungen ist der Komplexitätsgrad der dazugehörigen Prozesse sehr hoch. Der Kundennutzen ist es aber auch.

Bei der Bestellung wird über das System im Warenkorb eine Kostenschätzung aufgrund der eingeflossenen Adressen erstellt und dem Kunden die Seiten als PDF-Vorschau angeboten. Optional können noch Konfektionierbeilagen definiert werden, die online ausgewählt werden. Sie werden mit den dazugehörige Staffelpreise und den geschätzten Porto-Pauschalpreisen angezeigt. Das schafft Transparenz.

Die Pro-Variante kostet einzeln 15.000 Euro und bietet mehr Möglichkeiten der variablen Personalisierung innerhalb beliebiger Stellen im Dokument an. Sei es eine reine Text- oder auch Bildpersonalisierung, wie zum Beispiel variable Fotos von Mitarbeitern oder deren Unterschriften.

On-Demand-Lagerhaus

Der Begriff Warehouse kann als virtuelles On-Demand-Lagerhaus übersetzt werden, da hier die Möglichkeit besteht, schon einmal gedruckte oder vorproduzierte Produkte einzustellen, die der Kunde dann auf Anfrage bestellen kann. Die Werbemittel, Standarddrucksachen oder ähnliche Logistikprodukte werden später wieder im intelligenten Warenkorbsystem aufgeführt. Die unterschiedlichen Abrechnungsmethoden stehen in Relation zur Produktauswahl

Auch hier bietet die Pro-Version mehr Möglichkeiten, wie zum Beispiel die benutzergeführte Variantenwahl unterschiedlicher Formate und Ausführungen der einzelnen Produkte. Sie kostet 5.000 Euro.

Lösungen für Kunden

Auf den Punkt gebracht: Situationsanalysen und Machbarkeitsstudien sind zwingende Voraussetzung für sinnvolle Kundenlösungen.

Die von diron entwickelte Technologie steht bei der Dokument- und Druckvorlagenherstellung im Mittelpunkt. Sie ermöglicht die Verbindung von Datenbanken, „intelligenten" Programmen mit der Erzeugung und Verarbeitung von PDF-Dateien. Das Basisprodukt print4media wird in einer Modulbauweise angeboten. Es sorgt für die Online-Abwicklung von Druckaufträgen wie zum Beispiel Werbemittel, Standardprodukte oder Produkte für das Direktmarketing.

Das Basisprodukt print4media beinhaltet einen kompletten Webshop, der für Massendrucksachen mit individualisierbaren Inhalten geeignet ist. Das Produkt ist als Standardpaket erhältlich, kann aber auch individuell nach Wunsch auf den Kunden zugeschnitten werden.

diron bietet seinen Kunden eine umfassende Beratung inklusive einer Machbarkeits- und Prozessanalyse sowie die Entwicklung von Web-to-Print-Lösungen, Hosting, Produktion an 15 Standorten in Europa und Logistik. Dieses Angebot richtet sich hauptsächlich an Großunternehmen und Konzerne, print4media ist weiterhin für kleine und mittlere Unternehmen verfügbar.

Kosten

Die Kosten für Web-to-Print-Lösungen sind sehr unterschiedlich in Abhängigkeit von den in Anspruch genommenen Leistungen. Dabei reichen die Angebote von reinen Lizenzmodellen bis hin zur Nutzung von Web-to-Print-Komplettdienstleistungen.

Beispielsweise kostet das Basisprodukt mit seinen Modulen 25.000 Euro in einer Standard-Version. Rechnet man eine Design-Anpassung des Portals und Schulungen dazu, beläuft sich der Preis laut diron auf 30.000 Euro. Weitere Anpassungen lassen den Preis zusätzlich steigen. So kann er bei einer individuellen Variante bis zu 85.000 Euro betragen, wobei es sich hierbei um Anpassungen an SAP oder Abrechnungssysteme handelt.

Mit dieser Lösung kann der Kunde immer noch selbst Vorlagen und individualisierbare Templates erstellen. Nutzt er diese Möglichkeit, amortisiert sich die Investition sehr schnell, beispielsweise bei einer CI-Änderung bereits nach 3.000 bis 4.000 Bestellungen innerhalb des Unternehmens.

diron-Lösung im Einsatz bei Cadillac

Cadillac vertreibt mit über 250 Vertragshändlern in über 20 Ländern Europas Automobile der Marke Cadillac, Chevrolet und Corvette. diron realisierte ein Online-Marketing Portal, in dem Vertragshändlern oder Mitarbeitern vorgestaltete Produktanzeigen zur Verfügung gestellt werden und individualisiert werden können. Dazu sind keine fachlichen Kenntnisse erforderlich. Die Vorlagen sind so konzipiert, dass sie nur zu einem bestimmten Maß verändert werden können. Eine CI-gerechte Anzeige kann damit schnell und einfach erstellt werden.

Das Besondere an dieser Lösung ist, dass die Produktanzeigen unproportional skaliert werden können. Das ist vorteilhaft bei der Adaption der Anzeigen an verschiedene Formate. So wird nur ein Template für verschiedene Zeitungstitel benötigt. Eine weitere Besonderheit ist die Integration von Quickcut, eines international tätigen Dienstleisters für digitale Übermittlung von Anzeigendaten.

Die Quickcut Datenbank enthält alle Informationen zu den technischen Anforderungen für Druckunterlagen fast aller deutscher und vieler europäischer Zeitungspublikationen. Zunächst wählt der Händler im Online-Marketing-Portal die Marke und die Modellreihe des Automobils, das beworben werden soll, und legt den Medientyp sowie das Format an. Abhängig von diesen Einstellungen werden ihm die zur Verfügung stehenden Anzeigenmotive angeboten. Zusätzlich wählt der Händler den Titel

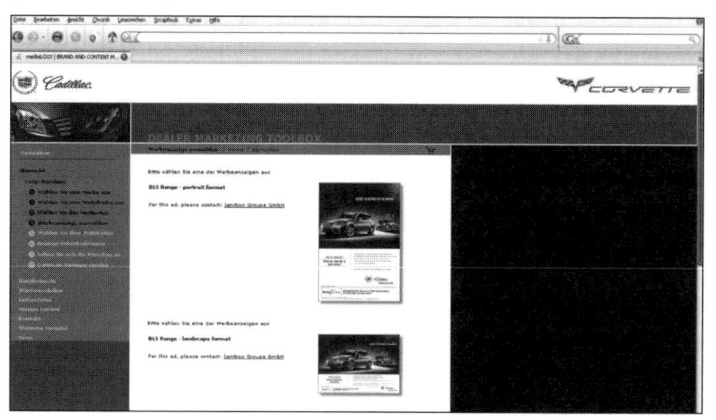

Im Beispiel können Händler eine Anzeige auswählen und selbst individualisieren.

aus, in dem er eine Anzeige gebucht hat. Über den Quickcut Server stellt das System alle notwendigen Informationen für die Druckunterlagen zur Verfügung. Sobald der Händler die notwendigen Parameter und die technischen Einstellungen für die Anzeige festgelegt hat, kann er sie innerhalb des Templates individualisieren. Dabei ist das Template mit seiner Firmierung, der Adresse und dem Firmenlogo vorbefüllt. Die von Cadillac vorgegebene Kombination aus Überschrift und Fließtext kann beibehalten werden oder der Händler integriert eigene Texte und Preisinformationen in die Anzeige.

Verändert der Händler die von Cadillac vorgegebenen Texte, ist ein Freigabeworkflow integriert, bei dem der regionale Marketingleiter des Herstellers die individualisierte Produktanzeige überprüfen kann. So wird die Einhaltung der CI/CD-Vorgaben von Cadillac gewährleistet.

Zur Überprüfung kann jederzeit ein Vorschau-PDF generiert und abgerufen werden. Ist der Händler schließlich mit der Anzeige zufrieden, kann er sie an den jeweiligen Verlag senden und den Status der Auslieferung online verfolgen.

Mithilfe des Online-Marketing-Portals sorgt Cadillac für einen CI/CD-gerechten Aufbau aller Produktanzeigen. Die Händler nutzen ausschließlich Motive, die der Hersteller in seinen Image-Anzeigen oder auf der Webseite einsetzt. Dennoch kann die Anzeige von Händlern und Mitarbeitern ohne Design-Kenntnisse individualisiert und beispielsweise auf lokale Gegebenheiten angepasst werden. Das System ist mehrsprachig ausgelegt und berücksichtigt auch regionale Anforderungen an das Marketingportal.

diron-Lösung für die Allianz Lebensversicherungs-AG

Die Allianz Lebensversicherungs-AG bietet ihren Maklern seit Juli 2008 das neue Kampagnen-Center Leben von diron an, mit dem die Erstellung von Print-on-Demand-Mailings unterstützt wird. Im Center werden vorbereitete Mailing-Aktionen bereitgehalten, die dort von freien Vermittlern kostenlos in Auftrag gegeben werden können.

Allianz Leben stellt für jede Mailing-Aktion Textvorschläge zur Verfügung. Der Makler hat die Möglichkeit diese zu individualisieren und zusätzlich sein Firmenlogo und seine Unterschrift in das Mailing zu integrieren. Auch die Nutzung des eigenen Briefpapiers kann veranlasst werden.

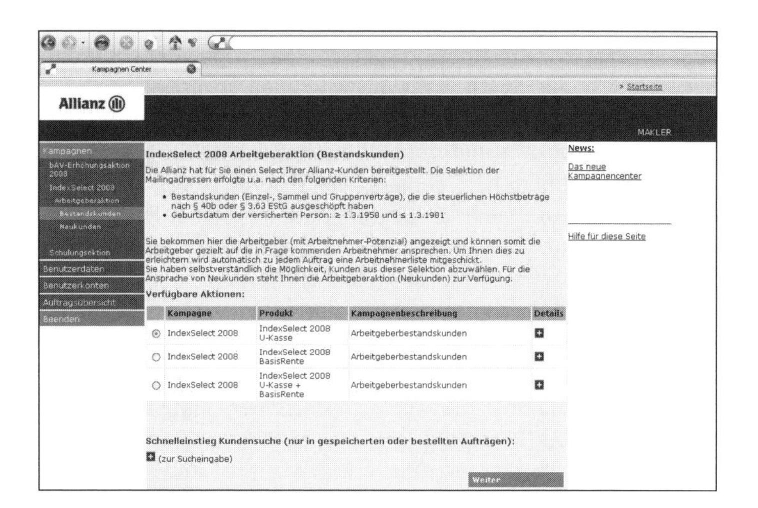

diron erstellte für die Allianz ein komplettes Kampagnen-Tool.

Anschließend druckt die Allianz die Mailings und fügt einen Produktflyer hinzu. Die Mailings werden kuvertiert an den bestellenden Makler oder nach Wunsch auch direkt an die angeschriebenen Personen versandt. Die Beauftragung der Mailings ist für Allianz-Makler kostenlos. Gespeicherte und bereits ausgeführte Jobs können jederzeit wieder abgerufen werden. Durch die Kunden-Suchfunktion werden Doppelbriefe vermieden.

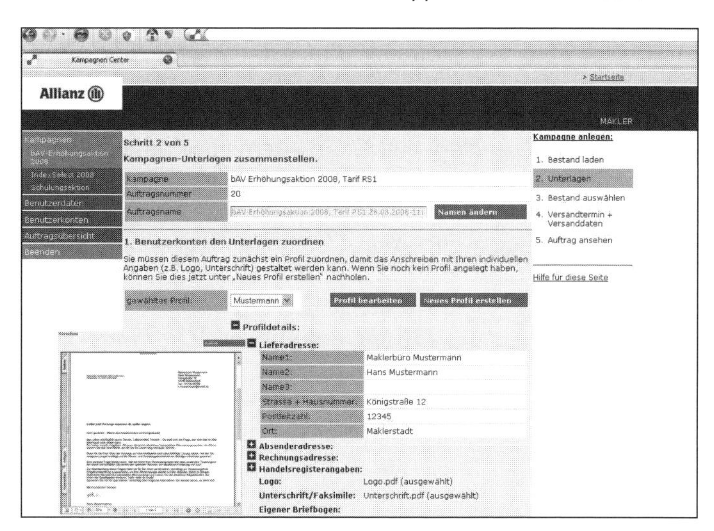

Im Kampagnen-Center können Allianz-Mitarbeite ihre Kampagne planen und durchführen.

Das Kampagnen-Center Leben unterstützt den Makler in seinem Tagesgeschäft. Durch das einfach zu bedienende Tool kann er schnell und flexibel neue Aktionen durchführen. Allianz Leben nutzt print4media mit seinen Pro-Modulen und erhielt damit eine auf den individuellen Bedarf angepasste Lösung, die noch erweiterbar ist.

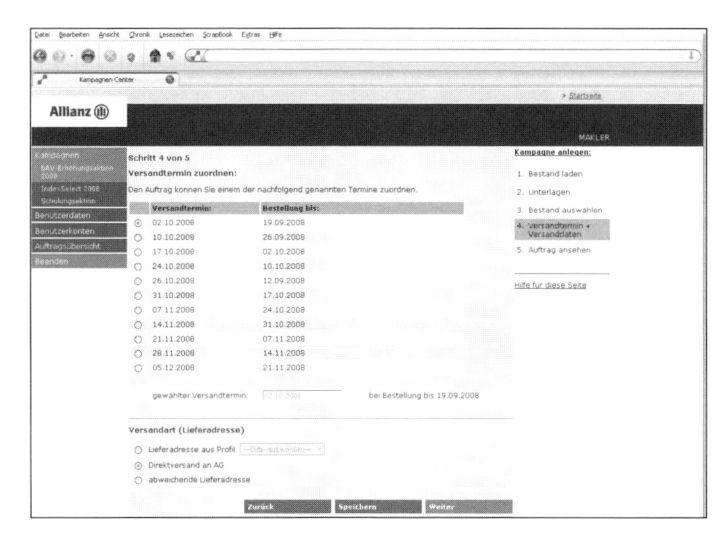

Bis hin zur Beauftragung für den Versand lässt sich das Tool einsetzen.

diron im Einsatz bei der Versandapotheke Europa Apotheek Venlo

Die Versandapotheke Europa Apotheek Venlo ist eine in den Niederlanden ansässige Apotheke, die einen Bestell- und Abholservice für apothekenpflichtige Medikamente anbietet. Die Apotheke nutzt eine Web-to-Print-Lösung von diron, um Arzneimittelkataloge zu erstellen. Ziel war es, diese Arbeit Mitarbeitern ohne Grafik- oder Medienproduktionskenntnisse zu ermöglichen. Die Lösung wird gemeinsam von Mitarbeitern der Fachabteilung und von der zuständigen Werbeagentur für die Katalogerstellung genutzt. Die intuitive Benutzerführung ermöglicht die Katalogerstellung ohne Design-Kenntnisse. In wenigen Schritten wird ein Katalog angelegt, in Rubriken eingeteilt und Seitenzahlen generiert. Über ein vorgefertigtes Template kann das Seitenlayout des Katalogs bestimmt und eine Vorschau angezeigt werden.

Strategie-Tipp: Durch leichte Bedienbarkeit von Web-to-Print-Lösungen können diejenigen, die das Fachwissen für die Inhalte haben, direkt mit dem System arbeiten. Das spart Korrekturschleifen und erhöht die inhaltliche Qualität.

Das Katalog-System für die Europa Apotheek ermöglicht die strukturierte Zusammenstellung von Printkatalogen.

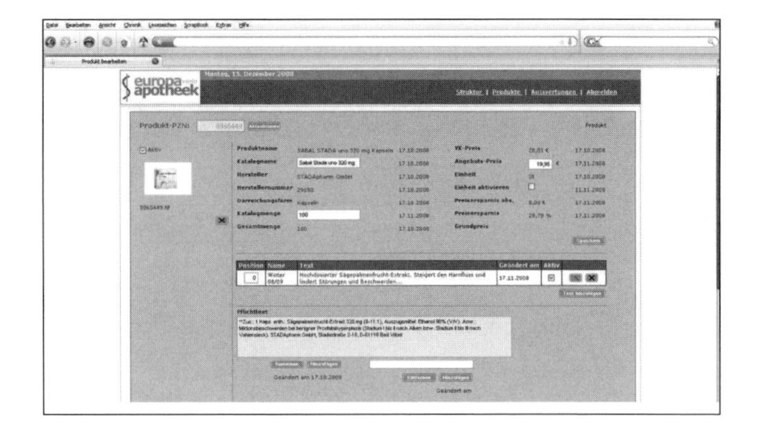

Jedes einzelne Produkt wird im System erfasst und mit entsprechenden Text- und Bilddaten versehen.

Der so erstellte Katalog wird der Werbeagentur als QuarkXPress Datei über die Weboberfläche zur Verfügung gestellt. Diese kann nun das Layout anpassen und gegebenenfalls korrigieren. Dabei kümmert sich die Agentur nur um die Gestaltung des Katalogs, da die Inhalte bereits von der Fachabteilung präzise formuliert sein müssen. Zum Abschluss überprüft die Fachabteilung der Apotheke nochmals das Ergebnis und gibt das druckfertige PDF an die Druckerei weiter.

Die Web-to-Print-Lösung ermöglicht es den Mitarbeitern der Apotheke, Inhalte wie Plicht- oder Werbetexte selbständig in einem neuen Katalog zu erstellen. Zusätzlich wird der Abstimmungsbedarf zwischen Apotheke und Werbeagentur reduziert, so dass laut diron eine signifikant Kosten- und Zeitersparnis erzielt wird.

Die Vorschau ist als „Flip-Book" realisiert und vermittelt einen Eindruck wie das Printprodukt aussehen wird.

BrandMaker

Web-to-Print-Lösung der Klasse D/E.

BrandMaker wird von der 1999 gegründeten BrandMaker GmbH (vormals pi-consult gmbh) mit Hauptsitz in Karlsruhe hergestellt und vertrieben. Das Kerngeschäft von BrandMaker ist die Beratung, Herstellung und Implementierung von Software-Lösungen zur Marketingprozess-Optimierung (MPO) und zum Marketing Resource Management (MRM). Knapp 140 Experten für Marketing, Softwareentwicklung, Prozessberatung und Implementation arbeiten für mehr als 100 Kunden aus den verschiedensten Branchen.

Das Marketing Resource Management System BrandMaker ist komplett webbasiert und modular nach dem Baukastenprinzip aufgebaut. Es bietet ein Web-to-Print-Modul mit vollem Funktionsumfang, das durch die Anbindungsmöglichkeit sowohl an den QuarkXPress als auch den Adobe InDesign Server Vorlagen beider DTP-Programme verarbeitet.

Auf den Punkt gebracht: Ist Web-to-Print Bestandteil eines kompletten Marken-Managementsystems, dann sind Module für Automatisierung und Auswertung von Marketingaktionen unverzichtbar.

Darüber hinaus enthält das BrandMaker Marketing Toolkit eine breite Palette an weiteren Modulen für Marketingprozess-Optimierung und Marketingautomatisierung: Von strategischen Modulen (zum Beispiel Marken-Scorecards und Marktforschungstools) über Mittel-Management Lösungen (zum Beispiel Software für die Marketing Planung und Budgetierung) bis hin zu operativen Modulen (wie das oben genannte Web-to-Print, Media Asset Management, Event Planung und Online Marketing).

Lösungen für Kunden

Die modulare Baukasten-Struktur des Systems ermöglicht ein Zuschneiden der Gesamtlösung auf die Bedürfnisse der einzelnen Kunden. BrandMaker wird beispielsweise in der Finanzbranche bei der Commerzbank und DekaBank eingesetzt, in der Energiewirtschaft bei EnBW, in der Automobilbranche bei Opel sowie bei der Unternehmensberatung Ernst & Young. BrandMaker bietet Lösungen für jede Unternehmensgröße: von kleinen und mittleren Unternehmen (KMU) bis hin zu Konzernen.

Produktvarianten

BrandMaker adressiert mit seinen Lösungen folgende Segmente:

BrandMaker Enterprise kommt bei mittelständischen und großen Unternehmen als zentrale Marketingplattform zum Einsatz.

Dezentrale Einheiten wie Händler, Niederlassungen und Franchises werden integriert. Über BrandMaker wird die Kampagnenplanung, -steuerung und -umsetzung abgewickelt. Speziell im Medienmanagement-Bereich können Unternehmen durch den Einsatz des BrandMaker Medienpools und Web-to-Print-Moduls Einsparungen bei der Bereitstellung und Individualisierung von Print-Medien wie Anzeigen, Broschüren, Geschäftsausstattung etc. vorweisen.

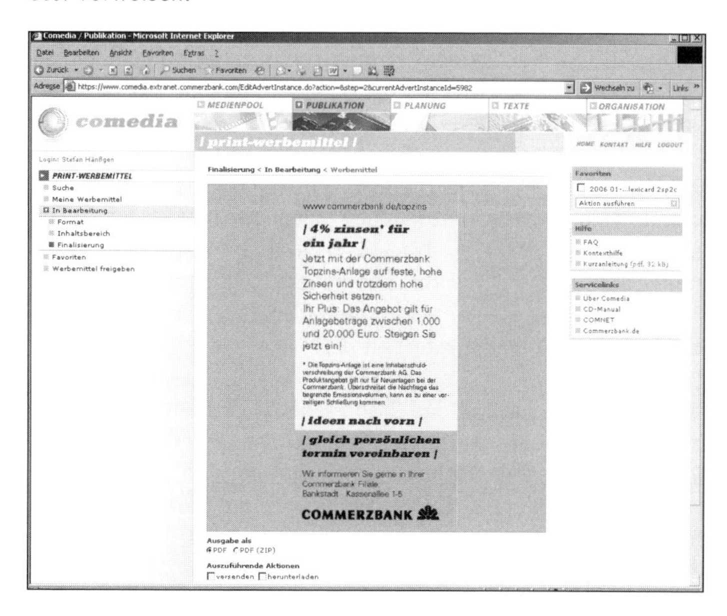

Komplexe Brandmanagementsysteme sind die Kernkompetenz von BrandMaker – hier ein Beispiel von der Commerzbank.

BrandMaker Print & Agency richtet sich als ASP-Lösung speziell an Druck- und Mediendienstleister sowie Agenturen, die für ihre Kunden Mehrwertdienste im Bereich des Medienmanagements bieten möchten. Sie verwalten und erstellen die Medien ihrer Kunden auf der zentralen BrandMaker Medienmanagement-Plattform. BrandMaker Print & Agency ist sofort webbasiert einsetzbar und erfordert zur Nutzung keine lokale Installation oder Anpassung.

Auf den Punkt gebracht: Wesentlicher Vorteil von ASP-Lösungen und Software-as-a-Service: Sie können vom Anbieter zentral gewartet werden und die Kunden erhalten in der Regel ohne technischen Mehraufwand eine sofort einsetzbare Lösung.

BrandMaker Marketing Planer SaaS adressiert KMUs als schlanke Software-as-a-Service-Version des BrandMaker Marketingplaners. Die Lösung bietet umfassende Funktionen für die Marketingplanung und –budgetierung sowie Projektmanagement und Reporting zu einem monatlichen Preis von 9,90 Euro.

Praxisbeispiel: BrandMaker bei der DekaBank

Die DekaBank, zentraler Asset-Manager der Sparkassen-Finanzgruppe, entschied sich für den Aufbau einer zentralen, webba-

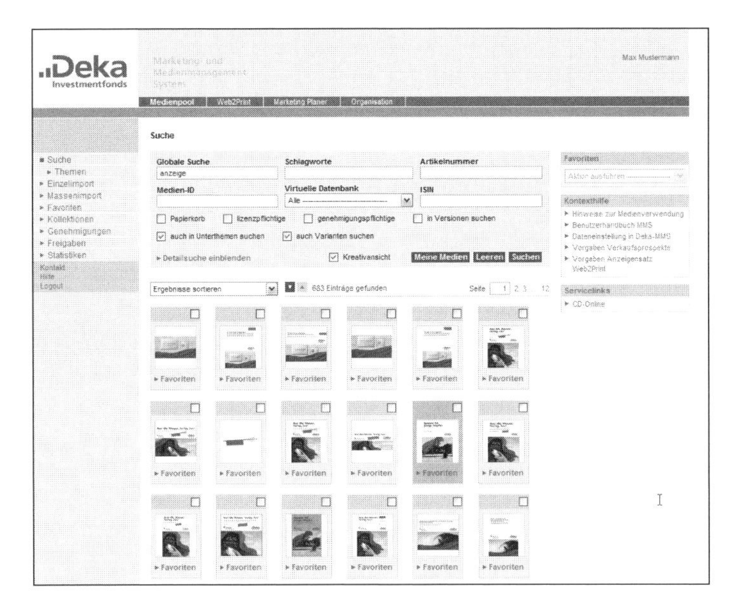

Das Marketing- und Medienmanagementsystem der DeKa Investmentfonds startet mit einem Überblick über alle Dokumente.

sierten Marketing- und Medienmanagement-Plattform. Das Ziel: Neben der Prozessoptimierung bei der Medienerstellung und -verwaltung sollte die effiziente Versorgung der Vertriebspartner mit qualitätsgesicherten und individualisierbaren Werbe- und Einsatzmitteln möglich sein. Eingesetzt werden dafür der Medien Pool, das Web-to-Print-Modul Medien Management, der Marketing Planer sowie das Shop-Modul von BrandMaker.

Das Media Asset Management erledigt die DekaBank mit Hilfe des BrandMaker Medien Pools. Er ist die zentrale Datenbank

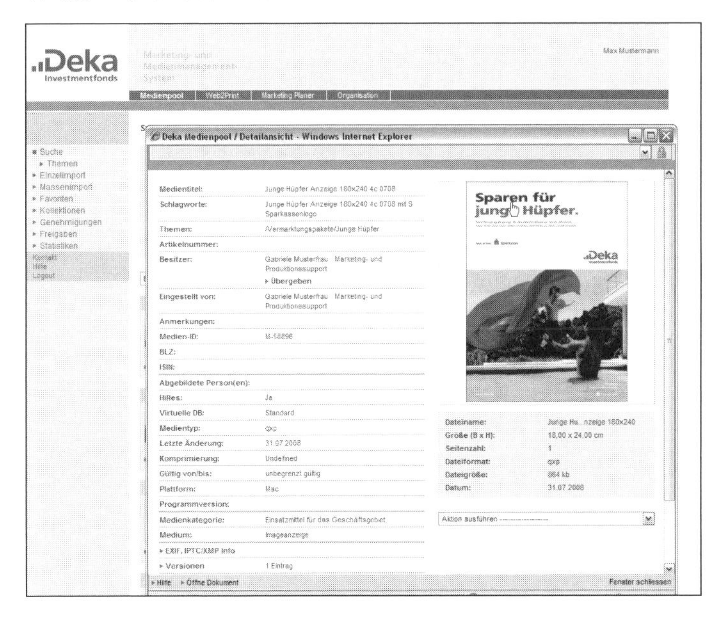

Öffnet man ein Dokument, hat man sofort den Überblick über alle Metadaten.

für alle DekaBank-Medienobjekte und Printvorlagen und bietet vielfältige Funktionen für das einfache und intuitive Arbeiten mit dem System: Der Medien Pool generiert für alle Dateien eine Vorschau, die Dateien werden automatisch ins benötigte Format konvertiert und der Medien Pool Connector ermöglicht das schnittstellenfreie lokale Editieren von Medienobjekten und die anschließende Datei-Aktualisierung in der Datenbank. Für die einfache Datenpflege steht neben dem Einzelimport von Medienobjekten (Bilddaten, Dokumente, DTP-Dateien etc.) eine Massenimport-Funktion für ganze Verzeichnisse zur Verfügung. Dabei werden alle Metadaten bereits beim Hochladen automatisch vom System erfasst.

Auf den Punkt gebracht:
In Datenbanken verwaltete und bereitgestellte Media Assets können für alle Benutzer stets aktuell und verbindlich vorgehalten werden.

Das Web-to-Print-Modul Medien Management von BrandMaker setzt die DekaBank ein, um Zeit- und Kostenvorteile bei der Individualisierung von Printmedien für einzelne Sparkassen zu realisieren. Dabei vertraut die DekaBank sowohl auf den QuarkXPress Server als auch auf den Adobe InDesign Server, das heißt in BrandMaker können Vorlagen auf Basis beider DTP-Programme erstellt, verwaltet und für Printmedien verwendet werden. BrandMaker bietet als Partner beider Hersteller eine problemlose Anbindung an beide Serverprodukte an.

Die Vorlagen werden nach wie vor vom Mediengestalter im DTP-Programm erstellt und anschließend in BrandMaker importiert. Dort liest eine Art Scan-Mechanismus die vorhandenen Objekte aus, die dann mit Regeln belegt werden können. Der Vorlagen-

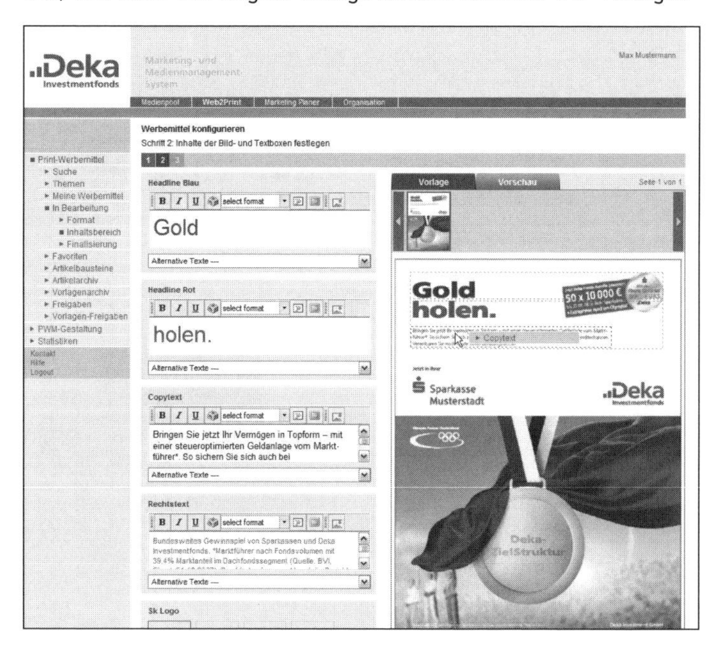

Die Manipulation von Dokumenten ist sehr einfach via HTML-Interface und Editor gelöst. Hinzu kommt eine neue Live-Preview-Funktion.

manager in BrandMaker definiert beispielsweise, welche Bereiche später vom Benutzer editiert werden dürfen und in welcher Weise. Bevor die Vorlagen zur Verwendung freigegeben sind, können verschiedene Freigabeprozesse über BrandMaker abgebildet und durchlaufen werden. Für die Sparkassen werden von BrandMaker PDF/X-konforme, druckfertige PDFs der individualisierten Printmedien bereitgestellt.

Im BrandMaker Marketing Planer legt die DekaBank alle zentral geplanten Marketingaktivitäten ab, so dass die Marketingmitarbeiter jederzeit auf den aktuellen Planungsstatus zugreifen. Langwierige Abstimmungsrunden einzelner Bereiche entfallen und Informationen zur Kampagne können einfach per Mausklick eingesehen werden.

Der Werbemittel Shop von BrandMaker steht speziell den Sparkassen zur Bestellung und Individualisierung von Werbemitteln aller Art zur Verfügung: Dort können die lokalen Sparkassen-Mitarbeiter über das Web Point-of-Sale-Materialien, Giveaways, Standardbroschüren etc. ansehen und bestellen sowie Vorlagen aus dem Web-to-Print-Bereich in den Warenkorb übernehmen. Eine nahtlose Anbindung von Medien Pool und Web-to-Print ermöglicht aus dem Warenkorb heraus die unmittelbare Individualisierung und Bestellung in einem geschlossenen Prozess.

iBrams

Web-to-Print-Lösung der Klasse C/D.

Die Firma CDO, hat sich ebenfalls des Themas Kampagnen- und Brandmanagement angenommen und bietet dafür iBrams an, ein Onlineportalsystem für Adobe InDesign. Unter Brandmanagement versteht CDO nicht nur die Erzeugung von Druckdaten, sondern das Management aller Elemente einer Marke. Logo, Designelemente, mehrsprachige Texte sind hier nur Teile eines großen Ganzen, die eingebettet in ein Marketingportal dem Brand-Verantwortlichen, zum Beispiel dem Marketingleiter in einem Unternehmen, alle Assets und Prozesse unter einem Dach anbietet.

Im Gegensatz zu anderen Web-to-Print-Lösungen, die mit festgelegten Regeln arbeiten, lassen sich in iBrams hochindividuelle Regeln für das Layouthandling vom Administrator selbst definieren. Das modulare System iBrams greift hierzu auf den Adobe InDesign Server zurück und steuert diesen via XML. Auch

Auf den Punkt gebracht:
Je ausgefeilter ein Regelwerk ist, um so schwieriger ist es korrekt einzustellen. Dafür können die Endanwender selbst komplexe Aufgaben auf Knopfdruck erledigen. Der Aufwand lohnt sich also.

die Dateiausgabe – in diesem Fall PDF – wird über InDesign Server umgesetzt, jedoch ohne dass dies der Anwender realisiert. Zahlreiche Großkunden arbeiten mit diesem System und managen so ihre Marken und Prozesse.

Einmal in das System eingeloggt, wählt sich der Anwender eine Vorlage aus und bearbeitet diese in einem Online-Editor. iBrams zeigt dem Anwender an, welchen Bereich er editieren darf. Die integrierte Rechteverwaltung schützt die definierten Elemente. So können zwar zum Beispiel Texte geändert werden, sofern der Anwender die Rechte hierzu hat, nicht aber Typo und Farbe.

Die Anwendung beinhaltet auch eine Mehrnutzerlogik. Dies hat den Vorteil, dass mehrere Anwender gleichzeitig in einem Dokument arbeiten können. Auch mehrere Sprachvarianten für ein Dokument sind zugelassen. Dadurch muss im Fall einer Designanpassung nur das Masterdokument geändert werden. Alle Sprachvarianten passen sich automatisch an. Es bedarf eines kühlen Kopfes, das komplexe Regelwerk von iBrams richtig zu verwenden. Doch richtig eingesetzt, ermöglicht es sogar das Anpassen von Anzeigen auf Knopfdruck, zum Beispiel von Hochformat auf Querformat.

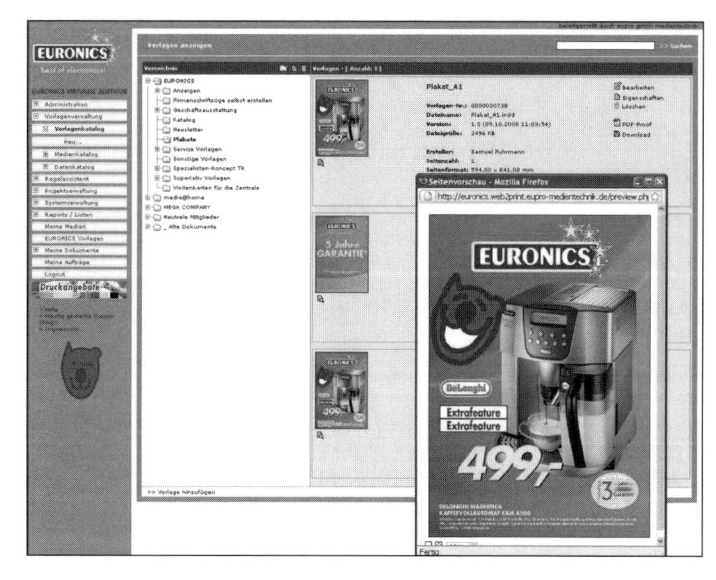

CDO versorgt mit iBrams Euronics mit einem komplexen Web-to-Print-System für Werbemittel – im Beispiel: Anzeigen und Flyer.

Nahezu alle Funktionen von InDesign stehen dem iBrams-Anwender zur Verfügung. Zur optimalen Voransicht kann er sich ein PDF erzeugen lassen oder eben auch ein finales, optimiertes Druck-PDF. Ist das Anzeigenmodul ebenfalls integriert, gibt es die Möglichkeit, die erstellten Anzeigen sofort in allen großen Medien zu buchen.

Für den Administrator sind das Einstellen von Vorlagen und die Definition der Anwendungsregeln die wichtigsten Elemente seines Arbeitsbereiches. Dort hat er auch die Zugriffsmöglichkeit auf die Benutzerverwaltung, die Protokollierung aller Arbeitsschritte, die Rechteverwaltung (inklusive Gruppen und Rollen) und die Dokument- und Versionskontrolle. Sollen neue externe Partner – zum Beispiel Dienstleister – eingebunden werden, kann dies über die Workflowintegration und Standard-Schnittstellen (SOAP) von iBrams realisiert werden. Alle Vorgänge im Workflow, wie zum Beispiel die Online-Abstimmung von Dokumenten mit Externen, können vom Administrator integriert werden. Auch Adressen für Mailingaktionen oder Serienbriefe können als externe Datensätze in das Portal übernommen werden.

Auf den Punkt gebracht:
In verteilten, heterogenen Anwendergruppen von Web-to-Print-Lösungen ist eine ausgefeilte Rechteverwaltung das A und O. Nur so können Pannen verhindert und die Produktionsvorteile voll genutzt werden.

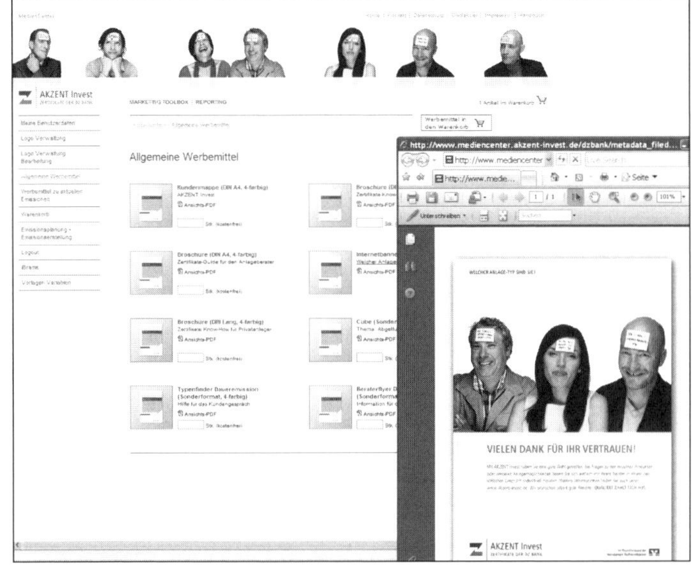

Akzent-Invest realisiert die Werbemittelorganisation mit iBrams.

Interessant ist auch das eingebaute Media-Asset-Management. Die passenden Rechte vorausgesetzt, lassen sich alle hier hinterlegten Daten in aktuelle Druckvorlagen online einbinden. Die Anwendung ist mandantenfähig. Das bedeutet, es können mehrere Kunden auf einem System arbeiten, ohne dass sie Einblick in die Daten des jeweils anderen erhalten. Vorlagen werden als InDesign- oder Quark-Dokument in das System eingebracht, Bilder in allen gängigen Dateiformaten verarbeitet und der Export via EPS, PDF, XML oder InDesign-Dokument realisiert.

In iBrams eingebaut ist eine Projektverwaltung mit Terminplaner, ein Dokumentenarchiv mit Versionskontrolle, zahlreiche digitale Schnittstellen zu externen Partnern und ein Abrech-

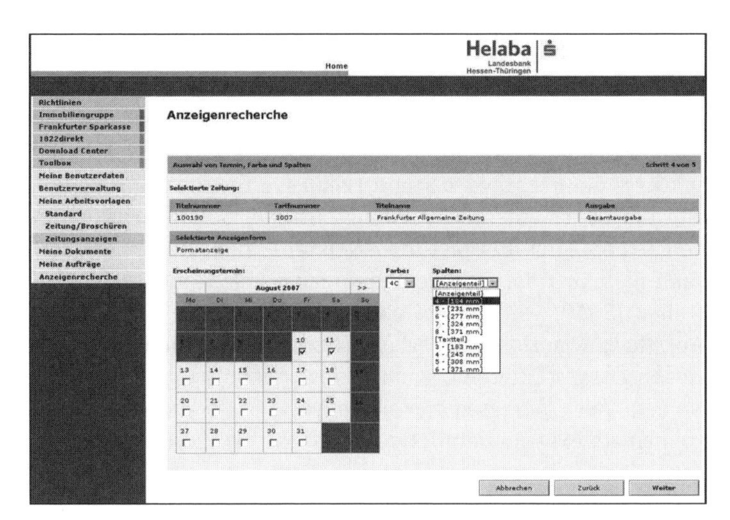

Auch die Landesbank Hessen-Thüringen setzt auf iBrams.

nungsmodul mit flexibel hinterlegbaren Preislisten. Positiv ist auch die Auswertung der iBrams-Jobs bzw. Kampagnen: insgesamt ein gutes Controlling-Tool. Mittels dieser Daten kann der Marketingverantwortliche zum Beispiel erfahren, welche Anzeige wo und wie lange geschaltet war und welches Motiv besonders interessant ist.

Auch die Planung bzw. Ausschreibung kann durch iBrams automatisiert werden. Das integrierte Anfragenmodul ermöglicht selbst gleichzeitge Anfragen von mehreren Dienstleistern. Die Architektur von iBrams basiert auf objektorientiertem PHP, Java und mySQL im Frontend und einer Rendering Engine für die Ansteuerung des Adobe InDesign Servers. Durch die eingebaute XML-API lässt sich iBrams an vorhandene Sites und Strukturen anpassen. Datenbankverbindungen werden über ein eigenes Plug-In realisiert. So sind auch komplexe SQL-Anwendungen möglich.

AlphaPicture i-clue

Web-to-Print-Lösung der Klasse B.

Achtung: Schwerpunkt Bildindividualisierung

Die Individualisierung von Bildinhalten ist ein spannender Bereich. Stellvertretend für die Anwendungen im Markt wird hier AlphaPicture vorgestellt. Neben AlphaPicture sind auch DirectSmile aus Berlin und Directype aus Dresden in diesem Marktbereich aktiv. Bemerkenswert: Die wichtigsten Player in diesem Anwendungsegment kommen allesamt aus Deutschland. Mit dem Aufkommen des Digitaldrucks verschmolz i-clue interactive bereits 1997 das Know-how aus Werbung und Internet zu

Die Bildindividualisierung ist in den letzten Jahren um einiges komplexer geworden.

neuen Tools. Aus diesem Anspruch heraus entstand 2003 AlphaPicture, eine Lösung zur Bildpersonalisierung. Zur Betonung der neuen Tätigkeitsschwerpunkte wurde das Unternehmen umbenannt in AlphaPicture i-clue Maertterer GmbH.

Strategie-Tipp:
Je persönlicher ein Artikel, desto eher nimmt ihn ein Kunde an. Individuelle Bildinhalte runden ein individuelles Druckwerk ab und schaffen beim Kunden ein klares Gefühl ,das z.B. ein Kalender zu »seinem Kalender« wird. Er nimmt ihn als sein Eigentum an.

Heute ist AlphaPicture ein großer Name im Bereich der ASP-Bildpersonalisierung. AlphaPicture beschäftigt in Deutschland 25 Mitarbeiter und hat Vertriebspartner in New York, Tokio, Warschau, Rotterdam, Paris und Oxford. Das Besondere an AlphaPicture ist der Betrieb eines großen Rechenzentrums, welches weltweit allen Kunden ermöglicht, die Bildpersonalisierungs- und Web-to-Print-Software rund um die Uhr online zu nutzen (ASP-Lösung).

Das Kerngebiet von AlphaPicture ist bis heute die Bildpersonalisierung, die ausschließlich online angeboten wird. Aus der Bildpersonalisierung entwickelten sich verschiedene andere Produkte. So personalisiert AlphaPicture heute Wort und Bild

AlphaPicture realisiert sehr spannende Bildmotive, die so manchen (Autoren-) Bildtraum wahr machen.

für Mailings, Videos, E-Mails, Abozeitschriften oder Transpromodrucke. AlphaPicture unterstützt außerdem das Aufsetzen eigener Web-to-Print-Shops bzw. bietet diese Web-to-Print-Shops als ASP-Lösung an. Zusätzlich bietet AlphaPicture eine Schnittstelle an, die es erlaubt bildpersonalisierte Bilder in jede denkbare Online-Applikation einzubinden.

Praxisbeispiel: Das Xerox Nutzerportal

Für alle registrierten Xerox-Benutzer gibt es seit 2005 das Portal http://xerox.alphapicture.com. Für alle anderen Nutzer steht das Webportal unter http://portal.alphapicture.com zur Verfügung.

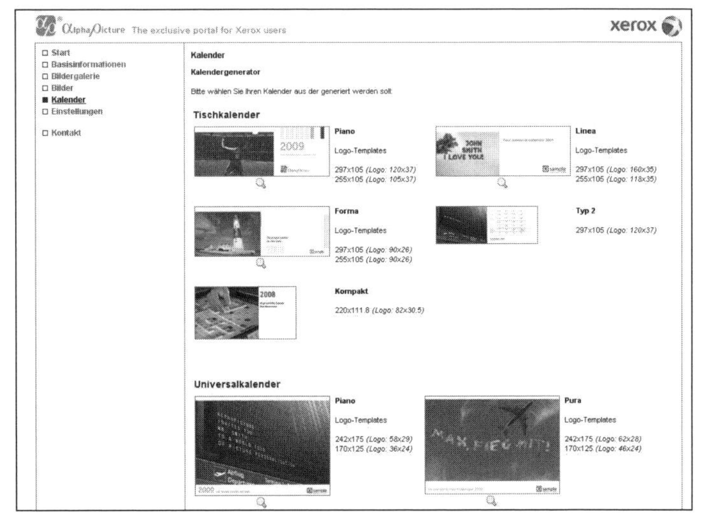

Blick auf das Xerox-Portal für individualisierte Bilder von AlphaPicture.

Auch Kalender lassen sich über das Xerox-AlphaPicture-Portal realisieren.

Beide Portale bieten lizenzierten Nutzern die Möglichkeit, bildpersonalisierte Fotos und bildpersonalisierte Produkte online zu generieren. Die so entstandenen Dateien können entweder heruntergeladen oder direkt als druckfertiges PDF in den Druck gegeben werden. Die Abrechnung basiert auf einem Clickpreismodell. Es wird jeweils zum Monatsende abgerechnet. Auf dem Portal können folgende Produkte erzeugt werden:

- **Bildpersonalisierte Fotos von DIN A7 bis DIN A2 mit Auflösungen von 72 bis 1.200 dpi**
- **Bildpersonalisierte Kalender in unterschiedlichen Größen mit verschiedenen Kalendarien**
- **Bildpersonalisierte Karten für jeden Anlass in verschiedenen Ausführungen**
- **Bildpersonalisierte Spezialprodukte wie zum Beispiel Triangelkalender**

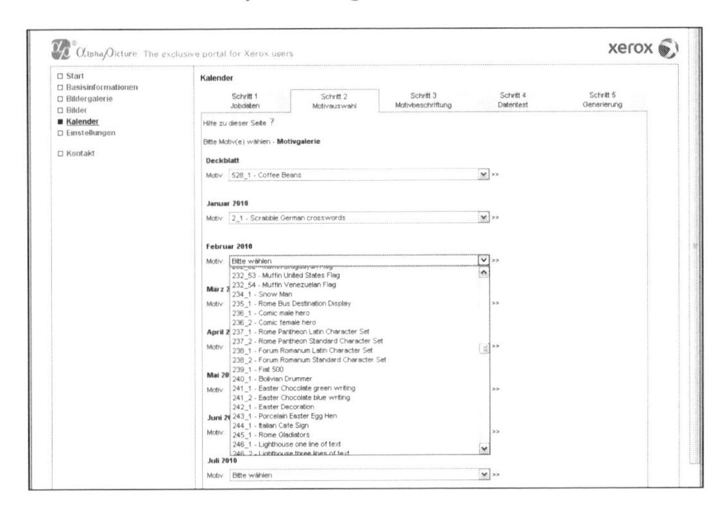

Die Bilder hierfür werden via Menü zugeordnet.

Der Workflow im Onlinebetrieb über das Web-Portal

Zuerst loggt sich der Benutzer mit seinen persönlichen Zugangsdaten in das System ein. Dann kann er eine Excel-Liste mit verschiedenen Namen und/oder Texten hochladen. Bevor der Nutzer anschließend sein gewünschtes Produkt auswählt, kann er noch ein Logo hochladen. Im Anschluss daran wählt der Kunde die Bilder aus, die er im weiteren Verlauf des Bestellprozesses personalisieren will. Nachdem er ein oder mehrere Bilder ausgewählt hat, kann er statischen Text eingeben oder auch Variablen zum Einbinden des dynamischen Textes aus der Excel-

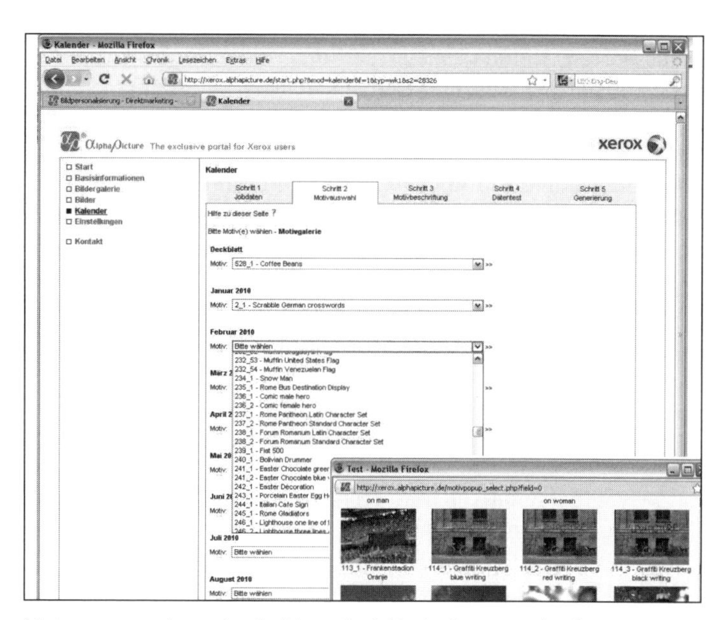

Zur besseren Übersicht können die Bilder bei der Auswahl angezeigt werden.

Liste verwenden. Auch hier sind Variationen erlaubt, um zum Beispiel bei zu langem Namen eine dynamische Textkürzung zu ermöglichen. Sind die Daten eingegeben, erfolgt vom AlphaPicture-System ein Test auf unzulässige Zeichen sowie der Test, ob zu viele Zeichen in die Textfelder eingegeben wurden. Ist dieser Test erfolgt, generiert das Programm eine Bildvorschau, die je nach Umfang des Projekts einige Sekunden in Anspruch nehmen kann. Ist der Kunde mit der Vorschau nicht zufrieden, kann er die Schritte einzeln wiederholen und so zum gewünschten Vorschaubild kommen. Entspricht die Vorschau jedoch genau den Wünschen, kann er nun die personalisierten Bilder oder Produkte generieren lassen. Ist dies geschehen, kann der Kunde diese Bilder per Weblink als JPEG-Datei herunterladen. Auch ein

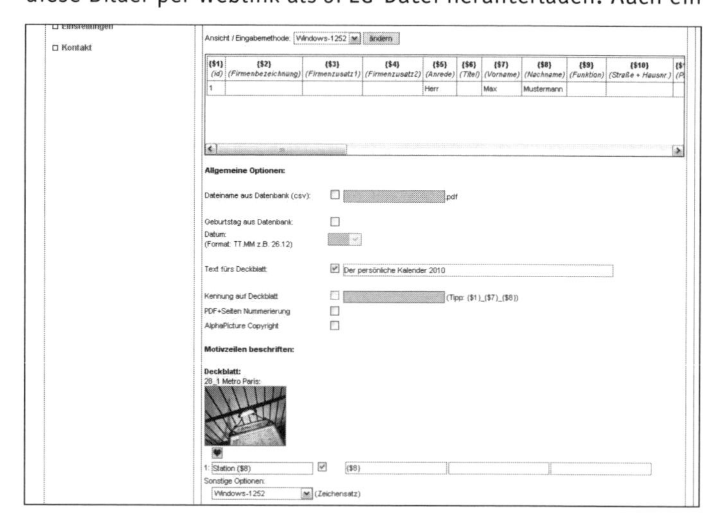

Der hohe Grad der Individualisierung bedingt recht komplexe Menüs.

FTP-Zugriff ist möglich. AlphaPicture bietet eine Schnittstelle zu seinen Bildpersonalisierungs-Servern an. Diese Server stehen in einem Rechenzentrum und können jederzeit angesprochen werden, um über die Schnittstelle personalisierte Bilder zu generieren.

Über dieses Interface ist es Dritten möglich, die Bildpersonalisierung in eigene Tools einzubinden, egal ob in Web-to-Print-Anwendungen, E-Cards oder Online-Shops. Die Anforderung der Bilder geschieht über einen Request an die Server. Es wird die Bildnummer, Bildgröße und der Text angefragt und in weniger als einer Sekunde erscheint das gewünschte Motiv. Um Datenmengen und Kosten zu reduzieren, kann außerdem von jedem Bild ein Preview angefordert werden.

Auf den Punkt gebracht: AlphaPicture bietet den Online-Service, den ein Drittanbieter in sein Print-Portal einbinden kann.

Websites mit AlphaPicture-Schnittstelle:

- **http://www.volvo-kalender.de**
  Kalender mit verschiedenen bildpersonalisierten Volvo-Motiven.

- **http://lescartes.laposte.net**
  La Poste integrierte die Schnittstelle, um bildpersonalisierte Postkarten direkt über das Internet zu verschicken.

- **http://letterjames.freenet.de**
  freenet nutzt auf seinen Grußkartenseiten die Schnittstelle, um E-Cards zu verschicken. Es muss nur das Bild ausgewählt werden, der Personalisierungstext eingegeben und ein Empfänger angegeben werden.

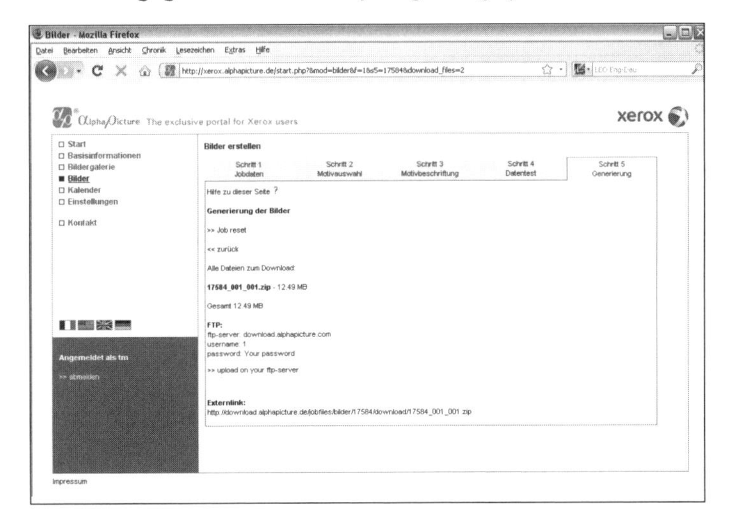

Hat ein Anwender Bilder bestellt, kann er diese über das Portal selbst herunterladen.

http//:www.letterjames.com
LetterJames nutzt die Schnittstelle, um personalisierte Kalender und andere Produkte zu gestalten und zu versenden. Es muss nur ein Personalisierungstext eingegeben werden und schon erfolgt die Anfrage an die Schnittstelle.

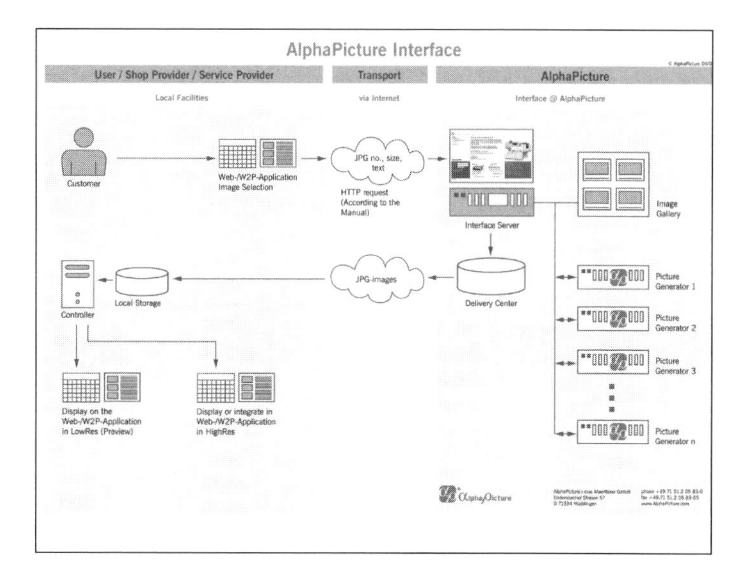

Übersicht über die Struktur des AlphaPicture Interface.

Für „Otto-Normalverbraucher" gibt es „Letter James".

AlphaPictures eigener Online-Shop

AlphaPicture bietet auch direkt einen Online-Shop, über den bildpersonalisierte Produkte bestellt werden können. Das englischsprachige Portal http://www.myalphapicture.com bietet

Volvo nutzt AlphaPicture für eigene Kalender.

normale Bildkalender, Tischkalender, Fotobücher in verschiedenen Varianten und Formen, Poster sowie echte personalisierte AlphaPicture Produkte vom Kalender über Poster bis hin zur Grußkarte. Diese kosten jedoch meist ein bisschen mehr, da jedes personalisierte Bild sich in den Kosten niederschlägt. AlphaPicture hat dabei für verschiedene Länder ein Portal, da man den Druck in dem jeweiligen Land anfertigen lässt, um das Produkt dann zum Kunden zu schicken. Das deutsprachige Portal wird dabei von der pasda GmbH betrieben und ist unter http://www.meinbildkalender.de zu finden. In den USA wird AlphaPicture auf http://www.calendro.com eingesetzt.

Eine interessante Möglichkeit bietet die Site www.myAlphaPicture.com Die Eröffnung eines eigenen Shops. So kann jeder einen eigenen Account erstellen, in dem er eigene Bilder für Kalender, Bücher, Poster oder Alben online stellt. Diese Bilder stehen im eigenen

Selbst vor „Suppen" schreckt AlphaPicture nicht zurück.

Shop zum Verkauf. Für jedes verkaufte Produkt gibt es mindestens 15 Prozent Kommission. Die Preise können selbst festgelegt werden, um so eine höhere Gewinnmarge zu erhalten.

LightningSource

Web-to-Print-Lösung nicht in Studie klassifiziert.

LightningSource, Inc. (LSI) ist bekannt als das Unternehmen, das gezeigt hat, dass der On Demand-Buchdruck (Print on Demand, PoD) profitabel sein kann. Vor mehr als zehn Jahren begann das Unternehmen mit seinem Konzept und das hat sich

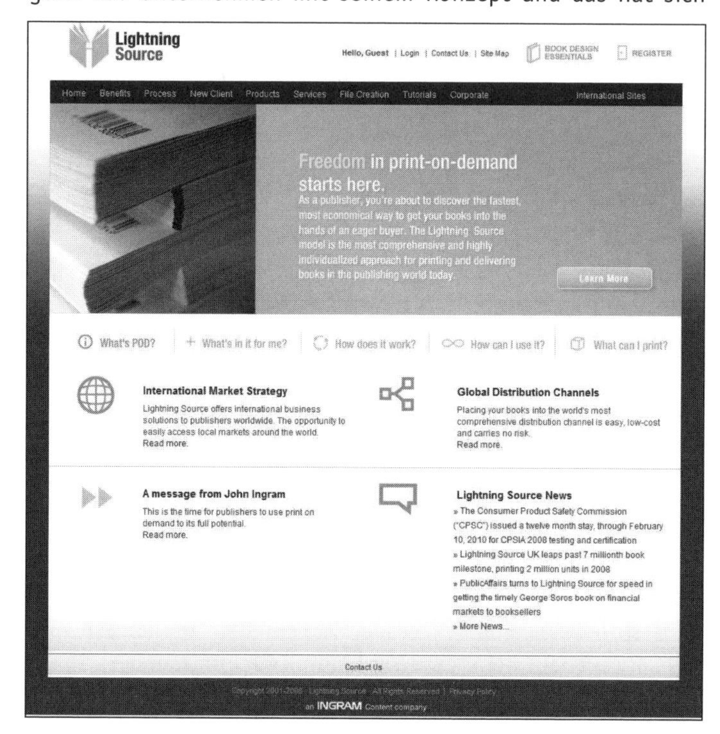

Auf dem Sprung nach Europa: Lightning Source.

Lightning Source Cover Generator

Once you complete and submit the form below, LSI will email you back a template and support files to be used to build your cover. Included in the email will be instructions for using the template, creating an appropriate PostScript file and distilling a PDF to LSI specifications.

ISBN (with dashes):
Content Type: B&W Color
Paper Type: Creme White
Book Type:
Page Count:
File Type to Return: InDesign CS3 (NOTE: Quark6 and InDesign CS not supported after March 1, 2009)
Email Address:
Retype Email Address:

Optional Information:
Price (including decimal): Currency: US Dollars
Price in Bar Code: Yes

Submit

Einfache Cover-Erzeugung über das LSI-Portal.

in all den Jahren nicht geändert. Nun druckt das Unternehmen mehr als eine Million Bücher im Monat. Im Schnitt werden pro Buch zwei Kopien gedruckt. Zusätzlich zu den gedruckten Büchern bietet LSI auch die Produktion von E-Books inklusive Auftragsabwicklung an. Außerdem bietet das Unternehmen Offsetdruck für größere Aufträge. Doch die meisten Aufträge sind weiterhin digital gedruckte Bücher.

LSI ist eine Tochterfirma von Ingram, einem der zwei wichtigsten und größten US-Buchhändler. Die Integration von LSI in die Geschäftsabläufe von Ingram ist einer der großen und bedeutenden Vorteile von LSI gegenüber anderen PoD-Diensten.

Um Bücher mit der Auflage 1 profitabel zu drucken, benötigt man aktuelle Technologie. Man benötigt nicht nur das richtige Produktionsequipment. Spezielle Software, um die Auftragsabwicklung und die Produktionsprozesse effizient zu gestalten, ist ebenfalls nötig. LightningSource hatte den Vorteil, diese Software vom Start weg anbieten zu können und sie im Laufe der Zeit immer weiter zu verbessern.

LightningSource ist seit seinem Start auf die Technologie fokussiert, was der Firma dabei geholfen hat, die Kosten für Personal so gering wie möglich zu halten. Man hat es zudem geschafft, den Kundenservice auf Verlage zu beschränken. Mit Buchautoren tritt man nicht direkt in Kontakt. Auf der Webseite steht: »Sind Sie kein Verleger und benötigen Sie Verlagsdienste, wie Design, Lektorat und Marketingdienste, so wenden Sie sich bitte an eine Firma, die sich darauf spezialisiert hat.« In diesem Zusammenhang gibt es eine Liste von 40 Firmen, die Autoren dabei helfen, ihr Buch zu veröffentlichen. Die meisten dieser Firmen nutzen dann auch LSI dazu, die Bücher zu drucken, die sie von ihren Autoren erhalten. Potentielle Kunden müssen einen langen Fragebogen zu ihrem Unternehmen und ihrem Fachwissen beantworten. Anhand der Antworten entscheidet LSI, ob der Kunde den Anforderungen entspricht.

Auf den Punkt gebracht:
Durch ein sehr rigides Regelwerk für die Anlieferung von Druckdaten verhindert LSI Produktionsprobleme. Nur so lässt sich das Geschäft mit individuellen Büchern und Kleinstauflagen profitabel gestalten.

LSI ist sehr strikt bezüglich der Dateiformate, die das Unternehmen für den Buchdruck annimmt. Fast jeder Verlag hatte bereits das Problem, dass eine Datei abgelehnt wurde, was zu zusätzlichen Kosten von 40 US-Dollar führt, da man die Datei erneut übermitteln muss. Außerdem verliert man kostbare Zeit.

LSI setzt ebenfalls voraus, dass die Kunden ihre eigenen ISBNs gesichert haben, bevor sie mit LSI zusammenarbeiten. Dies ist zwar nicht schwer, jedoch ist ein einzelner Buchautor im Normalfall mit diesem Vorgang nicht vertraut. Alle diese Einschränkungen sorgen dafür, dass LSI-Kunden meist etablierte Verleger oder Autoren mit viel Hintergrundwissen sind. Doch durch diese Einschränkungen kann LSI den Aufwand für Kundenservice minimieren.

Bücher drucken von und mit LSI

Neue Kunden müssen einen Vertrag mit LSI unterzeichnen, erst dann bekommen sie einen Zugang für die LSI-Webseite. Diesen Zugang nutzt man später, um Dateien zu übermitteln und um die Verkäufe eines oder mehrerer veröffentlichter Bücher zu überwachen.

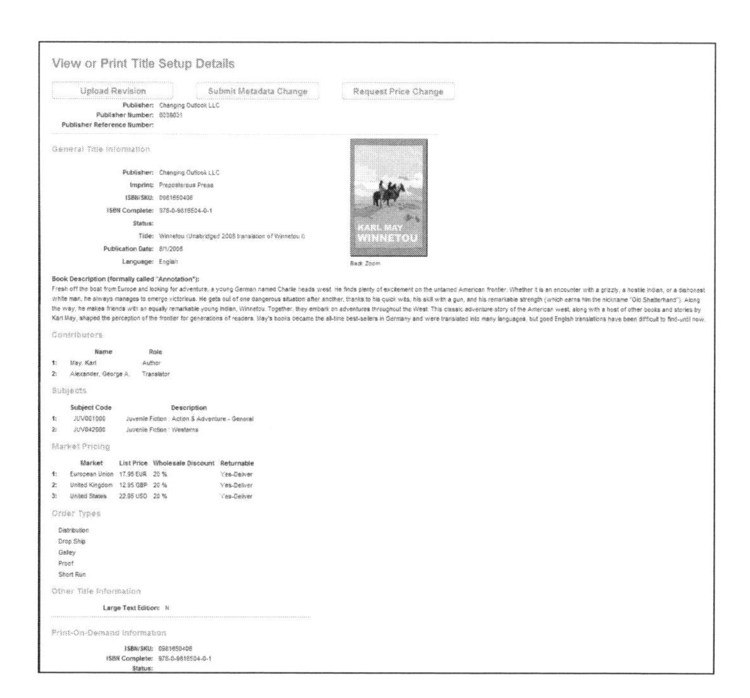

Wie immer bei Book-on-Demand ist jeder Autor selbst für die Info-Daten verantwortlich.

Kunden müssen sehr strengen Regeln folgen, wenn es zur Dateiübermittlung kommt. Cover und der Buchblock (die Inhaltsseiten) werden separat übermittelt. Die meisten Buchblock-Dateien werden als PDF-Dateien übertragen, wobei ein besonderes PDF-Format zum Einsatz kommt (PDF/X-1a:2001). Außerdem müssen alle Fonts eingebettet sein.

Hinzu kommt eine Vielzahl von weiteren Voraussetzungen. LSI akzeptiert ebenfalls bestimmte QuarkXPress und InDesign-Dateien, jedoch gibt es auch hier strenge Regeln. Selbst beim Buchcover ist LSI sehr restriktiv. Doch hier unterstützt LSI seine Kunden, in dem es einen templatebasierten Dienst anbietet. Dabei wird automatisch ein leeres Cover vorgegeben, auf dem sich nur ein Barcode befindet. Der Benutzer gibt die Maße des Buches und die ISBN-Nummer an und erhält eine Datei im InDesign, QuarkXPress, PDF oder EPS-Format. In diesem Template befindet sich außerdem der ISBN-Barcode. Der Benutzer fügt nun Text und Bilder, die zum Cover gehören in das Template ein und sendet es zurück an LSI - im selben Format in dem man die Datei erhalten hat.

Diese strikten Regeln haben einen einfachen Grund: LSI erhält so keine mit seinen Druckern inkompatiblen Dateien. Ein reibungsloser Druck ist gesichert.

Aktuell lässt sich LSI die Übersendung einer Datei mit 37,50 US-Dollar bezahlen. Somit beträgt der Preis für ein komplettes Buch 75 US-Dollar – je 37,50 US-Dollar für das Cover und für den Buchblock.

Auf den Punkt gebracht:
Wer sich nicht an die Regeln hält und dadurch die Produktion verzögert bzw. aufwendiger macht, muss „Strafe" zahlen. Jeden Zusatzaufwand stellt LSI in Rechnung.

Eine Extragebühr wird fällig, wenn man LSI ein bereits vorhandenes Exemplar eines Buches zum Scannen schickt. Dieses Buch kann dann auf Basis des eingescannten Buches weiter produziert werden. Änderungen können jedoch nicht vorgenommen werden. Auf diese Weise kann man ohne großen Aufwand ein altes Buch, für das keine digitalen Daten existieren, im Umlauf halten.

Nachdem die Dateien eines Buches angenommen wurden, fragen Verleger LSI normalerweise nach einem Proof des Buches. Dies kostet 30 US-Dollar inklusive Express-Versand. Dieser Proof ist eine unter Produktionsbedingungen im Digitaldruck erstellte Kopie des Buches. Wird der Proof akzeptiert, findet die Produktion unter exakt den gleichen Bedingungen statt. Im Normalfall erhält der Verlag einen Proofdruck innerhalb einer Woche nach erfolgreicher Übersendung der Buchdateien über das Web-Interface.

Nach Überprüfung des Proof, loggt sich der Benutzer auf der LSI-Webseite ein und gibt an, ob der Proof akzeptiert wurde oder nicht. Gibt es ein Problem mit dem Buch und liegt der Fehler in der vom Verleger übermittelten Datei, so fallen Kosten in Höhe von 40 bis 80 US-Dollar an – je nachdem ob nur Cover oder Buchblock oder beides erneut in korrigierter Fassung übermittelt werden muss. Nach der erneuten Dateiübermittlung gibt es einen weiteren Proofdruck. Dieser Vorgang wird so oft wiederholt, bis der Proof akzeptiert wird.

LSI ermöglicht dem Autoren sein Buch und dessen Abmessungen vorab zu kalkulieren.

Ist der Proof akzeptiert, wird das Buch automatisch in das Distributionssystem von LSI Mutterfirma Ingram aufgenommen. Es wird als „verfügbar innerhalb 24 Stunden" im System eingetragen. Große Online-Verkäufer wie Amazon.com und BN.com erhalten automatisch Updates von Ingram, so dass das Buch auch dort in kürzester Zeit zum Verkauf steht. Dieser Prozess dauert ungefähr eine Woche. Zu den Metadaten eines Buches gehören Preisinformationen, Buchbeschreibung und ein Coverfoto. All das wird automatisch an die Buchhändler weitergegeben.

Sobald das Buch auf den Verkaufsseiten erscheint, kann es von jedem bestellt werden, auch von Buchhändlern im stationären Einzelhandel. Sobald Bestellungen im System eingehen, werden sie an LSI weitergegeben, wo die Bestellung ausgeführt und das Buch gedruckt wird. In einigen Fällen versendet LSI die Bücher direkt an den Käufer. In anderen Fällen gehen die Bücher erst an den Händler, der sie weitergibt.

Auf den Punkt gebracht:
Die Verzahnung von Druck und Verlagsdienstleistungen macht das BoD-Angebot für Kleinverleger interessant.

LSI zieht vom Verkaufspreis die Druckkosten ab und gibt den Rest an den Verleger weiter. Für Verlage ist dies eine attraktive Option, da alle administrativen Arbeiten wie Bestelleingang, Abwicklung, Auslieferung und Rechnungswesen entfallen. Die Verlage werden monatlich bezahlt. Die erste Auszahlung erfolgt drei Monate nachdem die Bestellungen eingegangen sind.

Einige Verlage entscheiden sich dazu, das Marketing und den Verkauf sowie die Lagerung selbst zu übernehmen. Ist dies der Fall, bestellt der Verlag eine kleine Anzahl der Bücher von LSI, so dass immer genug Kopien auf Lager sind.

Für Verlage die sich an die Regeln von LSI halten, ist dieser On-Demand-Dienst sehr kosteneffizient. Einzeldrucke werden im

Normalfall innerhalb 24 Stunden versendet, die Druckkosten für ein Buch beginnen meist bei 2,30 US-Dollar (je nach Ausstattung) und erhöhen sich je nach Seitenanzahl.

Verlage, die Offsetpreise gewohnt sind, sind anfänglich oft verstört von diesen Preisen, da sie im Vergleich relativ hoch sind. Die Kosten je Buch können um fast zwei Drittel gesenkt werden, wenn eine Tausenderauflage im Offset gedruckt wird. Jedoch hat der On-Demand-Vorgang viele Vorteile – keine Lagerbestände, keine Lager, keine Abwicklung der Aufträge, keine übrig gebliebenen Kopien, die niemand mehr kauft – dadurch wird es für immer mehr Verlage interessant, ihre Bücher On-Demand drucken zu lassen.

Das Vorgehen von LSI ist zudem schneller als der traditionelle Druck- und Lagerprozess. Hat ein Verlag den LSI-Prozess einmal durchschaut, kann er ein Buch innerhalb von zwei bis drei Wochen zu seinen Lesern bringen.

Die Zukunft des gedruckten Buchs?

Auf den Punkt gebracht:
Wenn hohe Auflagen nicht sicher vorhersehbar sind, werden BoD-Angebote für Verlage und Leser immer wichtiger und attraktiver.

LightningSource ist in letzter Zeit stetig gewachsen und hat mittlerweile zwei Produktionsstandorte in den USA und einen in England. Weitere Standorte sind in Planung. Das Unternehmen begann mit Schwarz-Weiß-Büchern mit farbigen Covern und bietet jetzt auch Bücher mit farbigem Inhalt an. Als Produktionssystem kommen Océ-Maschinen für den Buchblock zum Einsatz und HP Indigo-Maschinen für farbige Cover sowie Bücher mit farbigem Inhalt.

Die Zahl von Büchern aus dem Digitaldruck ist noch relativ gering und liegt in den USA bei aktuell knapp 10 Prozent. Jedoch steigt der Marktanteil schnell. Aktuell kann man in jeder US-Buchhandlung Bücher von LSI finden. Da auch die Druckkosten fallen, ist es nur noch eine Frage der Zeit, bis der Digitaldruck zum Standarddruckverfahren für Bücher wird – außer wenn eine große Auflage vom Start weg garantiert ist.

Obwohl es viele On-Demand Anbieter gibt, ist LightningSource der größte und erfolgreichste, wenn es um den Druck von Büchern mit Auflage 1 geht. Je mehr das Unternehmen expandiert, kann es seinen Kunden immer öfter anbieten, die Aufträge regional zuzuordnen und zielnah zu produzieren (»distribute and print«), was das Unternehmen in eine noch stärkere Position bringen wird.

epubli

Web-to-Print-Lösung nicht in Studie klassifiziert.

Die epubli GmbH besteht seit 2007, hat ihren Sitz in Berlin und gehört zur Verlagsgruppe von Georg von Holtzbrinck. Über die Webseite von epubli (www.epubli.de) haben Endkunden die Möglichkeit, über eine Web 2.0 Oberfläche Bücher zu gestalten, zu veröffentlichen und zu bestellen. Nach der Gestaltung erfolgen der Druck des Buches und anschließend die Auslieferung des produzierten Buches zum Kunden.

Die Plattform steht Privatpersonen, Autoren, Gruppen und Firmen zur Verfügung und ist kostenfrei. Erst der Druck und die Bindung eines Buches kosten den Besteller Geld. Außerdem bietet epubli die Möglichkeit, seine Bücher anderen zur Verfügung zu stellen. Dies geschieht über den epubli Buch-Shop. Zusätzlich kann eine ISBN gekauft werden.

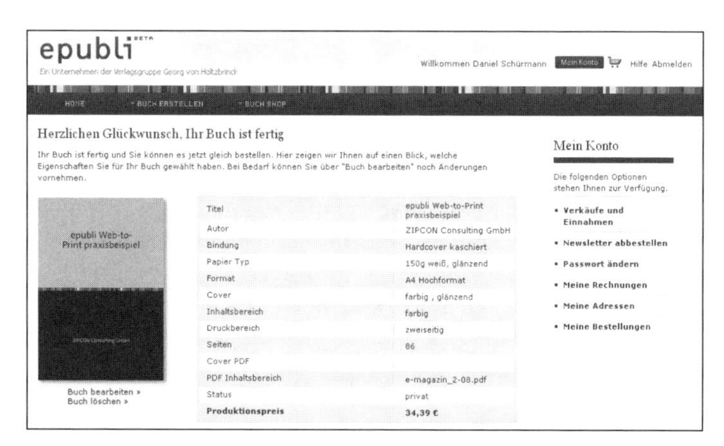

epubli schickt sich an BoD Wettbewerb zu machen. Hier ein Blick auf das Portal.

So steht das Buch auch dem klassischen Buchhandel zur Verfügung oder Online-Buchhändlern wie Amazon.com. epubli übernimmt in diesem Falle auch die Meldung an das VLB (Verzeichnis lieferbarer Bücher) und sendet Referenzexemplare an die dnb (Deutsche Nationalbibliothek). Gedruckt werden die Bücher im Digitaldruck, hier im PoD-Verfahren. Aus den hochgeladenen PDF-Dateien und den ausgewählten Optionen erstellt epubli eine Druckvorlage, die später von einer Druckerei zum fertigen Produkt verarbeitet wird.

Auf den Punkt gebracht: Verlagsdienstleistungen entlasten nicht nur die Kleinverleger, die oft keine Experten für den Buchmarkt sind, sie bringen auch PoD-Bücher in den klassischen Buchhandel.

In Zukunft will epubli seinen Kunden auch Lektorat und Korrektorat, Vermarktung, Cover- und Layoutgestaltung anbieten.

Die Webseite von epubli befindet sich aktuell noch im Betastadium, macht aber einen aufgeräumten Eindruck. Sie läuft stabil,

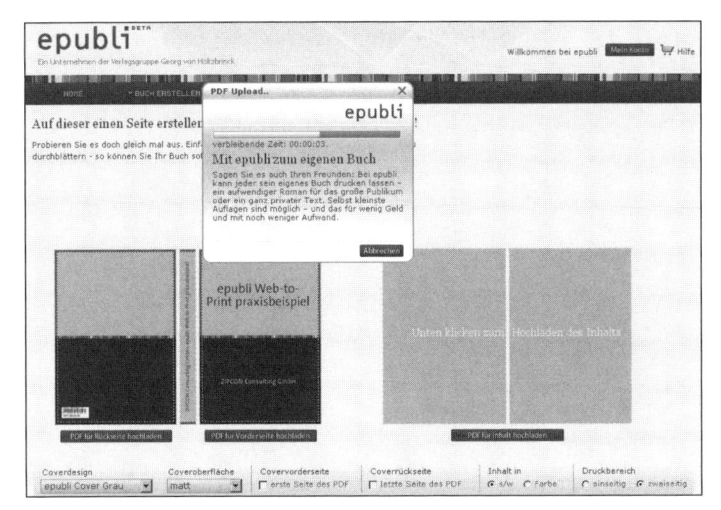

Der Anwender erzeugt sein Cover online und lädt anschließend den Text auf die Website.

ist selbsterklärend und bietet viele Funktionen zur Gestaltung des eigenen Buches. In Zukunft sollen noch viele weitere Funktionen zu epubli hinzukommen. Wer sich darüber informieren will, kann dies über einen Newsletter tun, der auf der Webseite angeboten wird. Laut Aussagen auf der Webseite ist die Erstellung eines Buches in drei einfachen Schritten vollzogen. Zuerst muss der Text, der als Buch veröffentlicht werden soll, als PDF vorliegen. Ist beim Kunden kein entsprechendes Programm vorhanden, bietet epubli eine ausführliche und bebilderte Hilfe. Dabei wird sowohl auf das teure Adobe Acrobat verwiesen, aber auch kostenlose Alternativen werden angeboten.

Eine ausführliche Anleitung gibt es zu eDocPrintPro, welches sich als PDF-Drucker in Windows-Rechner einbinden lässt. Es wird ein Link zum Programm geliefert und auch gleich die optimalen Einstellungen für den Druck bebildert vorgegeben. Neben dieser Anleitung zum PDF-Erstellen, gibt es auch Tipps zur Formatierung der Buchseiten sowie eine ausführliche Schritt-für-Schritt Anleitung zur Benutzung von epubli. Als zweiten Schritt gestaltet der Kunde sein Cover und lädt den Buchinhalt als PDF hoch. Danach erfolgt im dritten Schritt die Bestellung, woraufhin der Kunde einige Tage später sein Buch geliefert bekommt.

Auf den Punkt gebracht:
Das epubli-Angebot ist flexibler als das rigide Regelwerk von LSI. Doch epubli steht die Feuertaufe noch bevor. Derzeit ist die Website noch im Beta-Stadium.

epubli Workflow

Die Erstellung des Buches (mit mindestens vier und maximal 800 Seiten) erfolgt in einem aufgeräumten Flash-Frontend mit direkter Vorschauoption. Dem Benutzer wird dabei gut zur Hand gegangen. Zuerst sollte ein Titel für das Buch angegeben werden, danach gibt der Buchersteller seinen Namen an, den Autorennamen. Nun können verschiedene Optionen festgelegt

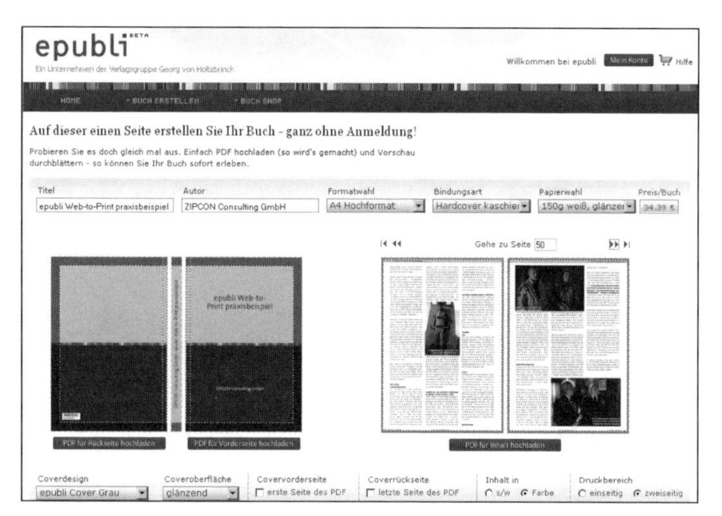

Alles im Blick: Der Anwender sieht immer, was ihn sein Objekt gerade kostet.

werden, darunter das Format, die Bindungsart und die Art des Papiers. Außerdem kann der Nutzer festlegen, ob das Cover matt oder glänzend sein soll, ob der Inhalt in Schwarz/Weiß oder Farbe vorliegt und ob ein- oder zweiseitig gedruckt werden soll. Ist die Auswahl erfolgt, gibt es eine erste Preiskalkulation.

Je nachdem wie lang der Titel des Buches ist, wird automatisch die Schriftgröße angepasst, sowohl auf dem Cover als auch auf dem Buchrücken (wenn als Bindungsart Paperback ausgewählt wurde). Wem die standardmäßigen ein- oder zweifarbigen Covervorlagen nicht gefallen, kann eigene Vorlagen als PDF hochladen. In diesem Fall kann der Kunde aber keinen Text über die Formularfelder mehr eingeben. Beim Upload der Covervorlage sowie der Inhalts-PDF fällt auf, dass Tipps angezeigt werden, die epubli und die Vorteile des Portal sowie des Buchdrucks über das Internet aufzeigen.

Ist das Hochladen des PDFs abgeschlossen, gibt es eine Detailansicht, die zeigt, welche Bereiche der Seite bedruckt werden – so kann man sehen, ob von der PDF-Vorlage etwas abgeschnitten wird oder nicht.

Ist man mit dem Ergebnis zufrieden und hat man alle Einstellungen vorgenommen, wird das Buch gespeichert. Hierfür muss man sich einloggen. Dadurch erhält der Kunde eine komplette Übersicht der Bestelldaten und sieht den Endpreis. Hier gibt es nun auch die Möglichkeit, das Buch zu veröffentlichen oder es selbst zu bestellen. Veröffentlicht der Kunde sein Buch, steht es im Buch-Shop von epubli zur Verfügung und kann von jedem Besucher der Webseite bestellt werden. Der Kunde kann so sein Buch anderen zur Verfügung stellen und an den Verkäufen mitverdienen. Der Honorarpreis beträgt in etwa 20 Prozent des Verkaufspreises, den der Kunde selbst festlegen kann, wobei der Verkaufspreis mindestens 25 Prozent über dem Produktionspreis liegen muss. Neben den Angaben zum Verkaufspreis bietet die Webseite an dieser Stelle auch die Eingabe für weitere Angaben zum Buch sowie ein Autorenportrait.

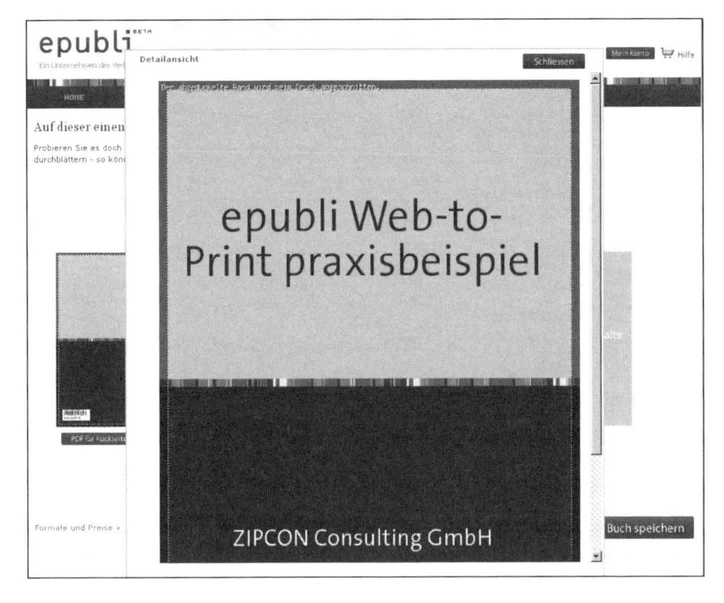

Der Cover-Generator von epubli gibt dem Anwender ein sicheres Gefühl für sein Buch.

Hat man alle Angaben vorgenommen, kann man sein Buch der Öffentlichkeit zugänglich machen - oder man bestellt sich einfach nur seine eigene Kopie. Nach 8 bis 10 Tagen, die auf epubli.de als Lieferzeit angegeben werden, soll der Kunde nach erfolgter Bestellung dann sein Buch in der gewünschten Anzahl in den Händen halten.

Syntops

Web-to-Print-Lösung nicht in Studie klassifiziert.

Die Syntops GmbH ist ein im Mai 2006 gegründetes Unternehmen, das heute neun Mitarbeiter beschäftigt. Syntops sieht sich als Unternehmen, das Software zur Individualisierung von Printprodukten herstellt und als Lösungsanbieter einen Komplettservice rund um individuelle Printprodukte anbietet.

Die Software bildet einen vollautomatischen Workflow ab, der den Kunden in den Produktionsprozess einbezieht und Printmedien so zu einer interaktiven Kommunikationsdienstleistung

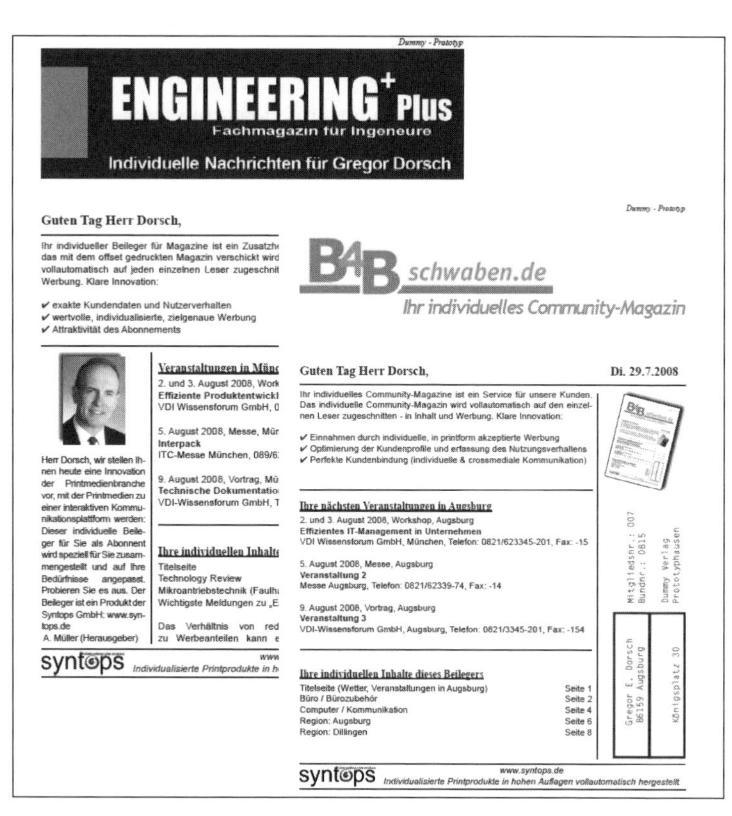

Dummy - Prototyp

ENGINEERING+ Plus
Fachmagazin für Ingeneure
Individuelle Nachrichten für Gregor Dorsch

Guten Tag Herr Dorsch,

Ihr individueller Beileger für Magazine ist ein Zusatzh
das mit dem offset gedruckten Magazin verschickt wird
vollautomatisch auf jeden einzelnen Leser zugeschnit
Werbung. Klare Innovation:

✔ exakte Kundendaten und Nutzerverhalten
✔ wertvolle, individualisierte, zielgenaue Werbung
✔ Attraktivität des Abonnements

Herr Dorsch, wir stellen Ihnen heute eine Innovation der Printmedienbranche vor, mit der Printmedien zu einer interaktiven Kommunikationsplattform werden: Dieser individuelle Beileger für Sie als Abonnent wird speziell für Sie zusammengestellt und auf Ihre Bedürfnisse angepasst. Probieren Sie es aus. Der Beileger ist ein Produkt der Syntops GmbH: www.syntops.de
A. Müller (Herausgeber)

Veranstaltungen in Münc
2. und 3. August 2008, Work
Effiziente Produktentwickl
VDI Wissensforum GmbH, 0

5. August 2008, Messe, Mür
Interpack
ITC-Messe München, 089/6:

9. August 2008, Vortrag, Mü
Technische Dokumentatio
VDI-Wissensforum GmbH, T

Ihre individuellen Inhalt
Titelseite
Technology Review
Mikroantriebstechnik (Faulh
Wichtigste Meldungen zu „E

Das Verhältnis von red
zu Werbeanteilen kann e

syntops www
Individualisierte Printprodukte in h

Dummy - Prototyp

B4B schwaben.de
Ihr individuelles Community-Magazin

Guten Tag Herr Dorsch, Di. 29.7.2008

Ihr individuelles Community-Magazine ist ein Service für unsere Kunden. Das individuelle Community-Magazin wird vollautomatisch auf den einzelnen Leser zugeschnitten - in Inhalt und Werbung. Klare Innovation:

✔ Einnahmen durch individuelle, in printform akzeptierte Werbung
✔ Optimierung der Kundenprofile und erfassung des Nutzungsverhaltens
✔ Perfekte Kundenbindung (individuelle & crossmediale Kommunikation)

Ihre nächsten Veranstaltungen in Augsburg
2. und 3. August 2008, Workshop, Augsburg
Effizientes IT-Management in Unternehmen
VDI Wissensforum GmbH, München, Telefon: 0821/623345-201, Fax: -15

5. August 2008, Messe, Augsburg
Veranstaltung 2
Messe Augsburg, Telefon: 0821/62339-74, Fax: -14

9. August 2008, Vortrag, Augsburg
Veranstaltung 3
VDI-Wissensforum GmbH, Augsburg, Telefon: 0821/3345-201, Fax: -154

Ihre individuellen Inhalte dieses Beilegers

Titelseite (Wetter, Veranstaltungen in Augsburg)	Seite 1
Büro / Bürozubehör	Seite 2
Computer / Kommunikation	Seite 4
Region: Augsburg	Seite 6
Region: Dillingen	Seite 8

Mitgliedsnr.: 007
Bundnr.: 0815
Dummy Verlag
Prototyphausen

Gregor E. Dorsch
86159 Augsburg
Königsplatz 30

syntops www.syntops.de
Individualisierte Printprodukte in hohen Auflagen vollautomatisch hergestellt

Syntops erzeugt „News-on-Demand“ auf Knopfdruck aus mehreren Datenbanken.

transformiert. Mit der Syntops Software ist es möglich, jede Art von Druckprodukten in einem Massenproduktionsprozess zu individualisieren – vollautomatisch ohne Personaleinsatz. Zusätzlich bietet Syntops auch die Inhalte von ausgewählten Verlagen und Zeitungen und stellt die Nutzungsrechte sicher.

Das System zur Erstellung und zum Druck von individuellen Printprodukten mit Hilfe von Multifunktionsgeräten wurde gemeinsam mit einem Unternehmen der Branche entwickelt und getestet. Aktuell hat das Unternehmen bereits drei Kunden für sich gewinnen können. Die Schweizerische Post entwickelte zum Beispiel eine Produktstudie »individuelle Tageszeitung«. Mit diesem Projekt hat Syntops seine Arbeit begonnen.

Die ursprüngliche Idee bestand darin, eine individuelle Tageszeitung zu entwickeln. Syntops merkte schnell, dass sich mit der Technologie nicht nur Zeitungen, sondern im Prinzip alle Printmedien individualisieren lassen. Dazu muss die Software lediglich entsprechend eingestellt werden. Seitdem versucht Syntops sich als Spezialist für die Umsetzung von Geschäftsmodellen im Bereich Mass-Customization zu positionieren und

Auf den Punkt gebracht: Personalisierte Zeitungen erfordern ein doppeltes Datenhandling. Einerseits müssen die Inhalte in Einzelbestandteile zerlegt und kategorisiert werden, andereseits muss diese Informationswelt mit den Interessen des jeweiligen Lesers abgeglichen werden. Dies geschieht über Profildaten.

So kann eine Zeitung, produziert via Syntops, aussehen.

bietet über die Technologie hinaus alle Services an, die nötig sind, um individuelle Printprodukte umzusetzen.

Die Technologie

Die Syntops-Technologie ist ein hochgradig parallelisiertes, modulares Softwaresystem, dessen Komponenten sich für jeden einzelnen Anwendungsfall zusammenbauen und anpassen lassen.

Die Software ist laut Firmenangaben in der Lage, alle Arten von Printprodukten zu individualisieren. Das geschieht in einem Massenproduktionsprozess mit großen Datenmengen und deckt den gesamten Wertschöpfungsprozesses ab. Der parallelisierte Ablauf auf verteilten Systemen erhöht Geschwindigkeit und Ausfallsicherheit ebenso wie die direkte Anbindung an Digitaldruckmaschinen.

Reduziert man dieses Verfahren auf sein Grundprinzip, wird es leicht verständlich. Die Syntops Software lädt Inhalte aus verschiedenen Quellen herunter und kategorisiert und optimiert sie. Dadurch lassen sich diese Informationsbestandteile nach Kundenwünschen und Profilen wieder neu zusammenstellen. So entstehen personalisierte, individualisierte PDF-Dateien, die entweder per Download oder E-Mail dem Kunden zugestellt werden oder die direkt an Digitaldruckereien übermittelt werden.

Dabei gibt es zwei In- und zwei Output-Kanäle. Der erste Inputkanal liefert Profile als XML-Dateien und legt die Regeln fest, nach denen individualisiert wird. Der zweite Inputkanal umfasst die Inhalte, die individualisiert werden sollen (PDF, JPEG, XML). Die Inhalte werden unter Berücksichtigung der Profile verarbeitet und auf dem einen Outputkanal ein E-Paper als individuelles PDF übermittelt. Der zweite Outputkanal dient der direkten Anlieferung der Daten an die Digitaldruckmaschine.

Auch bietet die Syntops Software Schnittstellen zu anderen Programmsystemen. Sie folgen bei den verwendeten Datenformaten (XML, PDF) internationalen Standards. Das Profil ist eine XML-Datei, die als Jobdatei dient und unter anderem aus CRM-Systemen, Datenbanken oder Content Managment Systemen stammen kann. Der zusammengestellte Content wird in vielfältiger Form verarbeitet. Das Layout und die Zuordnungsvorschrift von Inhalten/Werbungen zu einem Nutzerprofil müssen einmalig definiert sein, das Rahmenlayout und Personalisierungsinhalte sind beliebig wählbar.

Auf den Punkt gebracht:
Das Interesse an individuellen Zeitungen ist dort besonders groß, wo man keinen Zugriff auf vertraute Angebote hat, beispielsweise auf Reisen oder im Krankenhaus.

Syntops Software im Praxiseinsatz

Syntops arbeitet bereits seit mehr als einem Jahr mit der Schweizer Post an dem Projekt PersonalNews sowie an einer weiteren Lösung für Hotel- und Firmenlobbys. Syntops setzt in dieser Kooperation die PersonalNews um, die individuelle Tageszeitung, sowie weitere individuelle Printmedien, die on-the-fly auf Digitaldruckgeräten in Krankenhäusern, Unternehmen oder Hotels produziert werden.

Bei der sogenannten Hotellobby-Lösung kann sich ein Hotelgast seine persönliche Zeitung ausdrucken lassen. Er legt zur Identifikation seine Zimmerkarte oder ggf. Unternehmenskarte

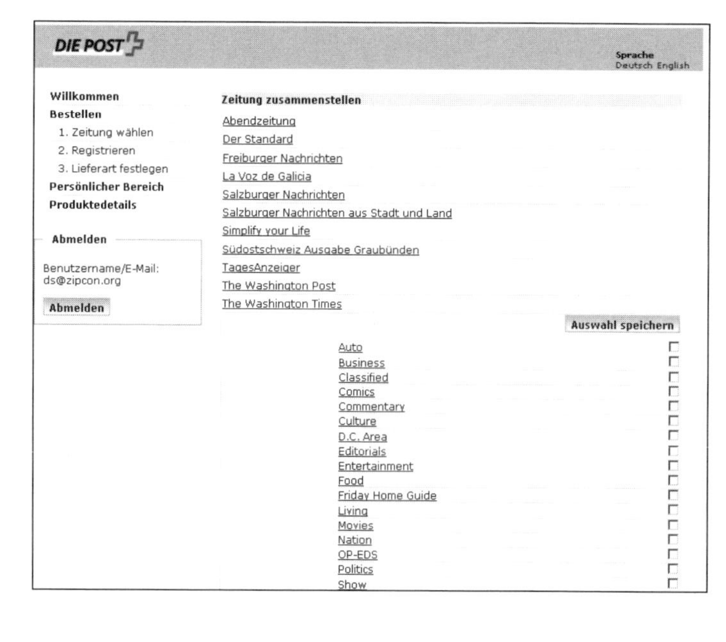

Die Schweizer Post setzt schon heute auf die Technologie von Syntops.

an das Multifunktionsgerät. Die Einstellungen für sein individuelles Produkt hat er entweder über ein Internetportal getätigt oder sein Hotel hat für ihn eine passende Zusammenstellung bereist ausgesucht.

Auf dem Touchscreen erscheint eine Auswahl „Ihre Personal-News“ oder „Ihr individueller Newsletter“. Der Kunde wählt sein gewünschtes Produkt über das Touchscreen aus. Bei Knopfdruck werden die ID und der gewählte Produktname an einen Server geschickt. Aus diesen Informationen werden die passenden Inhalte zusammengestellt. Das individuelle Produkt wird on-the-fly erstellt und ausgedruckt. Der Prozess dauert nur etwa 30 Sekunden. So kann sich der Kunde in Zukunft jeden Tag seine eigene Zeitung neu zusammenstellen.

Zukünftig wird die Syntops Software natürlich weiterentwickelt, auch wenn die Firma keine genauen Auskünfte darüber geben wollte. Die Zielgruppen für die Software sind natürlich klar festgelegt: als Endkunden Reisende und überregional tätige Geschäftsleute sowie als Kunden die Hotels selbst, Unternehmen oder auch Krankenhäuser. Man will all diejenigen ansprechen, die ihren Kunden aktuelle Nachrichten zur Verfügung stellen wollen.

Die Vorteile gegenüber den klassischen überregionalen Medien sind vielfältig. So bekommen Endkunden kompakt und genau die Informationen, die sie sich wünschen und für die sie sich interessieren. Verlage wiederum können ihre Auflage steigern, neue Kundengruppen erreichen und bekommen genaue Kunden- und Nutzungsdaten sowie Einnahmen durch neue Formen zielgenauer individualisierter Werbung. Hierin liegt dann auch der positive Aspekt für Werbetreibende: sie können zielgenau Werbung schalten.

Auf den Punkt gebracht: Individualisierte Zeitungen bieten im Idealfall kompakte, schnelle Information nach persönlichen Bedürfnissen.

niiu

Neben der Syntops GmbH gibt es ein weiteres Start-Up Unternehmen zweier Wirtschaftsstudenten, welches eine ähnliche Lösung für individualisierte Zeitungen anbietet. Die InterTI GmbH mit Sitz in Berlin arbeitet an der persönlichen Zeitung „niiu“, die zum Redaktionsschluss dieses Buches angekündigt war, aber noch nicht erschienen ist.

Web-to-Print-Lösung nicht in Studie klassifiziert.

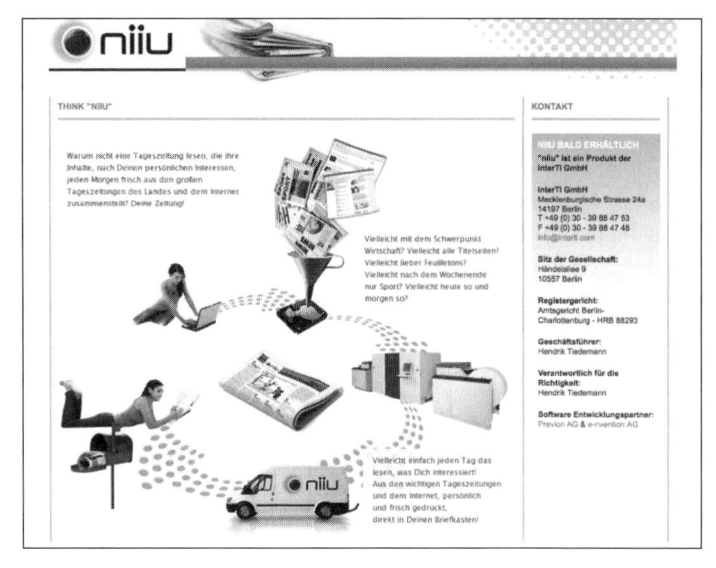

Noch nicht viel zu sehen – bei niiu gibt es noch nicht viele Informationen auf der Website.

Auf den Punkt gebracht:
Die persönliche Tageszeitung nach dem Konzept von „niiu" bezieht auch Informationen aus dem Web ein. So entsteht durch Web-to-Print ein „Internet zum Anfassen".

Die persönliche Tageszeitung soll im Digitaldruck gedruckt werden – direkt auf Zeitungspapier – und bis 6 Uhr bei Abonnementen im Briefkasten landen. So bleiben die Haptik und damit das Zeitungsgefühl erhalten. Die „niiu" soll 24 Seiten umfassen, im Tabloid-Format erscheinen und vorerst unter Berliner Studenten verteilt bzw. verkauft werden. Dabei soll eine Ausgabe zwischen ein und zwei Euro kosten, Rabatte gibt es für Langzeitleser. Diese zwei Euro werden auch für die Lizenzgebühren fällig, die – anders als bei der Schweizerischen Post – bereits zu Beginn des Projekts an die Zeitungshäuser weitergegeben werden. Erste Partnerschaften mit Verlagen exsitieren bereits. So stellen der Berliner Tagesspiegel, die Frankfurter Rundschau und das Hamburger Abendblatt Inhalte für „niiu" bereit. Natürlich wird es auch Werbung in der Zeitung geben, mit der sich das Projekt hauptsächlich finanzieren wird. Vor allem die Möglichkeit von personalisierter und auf den jeweiligen Leser zugeschnittener Werbung sorgt bei Werbefirmen für Interesse.

niiu
Oberhof - News

Prototyp der niiu-News – eine gute Idee, die ihren Markt finden wird.

Bei der neuen persönlichen Zeitung „niiu" sollen das Internet und der Content aus dem Internet stärker mit einbezogen werden. So können Inhalte aus Blogs und

Nachrichten des Social-Network-Dienstes Facebook in die Zeitung mit aufgenommen werden. Das Internet soll somit spürbar und anfassbar werden, so das Ziel der „niiu"-Gründer. Das Pilotprojekt wird vorerst nur in Berlin laufen, bei Erfolg aber auch nach Frankfurt und München gebracht werden. Vertrieben wird „niiu" mit einem Prepaid-Abonnement. Bezahlen können Kunden sowohl per Lastschrift aber auch über PayPal. Speziell für pendelnde Studenten gibt es neben den Monatsabos auch Semesterpakete.

Funktionsweise

Über ein Internet-Portal kann sich jeder Leser seine persönliche Zeitung aus seinen persönlichen Vorlieben heraus zusammenstellen – dabei lassen sich ganze Teile oder auch Einzelseiten wählen. Es spricht nichts dagegen den Kultur- und Lokalteil des Berliner Tagesspiegels mit dem Sport-Teil des Hamburger Abendblattes zu verbinden und außerdem aktuelle Blog-Einträge seiner Lieblingsblogs mit einzubinden. Die Blog-Einträge erscheinen auf Vorder- und Rückseite, können außerdem mit (persönlichen) Aktiencharts sowie Nachrichten und Neuigkeiten der Facebook-Freunde versehen werden. Die Studenten können Nachrichten der Universität mit einbinden. Die Inhalte der verschiedenen Zeitungen werden inklusive Werbung direkt von den Verlagen geliefert und auf das „niiu"-Format skaliert. Vor dem Druck wird für jeden Kunden eine persönliche Zeitung über die Software von „niiu" generiert und an die Digitaldruckmaschine gegeben.

Scene7

Adobe macht sich auf in Richtung Web-to-Print

Web-to-Print-Lösung der Klasse A-C.

Bei Scene7 handelt es sich um ein Server-basiertes System mit dem man seine Assets online verwalten kann. Darunter fallen Bilder, Texte, Videos, Grafiken und PDF-Dateien. Beachtet man nur diese Features, könnte man meinen, es handele sich um ein Media-Asset Management System – und dies ist in der Tat ein wichtiger Bestandteil von Scene7. Scene7 wird als Software-as-a-Service verkauft, was bedeutet, dass Benutzer das Produkt nicht selbst hosten müssen, sondern stattdessen nur für das bezahlen, was sie nutzen. Was Scene7 von seiner Konkurrenz absetzt ist die Tatsache, dass es die Fähigkeit mitbringt mit

Auf den Punkt gebracht: Ursprünglich für webbasierte Rich Media-Anwendungen gedacht, wird Scene7 nun auch in Richtung Web-to-Print weiterentwickelt.

den Assets weitere Dinge zu tun. Adobe bezeichnet dies mit den Worten Rich Media und zielt vor allem auf Web-Publishing-Lösungen ab. Scene7 wurde von Adobe im Mai des Jahres 2007 aufgekauft. Neu hinzugekommen sind im Angebot kürzlich Basis-Web-to-Print-Funktionen.

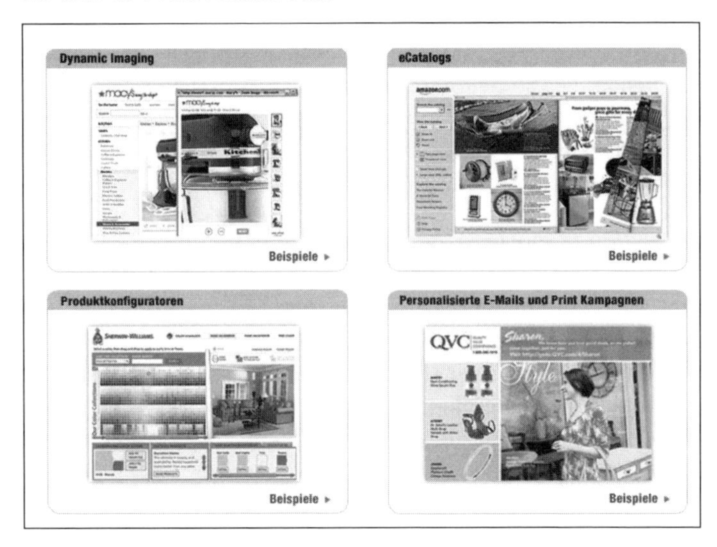

Vom Hersteller zum Dienstleister. Welchen Weg wird Adobe in Zukunft einschlagen?

Scene7 bietet die Möglichkeit hochauflösende Bilder in niedrigauflösende Versionen herunter zu rechnen. Auch bringt es eine Zoom- bzw. Vergrößerungsfunktion mit, die für eingebettete Bilder in den Kundenwebseiten zur Verfügung steht. Wenn man dem System 8 bis 10 Bilder eines Objekts aus verschiedenen Blinkwinkeln liefert, kann es daraus eine 360-Grad Ansicht des Objekts herstellen. Scene7 biete außerdem ein E-Katalog-Feature, das sich aus PDF-Dateien ableitet, jedoch weiterführende Links liefert, über die sich die möglichen Kunden weitere Informationen einholen oder diese zum Download oder Kauf auswählen können. Die Software kann auch Bildersets anzeigen, wobei

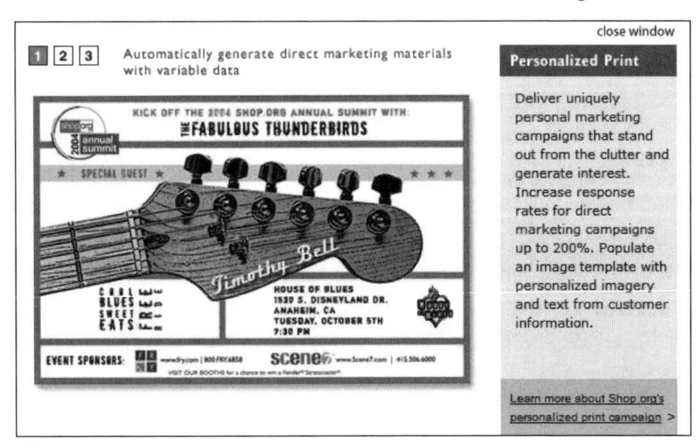

Scene7 ermöglicht als ASP-Service für Kunden aller Art Web-to-Print im großen Stil.

es sich hier um mehrere Bilder des gleichen Objekts (aber zum Beispiel in verschiedenen Farben) handelt. Außerdem ist der Zugang zu Videodateien möglich – sowohl für den Download als auch als Videostream.

Auf den Punkt gebracht:
Bei Hosting-Lösungen das A und O: Bei Scene7 gibt es ausgefeilte Möglichkeiten für die Zugangseinstellungen.

Da Scene7 für den Austausch und das verteilte Bereitstellen von Informationen innerhalb eines Unternehmens oder für außenstehende Kunden (zum Beispiel Agenturen) entwickelt wurde, bietet die Lösung weitreichende Zugangseinstellungen, sogenannte Access-Control-Features. Benutzer werden zu Gruppen zusammengefasst, diesen Gruppen wiederum kann man Zugriffsrechte zu ausgewählten Teilen des Systems geben. Darauf basierend kann ein Benutzer zum Beispiel nur eine bestimmte Art von Bildern sehen und nur bestimmte Systemfunktionen zu seiner Verfügung haben. So könnte zum Beispiel eine außenstehende Agentur die Möglichkeit zum Bild Up- und Download bekommen, aber nicht die Möglichkeit, Bilddateien zu löschen oder umzubennenen.

Funktionsweise Scene7

Im März 2009 gab Adobe bekannt, dass Scene7 um neue Funktionen erweitert wurde – darunter Dokumentenvorlagen und Web-to-Print-Funktionen. Jedoch sind diese Features in der aktuellen, gerade veröffentlichten Version, noch sehr eingeschränkt.

Hier ein kleiner Überblick darüber, wozu sich die Scene7-Vorlagen einsetzen lassen: Man kann Vorlagen erstellen für druckbare Aufträge, deren generelles Layout vorbestimmt ist, wobei die Details vom Kunden aber geändert bzw. durch entsprechende Felder ausgefüllt werden können. Für neue Textzeilen hat der Anwender die Möglichkeit diesen Text über ein Formular einzugeben. Außerdem können Checkboxen vorgegeben werden, mit denen der Anwender Farbe und Form von Vorlagen-Ausschnitten variieren kann.

Vorlagen können mit Adobe Photoshop, InDesign oder Illustrator erstellt werden. Gespeichert werden die Vorlagen als Adobe FXG Dateien. Dies ist ein auf XML-basierendes Dateiformat.

Mit diesen Funktionen ist es Personen innerhalb eines Unternehmens nun möglich, ihre eigenen Visitenkarten zu bestellen – dazu müssen sie nur ihre persönlichen Daten über das entsprechende Formular eintragen. Auch Marketingmaterialien können so für die lokalen Märkte unter Berücksichtigung der

Unternehmens CI erstellt werden. Für Web-to-Print-Aufgaben, die solche Möglichkeiten nutzen, bietet Scene7 eine gute Plattform.

Eingeschränktes Web-to-Print

Auf den Punkt gebracht: Die Einsatzmöglichkeiten von Scene7 für komplexere Web-to-Print-Lösungen hängen von der Kompetenz und den Fertigkeiten des jeweiligen Integrators ab.

Diejenigen, die einen aggressiveren Auftritt von Adobe als Web-to-Print-Anbieter erwartet haben, mögen indes enttäuscht sein, da der Web-to-Print-Markt noch einige andere, weitergehende Bedürfnisse hat. So gibt es keine Einbindung eines E-Commerce-Systems oder eines Systems für abteilungsabhängige Rücklastschriften. Das bedeutet, dass das Scene7-System nicht als Print-for-Pay-Dienst geeignet ist. Es spricht klar die Bedürfnisse von Unternehmenskunden an, die sich auf die Bereitstellung firmeninterner Druckmaterialien konzentrieren.

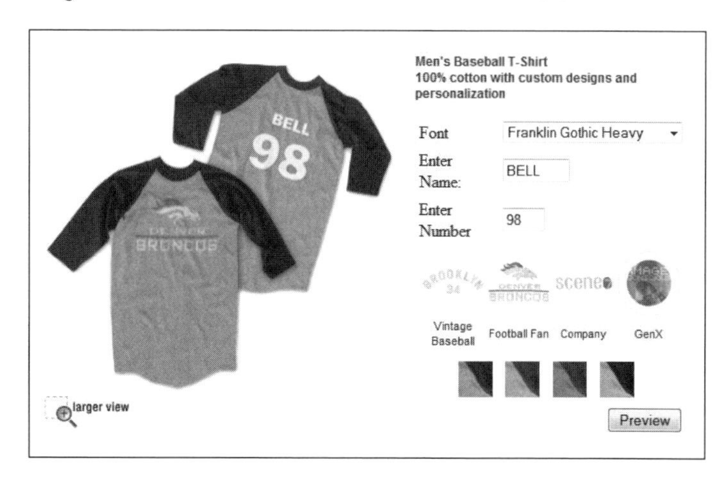

T-Shirts in Auflage 1 via Adobe Web-to-Print.

Bringt man jedoch Integratorenfähigkeiten mit, lässt sich die Scene7-Technologie durchaus in eine E-Commerce-Webseite einbinden – und das sogar auf verschiedene Wege. So bietet das Scene7-System zum Beispiel eine URL für jedes zur Verfügung gestellte Druckobjekt und auch die Vorlagen. Zudem gibt es ein API, das Programmierern zur Verfügung steht, um die Software mit anderen Programmen zu verbinden. Daher wäre es nicht all zu schwer, ein E-Commerce-System rund um Scene7 aufzubauen. Dennoch ist das standardmäßig nicht vorhandene E-Commerce-Modul eine signifikante Einschränkung.

Dabei handelt es sich jedoch nicht um die einzige Einschränkung. Die Interaktivität ist ebenfalls limitiert. So kann der Nutzer den Text nicht direkt in den Vorlagen editieren, sondern muss immer über Checkboxen oder Formularfelder gehen, die neben dem Formular zu finden sind. Daher ist Scene7 der

... und Ruck-Zuck hat man sich ein eigenes T-Shirt gestaltet. Der Clou: Die realistische Abbildung als Foto.

bereits seit Jahren funktionierenden Formularfunktion aus den Acrobat-Produkten sehr ähnlich. Es gibt jedoch einen Aspekt, der Druckereien durchaus von Scene7 überzeugen könnte. Eine Druckerei kann für ihren Unternehmenskunden ein Scene7-System einrichten und dies dann diesem Unternehmen zur Verfügung stellen. Eine Druckerei könnte zum Beispiel einer Restaurantkette ein System aufsetzen, mit dem alle Manager der einzelnen Restaurants ihre lokalen Werbematerialien bestellen. Ein Marketingdienstleister, Vertis Communications, hat dies bereits für eine Vielzahl seiner Kunden gemacht. Vertis nutzt Scene7 als Basis für eine Webseite für Vera Bradley Designs, die Handtaschen und Accessoires verkaufen.

Die wahrscheinlich beste Weise, die Web-to-Print-Aspekte von Scene7 richtig einzuordnen, ist folgende: Man sollte Scene7 nicht unbedingt mit dem Funktionsumfang anderer Web-to-Print-Lösungen vergleichen. Stattdessen kann man es als ausgefeiltes Media Asset Management-System betrachten, das um einige Web-to-Print-Funktionen erweitert wurde. Sieht man Scene7 aus diesem Blickwinkel, wird man nicht enttäuscht sein.

Funktionsweise von Scene7 anhand der Web-Demos

Die Demo auf der Scene7-Website zeigt ein eher rudimentäres Web-to-Print 1.0 System. Wie vorher schon erwähnt, sollte man nicht zu viel von den Web-to-Print-Funktionen von Scene7 erwarten. Es ist formularbasiert und bietet Basisfunktionen. In der Demo kann man zum Beispiel ein T-Shirt designen. Dabei kann man den Font auswählen, den gewünschten Namen in ein Formular-Textfeld eingeben, eine gewünschte Rückennummer hinzufügen (ähnlich wie bei einem Fußball-Trikot), zwischen vier verfügbaren Aufdrucken für die Vorderseite des Shirts wählen und zu guter Letzt ebenfalls zwischen vier verfügbaren Farbkombinationen.

Mit jeder Änderung erfolgt eine automatische Anpassung an die neuen Vorgaben. Der Klick auf »Large Preview« öffnet eine größere Ansicht des Shirts.

Die weiteren Demofunktionen bieten einen ähnlichen Aufbau, so dass man bisher wirklich nur von einem Basis-Web-to-Print-System ausgehen kann.

VistaPrint

Web-to-Print-Lösung nicht in Studie klassifiziert.

Wenn eine Firma für aggressives Marketing im Internet bekannt ist, dann ist es VistaPrint. In Zeiten, in denen andere Unternehmen froh sind, wenn sie überhaupt Zuwächse zu verbuchen haben, wächst VistaPrint um mehr als 30 Prozent im Jahr. Das Unternehmen wuchs von einer kleinen (aber effizienten) Visitenkartendruckerei zu einem großen Druckunternehmen mit mehr als 1.600 Mitarbeitern und Büros in allen Teilen der Welt. Heute gehören zum VistaPrint-Produktportfolio Broschüren, Etiketten, Kalender, Stempel und sogar die Gestaltung ganzer Websites. Die meisten dieser Produkte werden von den Kunden selbst erstellt. Dazu nutzen sie die VistaPrint Software oder entsprechende Vorlagen – jedoch bietet VistaPrint seinen Kunden auch Designprofis an, die bei der Erstellung behilflich sind. VistaPrint stellt sich selbst als Marketingdienstleister für kleinere Unternehmen dar, nämlich als „Small Business Marketing-Company" und nicht als Druckunternehmen.

Auf den Punkt gebracht: Das Wachstum von VistaPrint zeigt, wie erfolgreich Web-to-Print sein kann.

Die meisten von VistaPrints Kunden sind kleine Unternehmen (mit weniger als 10 Mitarbeitern), die kleine Mengen an Drucksachen bestellen. Der durchschnittliche Bestellwert liegt bei umgerechnet 25 Euro. Um Geld mit so kleinen Aufträgen zu verdienen, muss VistaPrint sehr effizient sein und VistaPrint legt großen Wert darauf, entsprechende Technologien zu entwickeln, die dies ermöglichen. Wenn sich etwas automatisieren

1000 und 1 Produkt. VistaPrint hat von der Visitenkarte bis zum T-Shirt ein breites Produktportfolio.

lässt, dann macht VistaPrint dies auch. Zum Beispiel werden Visitenkartenaufträge, die auf gleichem Papier gedruckt werden sollen und auf die selbe Weise weiterverarbeitet werden sollen, von VistaPrint automatisch zusammengefasst, um genügend Aufträge für eine Druckplatte zusammen zu bekommen. Außerdem werden die Druckplatten automatisch belichtet.

Kein Mensch muss Hand anlegen. Durch seine effizienten Prozesse kann VistaPrint eine große Anzahl an Aufträgen abwickeln. So werden aktuell rund 43.000 Aufträge am Tag bearbeitet. Pro Quartal gewinnt VistaPrint circa eine Million neue Kunden.

Schnell gekauft – VistaPrint ist sehr auf Verkauf „getrimmt".

Messen des Erfolgs

VistaPrint ist außerdem ein Unternehmen, das seine Marktposition auf verschiedene Weisen misst. Zum Beispiel weiß das Unternehmen, dass es 61,5 Millionen Webseitenbesuche im vierten Quartal 2008 hatte und 6,5 Prozent von diesen führten zu einer Bestellung. Vor ein paar Jahren noch führten nur 5 Prozent der Webseitenbesuche zu einer Bestellung und seitdem hat das Unternehmen nach den Gründen für den Absprung der Besucher ohne Bestellung gesucht. Verbesserungen an der Webseite werden immer wieder vorgenommen und jedes Jahr verbessert sich die Bestellquote ein bisschen. VistaPrint nutzt die Messungen bei Webseitenveränderungen und kann so die Auswirkungen von Änderungen deutlich sichtbar machen.

VistaPrints Einnahmen wachsen trotz Wirtschaftskrise weiter. So nahm das Unternehmen im vierten Quartal 2008 insgesamt knapp 105 Millionen Euro ein. Im selben Quartal ein Jahr zuvor waren es noch knapp 80 Millionen Euro.

Auf den Punkt gebracht:
Global agierende Unternehmen müssen auch lokal präsent sein, wenn sie Erfolg haben wollen.

Internationalisierung

Mit seinen Büros in Boston und einer großen Basis an US-Kunden wird VistaPrint immer internationaler. Im letzten Quartal (04/08) kamen 42 Prozent der Bestellungen von Nicht-US-Kunden, die meisten davon aus Europa. Gedruckt wird an Produktionsstandorten in Windsor (Kanada) sowie Venlo (Niederlande).

Vorschau der Web-to-Print-Komponente – hier im Beispiel: eine Visitenkarte, erzeugt aus einem einfachen Template.

Es gibt 19 lokalisierte Webseiten, die in den entsprechenden Ländern geschaltet sind und die lokalen Währungen akzeptieren. Ein großes Wachstum hat VistaPrint in Asien zu verzeichnen, was bisher aber nur einen kleinen Teil des Gesamtumsatzes ausmacht. Derzeit prüft das Unternehmen ob es seine Zentrale nach Europa verlegt.

VistaPrint ist einzigartig unter den Web-to-Print-Unternehmen, da das Unternehmen viel größer ist als alle seine Mitstreiter und die größte Palette an Produkten anbietet. VistaPrint gibt mehr Geld für Forschung und Entwicklung aus, als jede andere Web-to-Print-Firma und beschäftigt mehr als 150 Personen als Softwareentwickler sowie Domainexperten für Systemverbesserungen und neue Produktentwicklungen. Zum Unternehmensportfolio gehören Patente, die sich auf die Web-to-Print-Technologie beziehen. VistaPrint versucht mit ihnen sicherzustellen, dass andere Unternehmen das Erfolgsmodell nicht kopieren.

Bedrohung für VistaPrints Wachstum

Durch seine aktuelle Marktposition, die Technologie sowie die stetige Suche nach Verbesserungsmöglichkeiten wird VistaPrint in Zukunft wohl weiter wachsen. Wenn es eine Bedrohung für VistaPrints Wachstum gibt, dann hat dies nichts mit der Technologie oder dem Marketing zu tun, sondern mit den eigenen Geschäftspraktiken.

Die Größe des Problems lässt sich mit einer einfachen Google-Suche ergründen. Die Suche nach "Vistaprint scam" fördert über 100.000 Treffer zu Tage (Juni 2009). Sogar die Suchergebnisse bei einer einfachen Suche nach „Vistaprint" zeigen die Probleme. Zwar sind die ersten beiden Treffer Links zur Firmenwebsite, doch der dritte Treffer verweist bereits auf „Consumer complaints about Vistaprint.com" („Beschwerden von VistaPrint-Kunden").

Strategie-Tipp: Wachstum um jeden Preis ist eine Sackgasse. Wenn das Firmenimage durch aggressive Marktstrategien leidet, ist mittelfristig der Misserfolg vorprogrammiert.

Die meisten dieser Beschwerden stehen in Zusammenhang mit unerwarteten Kreditkartenabbuchungen, allen voran eine monatliche Abbuchung von 14,95 US-Dollar. Viele Kunden haben sich, ohne es zu wissen, für Dienste wie „Passport to fun" und „VistaPrint rewards" angemeldet, die sie nicht wollen und nicht angefragt haben. Dabei handelt es sich anscheinend um Empfehlungen (Referrals) an Drittunternehmen. Für eine Gebühr ermöglicht es VistaPrint Drittunternehmen, ihre Dienste VistaPrint Kunden anzubieten, die gerade einen Auftrag abgeschlossen haben. Dabei scheint es, als seien diese Referral-Seiten Teil der VistaPrint-Webseite. Einigen Berichten im Internet zu Folge nutzen einige dieser Dienste die „optout"-Funktion zur Bindung. Dabei müssen die Benutzer den Haken in einer Checkbox entfernen, wenn sie nicht für diese Dienste angemeldet werden wollen. Jedoch ist dieses Vorgehen seit kurzem nicht mehr auf der VistaPrint-Website zu sehen.

Die Website des „Better Business Bureau" (vergleichbar mit den Verbraucherzentralen in Deutschland) – www.bbb.org – berichtet von mehreren hundert eingereichten Problemfällen. VistaPrint selbst berichtet, dass im Zeitraum vom 29. Juli 2008 bis 11. September 2008 sieben Sammelklagen gegen VistaPrint USA, Inc., VistaPrint Corp. und/oder VistaPrint Ltd. und zwei weitere Drittunternehmen beim zuständigen U.S. Federal District Court in sechs verschiedenen Staaten eingegangen sind. Dabei behaupten die Kläger, dass monatliche Beitragszahlungen von ihren Kreditkarten abgebucht wurden – in allen Fällen angeblich ohne das Wissen der Kläger und ohne Zustimmung.

Abgesehen von den Beschwerden über nicht autorisierte Geldabbuchungen, gibt es auch immer wieder auftauchende Beschwerden über die Druckqualität und andere Produktionsprobleme. In Europa ist VistaPrints Image außerdem geschädigt durch die aggressiven Versuche des Unternehmens, seine Konkurrenz durch Patentklagen aus dem Markt zu drängen. Man kann zusammenfassend sagen, dass VistaPrints Erfolg nicht von seinen Konkurrenten bedroht wird, sondern es sind die Entscheidungen die VistaPrint bezüglich seiner Partner trifft. Auch die Art und Weise wie man mit seinen Kunden umgeht, die dubiosen rechtlichen Taktiken sowie die Aufrechterhaltung der Produktionsstandards sorgt für Probleme. Kurz: VistaPrint muss sich um sein Image kümmern. Mit einem schlechten Image wird das Unternehmen potentielle Kunden verlieren.

Dennoch ist es möglich, dass VistaPrint seinen Erfolg fortsetzen wird und weiterhin das größte Web-to-Print-Unternehmen der Welt sein wird. Kein anderes Unternehmen kann es mit VistaPrints Ressourcenkombination und Erfahrungen im Internetmarketing aufnehmen. Noch geht keine Gefahr von VistaPrint in Richtung der richtig großen Druckunternehmen aus. Dennoch sind die knapp 300 Millionen Euro Umsatz des vergangenen Geschäftsjahres klein im Vergleich zum Umsatz der großen Druckunternehmen. Aber VistaPrint wächst schnell, die Giganten tun dies nicht.

Bestellvorgang

Der Bestellvorgang bei VistaPrint gestaltet sich recht einfach. Man besucht die Webseite www.vistaprint.de, wählt aus einer Kategorie (Unternehmen oder Heim & Familie) das gewünschte Produkt aus und erhält danach umgehend den formularbasierten Editor angezeigt. Am Beispiel der Visitenkarte, die aktuell gratis – aber nicht komplett kostenlos ist, da man die Versandkosten zahlen muss – an Kunden abgegeben wird.

Auf den Punkt gebracht: Gratisangebote locken Kunden an. Dann wird versucht, diesen noch Zusatzleistungen zu verkaufen. Entsprechend komplex gestaltet sich bei VistaPrint der Bestellvorgang.

Man wählt aus insgesamt 42 Motiven – die Vorlagen – die im oberen Teil des Editors angezeigt werden. Wählt man eine dieser Vorlagen, so ändert sich auch gleich das Vorschaubild. Man kann für zusätzliche Kosten eigene Bilder als Hintergründe nehmen oder „exklusive Designs" nutzen, wobei es sich hierbei um „hübschere Vorlagen" (je nach Geschmack) von VistaPrint handelt. Hat man den gewünschten Hintergrund und damit die Vorlage ausgewählt, kann man seine persönlichen Daten eingeben. Zur Verfügung stehen Felder für den Namen, Firmennamen, Slogan, Berufsbezeichnung, drei Adresszeilen, Telefon- und Faxnummer, E-Mail und Internetadresse zur Verfügung. Man kann weiteren Text hinzufügen, was jedoch ebenfalls zusätzlich in Rechnung gestellt wird.

Nachdem man die Vorlage ausgewählt und die Daten eingegeben hat, muss man im dritten Schritt noch einen Online-Zustimmungsnachweis erbringen. Dabei geht es einzig und allein darum, dass man die Richtigkeit seiner zuvor eingegebenen Daten bestätigt, damit VistaPrint nicht für Rechtschreibfehler haftbar gemacht wird. Denn wenn der Kunde einen Rechtschreibfehler gemacht hat und daher das Druckprodukt reklamiert, hat VistaPrint die Sicherheit, nicht haftbar gemacht werden zu können.

Hat man auch diesen Haken gesetzt, geht es zur Bestellung. Dabei hat man entweder bereits ein Konto bei VistaPrint angelegt, kann eines anlegen oder nutzt einen Gastzugang. Bei letzterem besteht nicht die Möglichkeit erstellte Produkte – wie in diesem Falle die Visitenkarte – für erneute Bestellungen online zu speichern.

Nach dem Einloggen kommt man zur Bestellübersicht und kann Bestellmenge, Papierart und weitere Produktdetails festlegen. Zuerst lassen sich entweder 250 Visitenkarten gratis bestellen (zzgl. Versandkosten) oder für einen Aufpreis gleich 500 Visitenkarten. Andere Mengen sind ebenfalls möglich. Zusätzlich hat man die Möglichkeit sich an dieser Stelle für den Newsletter anzumelden. Bei der Gratis-Bestellung ist außerdem nur die Papierart „Matt" inbegriffen. Hochglanz oder mattes Exklusivpapier kosten extra.

Wünscht man weiterhin den Gratisdruck, so muss man mit VistaPrint-Werbung auf der Rückseite leben. Eigener Text, eine weiße Rückseite, ein kleiner Kalender oder Terminplaner sind gegen Aufpreis verfügbar. Im nächsten Schritt bekommt man passende Angebote unterbreitet wie Firmenstempel, Fensteraufkleber, T-Shirt und Adressaufkleber, jedoch ist standardmäßig nichts davon ausgewählt. Einen Schritt weiter bekommt man erneut weitere Angebote unterbreitet. Dabei geht VistaPrint nun von anderen Kundenbestellungen aus und nutzt das Amazon-Prinzip: „Kunden die dieses Produkt gekauft haben, kauften auch...".

Im vorletzten Schritt unterbreitet VistaPrint dem Kunden die Möglichkeit, eine Website entsprechend der Visitenkarten-Vorlage zu erstellen – gratis im ersten Monat, danach für ca.

6 Euro pro Monat. Nun folgen nur noch Partnerangebote, wie Probe-Abos von Zeitschriften oder Coupons für DVD-Verleihe. Aber auch hier sind standardmäßig keine Angebote ausgewählt.

Hat man sich komplett durchgeklickt (überspringen lassen sich die einzelnen Schritte nicht) bekommt man eine letzte Bestellübersicht und kann die Bestellung aufgeben indem man zur Kasse geht, oder weiter einkaufen. Auch steht ein Expresskauf mit PayPal zur Verfügung. Nach abschließender Adress- und Rechnungseingabe hat man die Bestellung aufgegeben. Innerhalb von ein paar Werktagen, sollte die Bestellung dann geliefert werden.

VII. Remote Publishing

Strategie-Tipp: Wenn Web-to-Print nicht mehr ausreicht, sollten Remote Publishing-Konzepte erprobt werden. Eine bessere Kundenbindung gibt es nicht!

Remote Publishing oder Web-to-Print? Blickt man nur auf die eingesetzten Technologien, dann scheint dies das Gleiche zu sein. Doch diesem, von einigen Herstellern gerne unterstützen, Irrtum sollte man nicht erliegen. Es gibt einen entscheidenden Unterschied zwischen beiden Bereichen. Web-to-Print schließt neben den Produktionsmöglichkeiten auch die Vermarktung der Printprodukte über und die Organisation der dazugehörigen Prozesse über das Internet mit ein.

Anders beim Remote Publishing. Hierbei geht es um klassische Publishing-Prozesse – in der Regel zwischen Fachleuten unterschiedlicher Ausprägung –, die aber jetzt durch den Einsatz von Web-Technologien wesentlich flexibler, effizienter und produktiver gestaltet werden können.

Ein gutes Praxisbeispiel bietet hierfür zipcon consulting selbst, die bei der Produktion ihrer Web-to-Print-Studie die Möglichkeiten des Remote Publishing ausschöpfte.

Definition Remote Publishing:
„Remote Publishing ist der Einsatz von externen, via Internet verbundenen Produktions- und Satzsystemen zur Erstellung von Druckvorlagen im personellen Onlineverbund."

Remote Publishing mit one2edit

2007 veröffentlichte zipcon consulting in Zusammenarbeit mit dem Bundesverband Druck und Medien (bvdm) die weltweit erste Web-to-Print-Studie und traf damit den Geist der Zeit. Web-to-Print-Anwendungen und -Lösungen wuchsen wie Pilze aus dem Boden, der Markt wurde unübersichtlich. Auf mehreren hundert Seiten fanden Verantwortliche in Druck- und Medienunternehmen, Agenturen sowie Dienstleister und Anwender aus der Industrie (IT/Marketing/Marketing-Produktion) einen Überblick über den großen Web-to-Print Markt.

Die über 500 Seiten umfassende Studie bot sowohl eine Analyse der Endprodukte und Marktanwender als auch der Geschäftsmodelle und Web-to-Print-Märkte. Mehr als 60 marktrelevante Lösungen und Produkte wurden vorgestellt, die für den jeweiligen Anwendungsbereich getestet, bewertet und kategorisiert wurden. Damit bot die Studie dem Leser eine einzigartige Marktübersicht und Entscheidungshilfe für seine eigene Web-to-Print-Strategie.

Auf den Punkt gebracht:
Es gibt einen wichtigen Unterschied zwischen den beiden Studien. Die Version 2007 enthält Marktzahlen – die Version 2009 enthält die aktuellen Bewertungen von Anwendungen.

Zwei Jahre später stellten zipcon und bvdm mit „Web-to-Print 09/10 – Anbieter, Dienstleister + Lösungen" die zweite Studie des Web-to-Print-Marktes vor. Die Anzahl der dargestellten und bewerteten Lösungen wuchs stark an, so dass nun 96 Produkte und Lösungen vom zipcon-Expertenteam recherchiert, überprüft, getestet und bewertet sind. Auch hat man sich Anwendungen außerhalb des deutschsprachigen Raumes gewidmet und untersuchte Lösungen aus Ländern wie Kanada, USA, Großbritannien, Niederlande, Israel, Dänemark und Belgien. Auf 630 Seiten stehen in der aktuellen Studie noch mehr Informationen zu den Produkten und ausführlichere Bewertungen zu den einzelnen Lösungen bereit. Diese Bewertungen sollen bei einer besseren Entscheidungsfindung helfen. Dies ist besonders wichtig, da Web-to-Print-Verfahren mehr und mehr an Bedeutung in der täglichen Publishing-Produktion gewinnen und bereits heute schon oft herkömmliche Produktionsverfahren ablösen.

Diese Nachfolgestudie ergänzt die Web-to-Print-Studie von 2007 und präsentiert erstmalig einen aktuellen Status Quo der Web-to-Print-Szene in Europa. Neben einer kurzen Einführung in das Thema, bietet die Studie einen guten Einblick in die Leistungsfähigkeit moderner Web-to-Print-Anwendungen und gilt als unabdingbarer Ratgeber für alle Abnehmer von Web-to-Print-Produkten.

Ein langer Weg führt zum Ziel

Die Arbeiten an der Web-to-Print Studie 09/10 beginnen bereits im April 2008. Dženefa Kulenović und Daniel Schürmann übernehmen zu diesem Zeitpunkt die Arbeit von Sandra Winter und Sandra Hoppe, die Bernd Zipper (Autor) bei der ersten Studie als Co-Autoren zur Seite standen. Das groß angelegte Projekt soll neue Maßstäbe in der Bewertung und Empfehlung von Web-to-Print-Produkten und -Lösungen setzen. Das Expertenteam von zipcon consulting beginnt mit den Recherchen, um sich selbst einen Überblick über den stark anwachsenden Web-to-

Print-Markt zu verschaffen. Neben den in der aktuellen Studie getesteten Produkten und Lösungen gibt es nochmal so viele, die aber aus vielfältigen Gründen bereits im Vorfeld aussortiert wurden. Sei es, weil sie sich noch in der Entwicklung befinden, sei es, weil sie nur für ganz spezielle, meist kleine Nischen entwickelt wurden.

Das Expertenteam hat es sich zur Aufgabe gemacht, nur die wichtigsten und bedeutendsten Produkte und Lösungen zu testen. Fast alle Produkthersteller aus der Studie von 2007 werden erneut gebeten, sich an der zweiten Studie zu beteiligen und (fast) alle kommen der Aufforderung mit Freude nach, ist es doch eine gute Möglichkeit sein Produkt auf kostenneutrale Weise in einer wichtigen Studie zu platzieren. Neben diesen Produkten kommen zahlreiche weitere neue, bis dahin noch

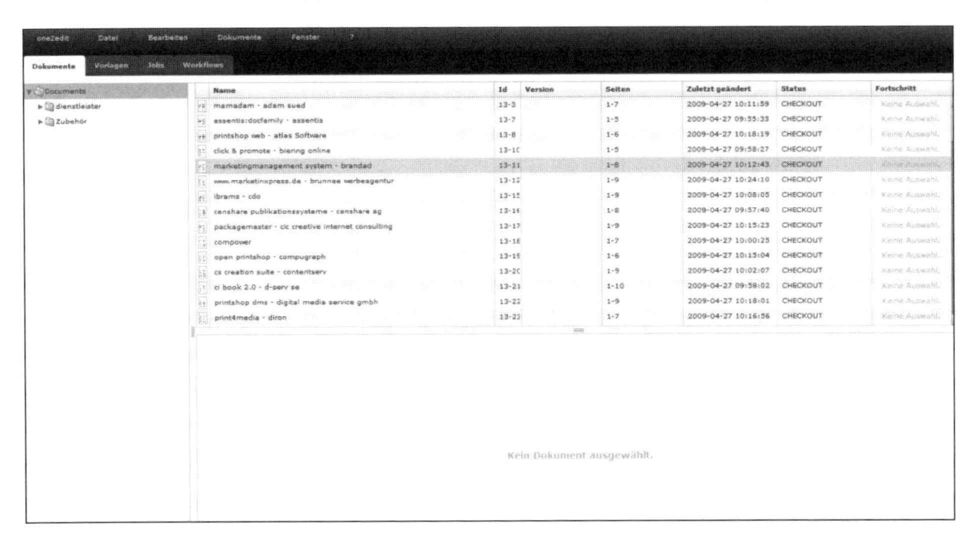

one2edit wurde auch zum Korrekturlesen, zur Gestaltung und zur Übersetzung eingesetzt.

nicht näher getestete Produkte in die Auswahl. Auch diese Hersteller werden kontaktiert und um Teilnahme gebeten.

Während bei der 2007er Studie Word-Fragebogen an die Unternehmen verschickt wurden, hat das zipcon-Expertenteam für die 2009/2010-Studie eine neue Art der Befragung entwickelt. Zusammen mit der kuhnert GmbH, die die Web-to-Print-Lösung one2edit anbieten, wird ein auf Flex basierender Online-Fragebogen erstellt. Bei Interesse erhalten die Unternehmen ihre individuellen Zugangsdaten. Das neue System bietet viele Möglichkeiten. Zum Beispiel können die Unternehmen ihre Daten selbst einpflegen und aktualisieren, sobald ihr Produkt erweitert wird. Für nicht-deutschsprachige Unternehmen wird ein englischer Fragebogen erarbeitet. Sowohl der deutsche als auch der englische Fragebogen blieben dabei fast identisch zum Fragebogen der Vorgängerstudie. Das ermöglicht eine gute Vergleichbarkeit der Ergebnisse. Abgesehen von einigen Aktualisierungen, die zum Beispiel wegen neuen Servertechnologien nötig werden, bleibt die Anzahl der Fragen gleich. Lediglich für die neue Kategorie der Web-to-Print-Dienstleister wird ein von Grund auf neuer Fragebogen entwickelt, da hier andere Informationen von größerer Bedeutung sind. Dieser Fragebogen wird mit Hilfe eines Web-to-Print-Dienstleistungsexperten erstellt: Rouven Barmbold, Geschäftsführer bei AMDRE Visuelle Werbe-

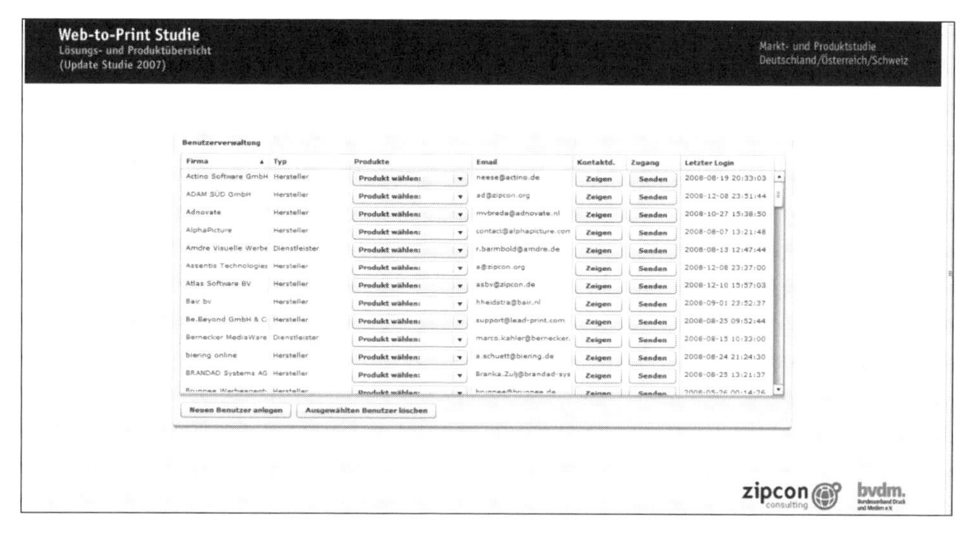

Beantworten eines Fragebogens über das Online-System – einfach per Klick.

Handels-GmbH (und Inhaber von Printshop24.de) arbeitet dem Expertenteam zu und hilft so, einen optimalen Dienstleister-Fragebogen zu erarbeiten.

Die Unternehmensbefragung beginnt im Mai 2008. Die Einladungen für das Online-System werden verschickt, so dass die Unternehmen von nun an die Daten eigenständig in den Fragebogen eintragen können.

Dabei hilft ein intelligentes Speichersystem: Nicht alle Fragen müssen in einer Sitzung beantwortet werden, bereits gegebene Antworten werden gespeichert. Dies ist eine Grundvoraussetzung für den Online-Fragebogen. Denn in vielen Unternehmen ist Zeit knapp und mit unserem Online-System können die Teilnehmer immer dann arbeiten, wenn es ihnen gerade zeitlich passt. Während die Unternehmen ihre Fragebögen ausfüllen, steht das zipcon-Expertenteam allen Unternehmen mit Rat und Tat zur Seite, falls es Unklarheiten oder Probleme mit den Fragen oder der Bedienung des Online-Systems gibt. Auch werden parallel weitere Unternehmen recherchiert und zur Studie eingeladen. Nachdem die Unternehmen ihre Fragebögen vollständig beantwortet haben, geht die Arbeit für das zipcon-Expertenteam weiter. Die Fragebogen müssen auf Vollständigkeit und richtige Beantwortung hin überprüft werden. Werbliche Formulierungen, Grammatik- und Rechtschreibfehler wollen ebenfalls korrigiert werden.

Zusätzlich werden an dieser Stelle die Antworten der englischsprachigen Unternehmensfragebögen übersetzt und in das Online-System eingearbeitet, so dass alle Produkte und Lösungen in einem zentralisierten System zur Betrachtung und Bearbeitung für das Expertenteam zur Verfügung stehen. Wichtig ist dem Team, dass die Unternehmen Zugangsdaten zu ihren Web-to-Print-Lösungen für einen umfassenden Online-Test zur Verfügung stellen. Dies ist für eine eindeutige Klassifizierung und Bewertung der Produkte nötig. Getestet werden die Produkte unter folgenden Kriterien: Allgemeine Bedienung/Erlernbarkeit, CI/CD-Wiedergabe, Frontendgestaltung und Sicherheit. Dies führt zu einer Vielzahl von Entscheidungsfaktoren, wie „Aufwand Implementierung", „Modularität", „Mehrsprachigkeit" und zahlreichen weiteren. Zugleich wird eine zipcon-Empfehlung ausgesprochen, die es Entscheidern vereinfachen soll, das für sie richtige Produkt zu finden. Diese Tests, Bewertungen und Empfehlungen sind der zugleich wichtigste und längste Prozess bei der Erstellung der Studie.

Überprüfung des Fragebogens und Test der Web-to-Print-Lösungen.

Als alle Fragebögen überprüft und vollständig waren, die Bewertungen vorgenommen, Entscheidungsfaktoren festgelegt

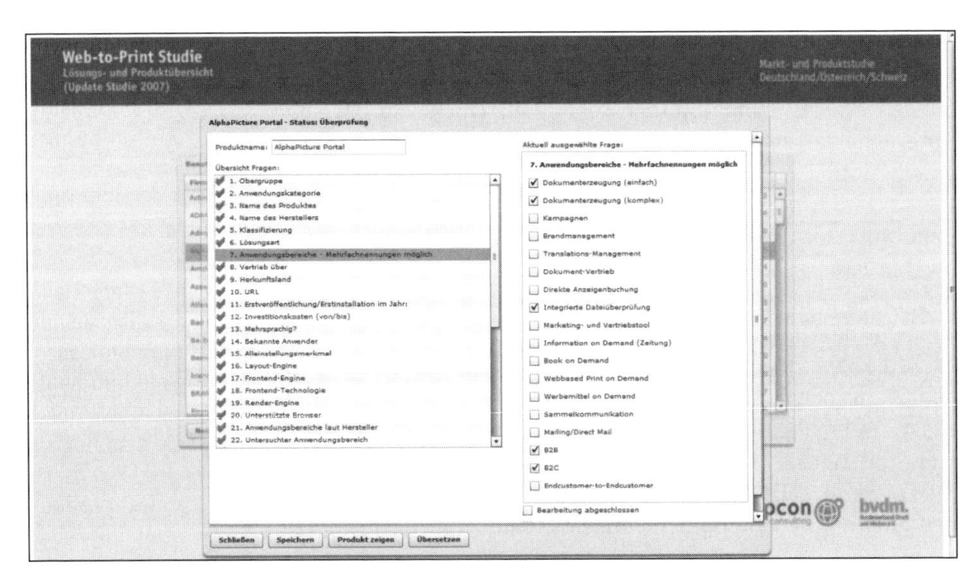

und die Empfehlung ausgesprochen sind, werden die einzelnen Fragebögen in erneuter Zusammenarbeit mit der kuhnert GmbH in das Web-to-Print-System one2edit portiert. Dort werden die zuvor in XML gespeicherten Antworten in ein InDesign-Layout gesetzt. Dies hilft, zu sehen wie die Studie später in gedruckter Fassung erscheinen wird. one2edit half bei der Organisation und Bearbeitung der einzelnen Fragebögen im InDesign-Format.

Kontrolle und letzte Änderungen

Durch das performante und ausgeklügelte one2edit-System (aus Gründen der Befangenheit wurde auf eine zipcon-Bewertung für one2edit in der Web-to-Print Studie 09/10 verzichtet) werden letzte Änderungen an den einzelnen Produkten der Studie durchgeführt. Das System hilft durch seine SoftProof-ähnliche Ansicht einzuschätzen, wie die gedruckte Studie später aussehen wird. Im letzen Schritt werden die einzelnen InDesign-Dokumente ein letztes Mal korrekturgelesen. Zu diesem Zweck

Die Voransicht: Optimale Überprüfung der Daten vor Drucklegung.

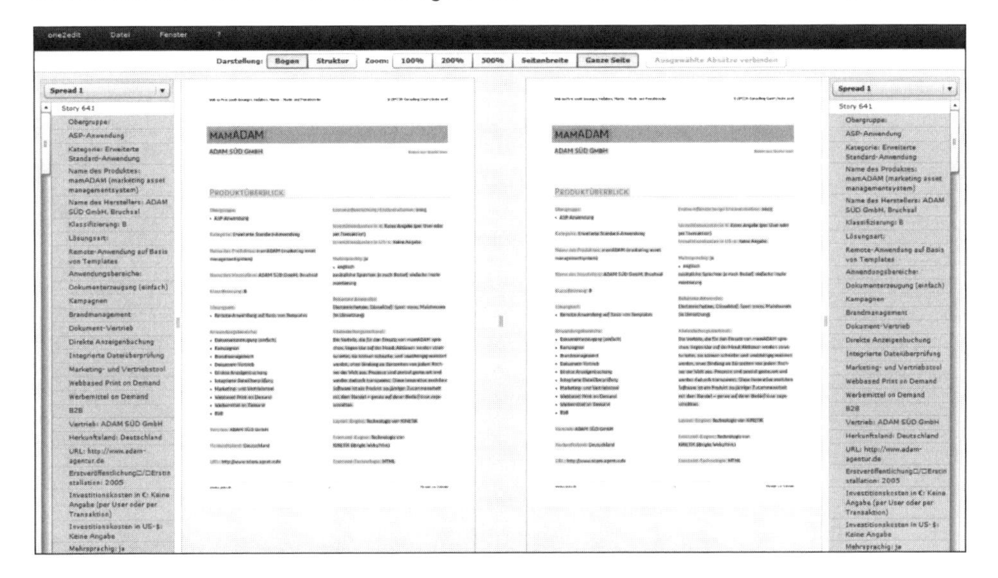

werden die Dateien über die in one2edit integrierte Funktion als PDFs exportiert und ausgedruckt. Viele Rechtschreib- und Grammatikfehler übersieht man nämlich ungewollt am Bildschirm, so dass das Team die Korrekturen am physischen Druckprodukt durchführt und später manuell in die one2edit-Dokumente einarbeitet. Natürlich konzentriert sich das Team während dieser Zeit nicht nur auf das Korrekturlesen. Seit dem Start der Recherche sind einige Monate vergangen und viele neue Web-to-Print-Anbieter in Erscheinung getreten, so dass parallel weitere Unternehmen eingeladen werden, an der Studie teilzunehmen. Diesen lässt man zwar bei weitem nicht so viel Zeit zum Ausfüllen des Fragebogens wie den Unternehmen zuvor, doch können so noch viele weitere interessante Produkte in die Web-to-Print Studie 09/10 aufgenommen werden.

Als alle Texte konsolidiert, korrekturgelesen und bewertet sind, gibt es ein letztes Treffen des zipcon-Expertenteams. Während des Treffens werden noch offene Fragen geklärt, beispielsweise welche Klassifizierung eine Web-to-Print-Lösung erhält, falls es nicht eindeutig zu bestimmen ist. Als alle noch offenen Fragen aus der Welt geräumt sind, geht das Start-Signal zur Erstellung der Druckdaten an die kuhnert GmbH. Dort werden die Daten aus one2edit ausgecheckt, mit Vorwort, Einleitung, Inhaltsverzeichnis, Kontaktliste und Index versehen und als druckfertiges und PDF/X konformes Dokument an zipcon consulting übermittelt.

:Apogee Media

Die Agfa-Gevaerts-Gruppe mit Hauptsitz in Mortsel (Belgien) agiert weltweit im Bereich Imaging-Lösungen und Informationstechnologien. Neben den Geschäftseinheiten Agfa HealthCare und Agfa Materials ist Agfa Graphics der größte Unternehmensteil. Agfa Graphics bietet integrierte Lösungen für die Druckvorstufe an. Zum Portfolio gehören Verbrauchsmaterialien, Hardware, Software und Service-Dienstleistungen für den Produktions-Workflow sowie, seit der drupa 2008, das Projekt- und das Farbmanagement.

Das Unternehmen kooperiert mit verschiedenen Herstellern und erweitert damit das technologische Know-how in Entwicklung

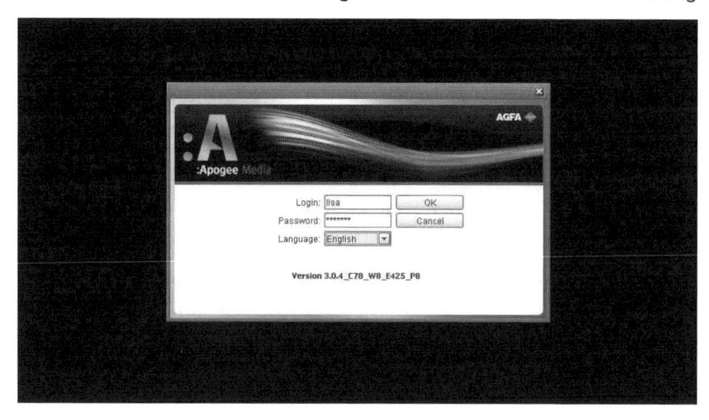

Einfach: Der Anwender wählt seine Sprache und loggt sich anschließend ein.

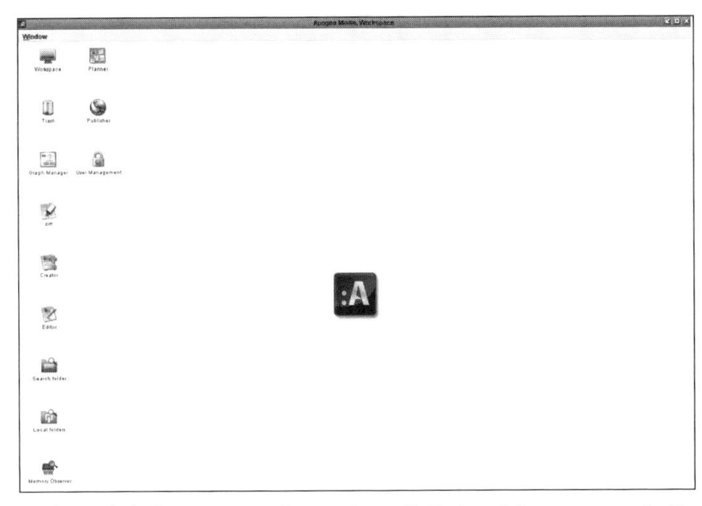

Desktop pur: Apogee zeigt sich zunächst nur als Virtueller Desktop.

und Produktion von umfassenden digitalen Lösungen und die Herstellung diverser Druckprodukte. Deutsche Kunden werden mit eigenen Vertriebsrepräsentanten und in Zusammenarbeit mit Systemhauspartnern betreut. Agfa Graphics verfügt über Produktionsanlagen in Europa, den USA, Asien und Süd-Amerika und ist damit einer der globalen Anbieter.

Lösungen für Kunden

Auf den Punkt gebracht: Apogee stammt aus der traditionellen Druck- und Medienwelt. Durch Apogee Media wird dieses Wissen der Online-Welt zugänglich gemacht und ermöglicht crossmediales Publishing über das Web nach bewährten Qualitätsstandards.

Apogee Media ist ein integriertes Content- und Editorial-Managementsystem, das Teil der neuen Apogee Suite ist. Apogee Media wurde speziell für das crossmediale Publishing entwickelt und kann unter anderem von Verlagen, Druckdienstleistern, Agenturen und Marketing-Abteilungen verwendet werden. Das Produkt steht am Anfang der Produktion von Publikationen für verschiedene Zwecke und ist somit in den Bereich der redaktionellen und kreativen Arbeit einzuordnen.

Das System besteht aus zwei Teilen: Der Katalog ist ein flexibles Content-Management-System und verwaltet jede Art von Inhalten. Apogee Media setzt dabei auf offene Standards wie Java und XML.

Der zweite Teil des Systems plant und verwaltet laufende Projekte und arbeitet dabei zur Layout-Erstellung mit Adobe-Plugins zusammen. Dabei ist es möglich, aus dem Layout-Programm mithilfe des Plugins auf den Server zuzugreifen oder über einen herkömmlichen Internet-Browser. Auf diese Weise können ebenfalls Korrekturen an bestehenden Layouts durchgeführt werden, ohne dass der Benutzer die Layout-Software installiert haben muss.

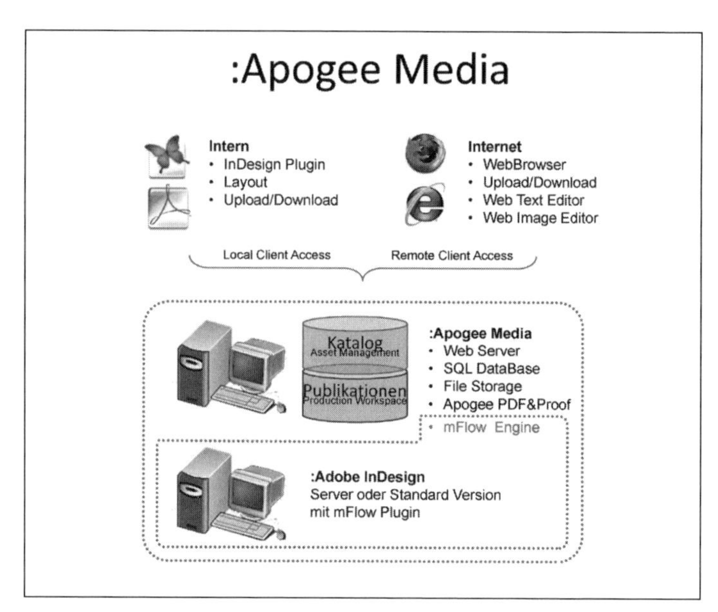

Apogee Media im Überblick. Alle Daten in einem System.

Ablauf

Der Benutzer hat über einen Client Zugriff auf das System. Dazu stehen ihm zwei Varianten zur Verfügung. Bei der ersten Variante kann der Benutzer sich über einen Webbrowser in das System einloggen. Dazu startet er im Browser ein Java Applet und gibt Name und Passwort ein. Jeder Benutzer hat ein eigenes Profil, das spezifiziert, welche Rechte er hat. Beispielsweise kann er als redaktioneller Mitarbeiter nur auf Texte zugreifen.

Nach dem erfolgreichen Login findet sich der Benutzer in einer virtuellen Arbeitsumgebung wieder: Er sieht seinen Virtual Desktop, auf dem ihm verschiedene Anwendungen zur Verfügung stehen. Dies sind beispielsweise der Workspace, über den der Benutzer Zugriff auf die verschiedenen Assets im System hat, ein E-Mail Programm zur Kommunikation, ein Planner, ein Editor und weitere Anwendungen, die die Arbeit in der virtuellen Umgebung ermöglichen.

Der Workspace

Die Hauptanwendung im Virtual Desktop ist der Workspace. Wird die Anwendung gestartet, öffnet sich ein browserähnliches Fenster, in dem der Benutzer eine Übersicht über die Inhalte des Systems hat. Dieses besteht aus zwei Teilen: Der erste Teil beinhaltet in einer Ordnerstruktur alle laufenden Projekte. Der zweite Teil ist der Katalog – ein eingebautes Content-Management-System (CMS).

Dokumentübersicht: Das System speichert eine Übersicht über alle Seiten und zeigt die Bearbeitungsstatistik.

Im Katalog können verschiedene Datenbanken definiert werden, in denen alle Dateien abgelegt sind. Diese werden für die laufenden Projekte benötigt, um zum Beispiel Texte und Bilder abzulegen. Das CMS ist unabhängig von bestimmten Anwendungen, so können ebenfalls Audio- und Videodateien gespeichert werden. Die Struktur des CMS kann personalisiert werden, so dass sich beispielsweise jedem Mitarbeiter ein eigener Katalog zuweisen lässt.

Wählt man einen Katalog an, wird ein Browserfenster geöffnet, in dem eine Suchmaske zur Verfügung steht. Über diese können benötigte Assets gesucht werden. Wird die Suchmaske leer gelassen, werden alle an diesem Ort verfügbaren Assets angezeigt. Der Benutzer kann dazu verschiedene Ansichten einstellen. Zum einen können Thumbnails angezeigt werden, bei denen ein Popup mit relevanten Informationen angezeigt wird, sobald der Benutzer mit der Maus darüber fährt. Zum anderen kann auch eine Tabellenansicht eingestellt werden, bei der auf einen Blick alle relevanten Informationen sichtbar sind. Welche Informationen das genau sind, wird ebenfalls eingestellt (zum Beispiel Erstellungsdatum).

Strategie-Tipp:
Liegen Texte als XML-Daten vor, können sie sowohl für Web als auch für Print eingesetzt werden. Eine zentrale Voraussetzung also für Cross Media Publishing.

Eine Besonderheit des Systems ist, dass die Texte als XML gespeichert werden. Der Vorteil davon besteht darin, dass die Inhalte für Print und Web genutzt werden können. Öffnet der Benutzer eine Textdatei, wird diese im eingebauten Editor angezeigt. Dabei wird die XML-Struktur sichtbar, beispielsweise der Header und Body oder einzelne Tags. XML ist auch ein Garant dafür, dass durch die konsequente Trennung von Inhalt und Design, Texte in weiteren Medien genutzt werden können.

Im anderen Teil des Systems werden die Dateien aus dem CMS in laufenden Projekten verwendet. Diese sind in einer Ordnerstruktur gespeichert. Öffnet der Benutzer ein bestimmtes Projekt, werden ihm wieder verschiedene Ansichten angeboten, beispielsweise sieht er bei einem mehrseitigen Artikel die verschiedenen Seiten in ihrem aktuellen Stadium klein nebeneinander dargestellt. Ebenso kann ein Artikel in einer Tabellenansicht angezeigt werden, in der der Status der einzelnen Seiten sichtbar ist. Hier gibt es auch die Möglichkeit den Status zu verändern – beispielsweise Freigaben zu erteilen – die jeweils angebotene Ansicht hängt dabei vom Benutzerprofil ab. Je nach Rechten können in diesem Teil des Systems neue Ordner erstellt und personalisiert werden.

Der Planner

Auf den Punkt gebracht: Webbasierter Zugang zur Funktionalität von professionellen Layout-Programmen erhöht nicht nur die Leistungsfähigkeit der Lösung, sie spart auch Lizenzkosten auf Seiten der Anwender. Denn diese müssen die Layout-Software nicht selbst auf ihrem Rechner installiert haben.

Eine weitere wichtige Anwendung, die dem Benutzer in seinem Virtual Desktop zur Verfügung steht, ist der Planner. Der Benutzer hat hier die Möglichkeit ein neues Produkt anzulegen. Beispielsweise soll ein 16-seitiges Magazin erstellt werden. Dazu werden dem Nutzer bereits existierende Publikationen angeboten, aus denen er eine Vorlage auswählen kann. Anschließend kann er eine Seitenzahl festlegen und die einzelnen Seiten in verschiedene Sektionen gruppieren. Auch hier wird ihm die Struktur der Vorlage angeboten, die wiederum nach den Wünschen des Benutzers verändert werden kann. Ein spezielles Feature bei dieser Anwendung ist das Angebot von Informationen zu Anzeigenseiten. Der Benutzer kann in einer Seitenübersicht sehen, was in der jeweiligen Edition beworben werden soll. Für jede andere Seite kann er ein InDesign-Masterlayout auswählen, so dass im Anschluss automatisch eine InDesign-Datei mit dem grundlegenden Layout erzeugt wird. Der Benutzer kann ebenfalls festlegen ob und welche Seiten zusammen in einer InDesign-Datei erzeugt werden sollen.

Sind alle benötigten Informationen zur Erstellung eines neuen Produkts vorhanden, fragt das System nach dem Speicherort und schickt den Job anschließend an den im Hintergrund arbeitenden InDesign Server, der die Dateien erzeugt. Diese werden wiederum im Workspace unter den laufenden Projekten angezeigt.

Plugins

Die zweite Variante um auf das System zuzugreifen sind Plugins in den Anwendungen der normalen Umgebung des Benutzers.

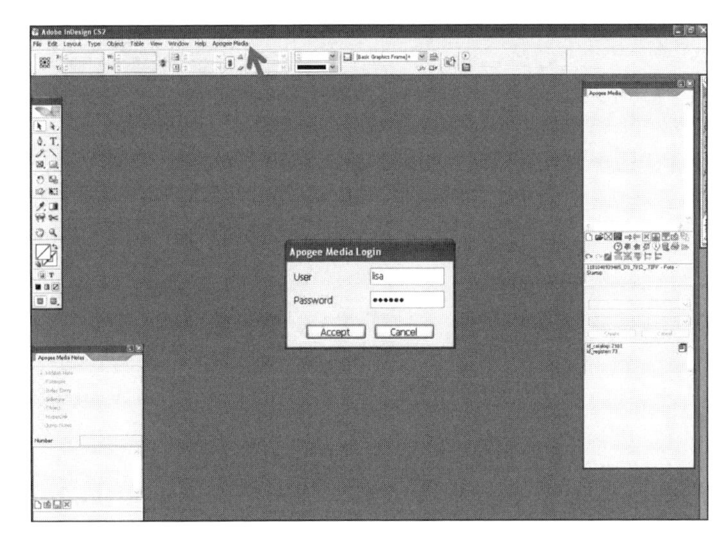

Lokal kann sich der Anwender via InDesign-PlugIn und Web verbinden.

Diese sind für Windows und Mac erhältlich. So kann beispielsweise das vorher angelegte Produkt in InDesign über das Apogee Media Plugin geöffnet werden. Dem Benutzer werden die verschiedenen Seiten mit dem Masterlayout angezeigt. In einem weiteren Schritt kann der Nutzer beispielsweise Texte und Bilder, die auf dem Server liegen, auswählen. Diese werden in dem Plugin angezeigt.

Möchte der Benutzer an den Texten arbeiten, kann er diese sperren, so dass kein anderer Benutzer die Möglichkeit hat sie zu verändern, während sie in Bearbeitung sind. Anschließend können die Inhalte in das Layout eingefügt werden. Dazu lassen sich automatisch Textboxen kreieren, in die bestimmte Inhalte fließen. Nun kann der Benutzer wie gehabt in InDesign an den Inhalten arbeiten. Zum Schluss muss die veränderte InDesign-Datei über das Apogee Media Menü wieder auf dem Server gespeichert werden.

Korrekturen und weitere Bearbeitung

Das so gespeicherte Produkt kann im Virtual Desktop wieder über den Workspace aufgerufen werden. Der Benutzer hat die Möglichkeit sich das Produkt als Thumbnail anzusehen oder ein JPEG, PDF oder EPS als Softproof sowie ein Proof für einen lokalen Drucker zu generieren, um das Ergebnis zu begutachten.

Jedes Element, das sich im Layout befindet, ist auch als Asset auf dem Server gespeichert und verlinkt. So wird dem Benutzer angezeigt, um welches Asset es sich genau handelt, wenn er mit der Maus darüber fährt. Es ist möglich einzelne Elemen-

Unscheinbar: Notizen vom lokalen InDesign an das Produktionssystem vermitteln.

te des Layouts auszuwählen und direkt in dieser Umgebung zu bearbeiten, ohne dafür InDesign zu benötigen. So können beispielsweise Bildausschnitte korrigiert oder Texte bearbeitet werden. Handelt es sich um Text, wird der Editor geöffnet, der automatisch auch Schriftstile anzeigt, so dass nicht nur am Inhalt sondern auch an der Darstellung gearbeitet werden kann. Innerhalb des Editors kann ebenfalls geprüft werden, ob der Text in das Layout passt. Die Textlänge kann entweder direkt geändert werden oder der Benutzer sendet eine Nachricht über das integrierte E-Mail-Programm an die zuständige Person.

Jeder, der Zugriff zu dem jeweiligen Projekt hat, kann diese Aktion durchführen. Auf diese Weise muss die Aufgabe nicht zurück zum Layout-Designer. Damit werden Korrekturen schnell und einfach durchführbar. Dadurch, dass der gesamte Korrekturprozess für jeden, der Zugang zu dem Projekt hat möglich ist, kann die Produktivität gesteigert werden.

Der Druck

Ist das Produkt korrigiert, wird der Status festgelegt. Das Produkt bietet einen Softproof und kann das Produkt jetzt zu einem lokalen Drucker senden. Wenn der Status modifiziert wird, kann das eine Aktion auslösen. Beispielsweise kann das Produkt bei Freigabe automatisch zu einem Modul (ApogeeX Create) im Hintergrund geschickt werden, das einen Preflight durchführt und für jede einzelne Seite ein PDF/X-3 erzeugt. Auf diese Weise werden sehr schnell druckfertige Daten erzeugt.

Anwendungsbeispiel Visitenkarte

Um eine Visitenkarte zu erstellen, loggt sich der Benutzer auf seinem Virtual Desktop ein und startet die integrierte Anwendung „Creator“. Im ersten Schritt legt er eine neue Datei an und gibt als Basis ein bereits existierendes Asset an – in diesem Fall eine Vorlage für Visitenkarten des jeweiligen Unternehmens. Anschließend öffnet sich der Editor in dem der Mastertext der Visitenkarte erscheint und individuell angepasst werden kann. Ist der Benutzer fertig, speichert er seine Visitenkarte und kann dann im Workspace eine Vorschau der Visitenkarte anzeigen lassen (dazu wird im Hintergrund wieder ein Softproof erzeugt). Zum Schluss kann der Benutzer mithilfe des E-Mail-Programms eine Nachricht an den zuständigen Mitarbeiter senden und die gewünschte Anzahl an Visitenkarten anfordern.

Kundennutzen

Auf den Punkt gebracht:
Durch die reelle Berechnung werden nur die Nutzer in Rechnung gestellt, die auch wirklich das System nutzen. Das spart eine Menge Geld für die Lizenzen von Drittprodukten.

Mithilfe von Apogee Media entsteht eine zentrale Umgebung zum Management aller Inhalte sowie zur automatisierten Planung und Herstellung von Publikationen für Print und Web. Der Zugriff über einen Browser ermöglicht es, dass mehrere Personen parallel an einem Projekt arbeiten können. So können die Produktionszeiten verkürzt werden, da beispielsweise für Korrekturen nicht immer der Layout-Designer herangezogen werden muss und Korrekturzyklen vermindert werden. Es ist nicht notwendig, dass jeder Mitarbeiter die Layout-Software installiert hat. So entfallen Lizenzkosten und Wartungsaufwand. Durch den Zugriff über den Browser fallen Probleme verschiedener Programmversionen, Verzeichnisse, Schriften und Formatvorlagen weg. Außerdem sind die Anwendungen, die über den virtuellen Desktop zur Verfügung gestellt werden, leicht bedienbar.

Durch Apogee Media wird eine hohe Transparenz in den Layout-Prozess gebracht. Durch die Vergabe von Statusanzeigen für jedes Element einer Publikation ist der Produktionsfortschritt sofort sichtbar. Die zentrale Verwaltung aller Inhalte erhöht die Konsistenz der Daten. So wird die Fehleranfälligkeit vermindert und die Qualität erhöht. Zudem ist die gesamte Produktionskette nachvollziehbar. Der Benutzer hat einen Überblick darüber, wann von wem welche Änderungen gemacht wurden.

Strategie-Tipp:
Die medienneutrale Datenhaltung macht das Publizieren aus einer Datenbank in verschiedene Kanäle erst möglich und ist die Grundlage für das Publishing der Zukunft!

Die medienneutrale Speicherung von Inhalten ermöglicht die mehrfache Verwendung dieser. Content- sowie layout-basierte Produkte, wie beispielsweise Zeitschriften, Datenblätter, Poster, Handbücher, Newsletter, Geschäftsberichte und Zeitungen sind möglich. Durch die beiden Teile des Systems werden die Erstellung von Inhalten und die spätere Verwendung dieser voneinander entkoppelt. Das führt zu einer erhöhten Flexibilität. Ferner lässt sich Apogee Media an Produktionsumgebungen anpassen und kann individuell personalisiert werden.

noir.now by BWH

Das Unternehmen

Das deutsche Unternehmen BWH GmbH Medien Kommunikation mit Sitz in Hannover war ursprünglich eine Druckerei traditioneller Prägung. Vor circa 60 Jahren als Buchdruckwerkstätten Hannover GmbH gegründet, ist man heute mit rund 100 Mitarbeitern ein Pionier unter den Medien- und Kommunikationsdienstleistern. Das Angebot von BWH erstreckt sich von Print- und Internetdienstleistungen über Fulfillment bis hin zu logistischen Aufgaben. Ganzheitliche Lösungen und Prozessoptimierung stehen im Vordergrund und ermöglichen die Neuorganisation der Arbeit beim Kunden, wenn es gewünscht und notwendig ist. Drucksachen entstehen so als integraler Bestandteil eines umfassenden Gesamtprozesses und -zusammenhangs: Kataloge, Zeitschriften, Werbeflyer und alle Artikel des Corporate Publishings.

Strategie-Tipp: Dienstleister, die sich nicht nur als Drucker verstehen, werden auch von den Kunden anders wahrgenommen! Nicht die Nachfrage macht das Produkt – manchmal muss man dem Kunden auch ein Produkt live präsentieren.

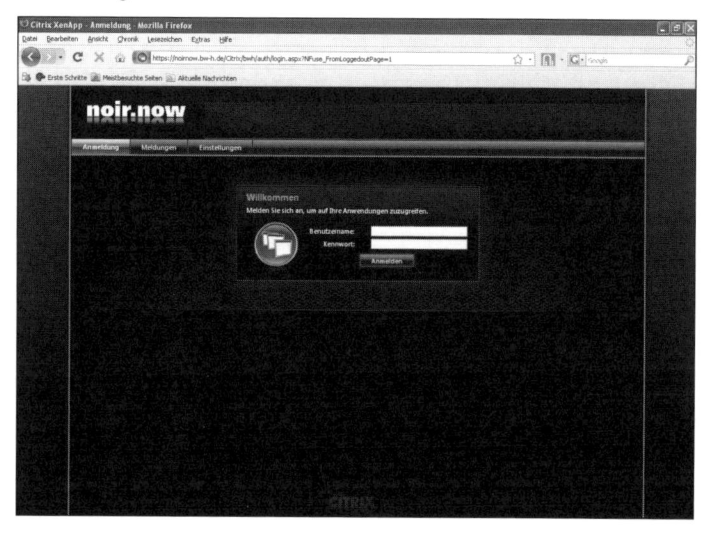

Schwarz und einfach: Das Login in noir.now.

Die Lösung

BWH bietet eine neuartige Lösung namens noir.now, die im Kontext von Schlagwörtern wie Application Service Provider, Software as a Service und Cloud Computing zu sehen ist und im Grunde das Mietprinzip auf Software anwendet und die virtuelle Speicherung von Daten beschreibt.

Auf die Idee kam BWH durch die selbst entwickelte Web-to-Print-Anwendung Printbox. Doch die Kunden hatten teilweise

Schwierigkeiten, die Software auf ihren Rechnern zu installieren. Deshalb wollte BWH die Standardanforderungen an Rechner und Anwender drosseln. Der Arbeitsablauf sollte selbsterklärend sein und die Systemumgebung dadurch den Anwender völlig selbständig zum angestrebten Ergebnis führen. Der Lösungsansatz dafür fand sich schnell im Prinzip der Virtualisierung.

Strategie-Tipp: Remote Publishing ermöglicht das spontane Arbeiten. Es muss keine Software installiert werden. Das schafft die notwendige Flexibilität für die Zukunft.

Der Begriff noir.now wurde von BWH entwickelt und steht für „No installation required", womit auch schon das dahinterstehende Prinzip beschrieben wird. noir.now ist eine Lösung, die es ermöglicht, Software zu nutzen, ohne sie selbst auf der eigenen Maschine installieren zu müssen. Es ist damit nicht mehr notwendig, umfangreiche Software zu kaufen, die dazugehörigen Datenträger zu handhaben oder sich um die notwendigen Updates zu kümmern.

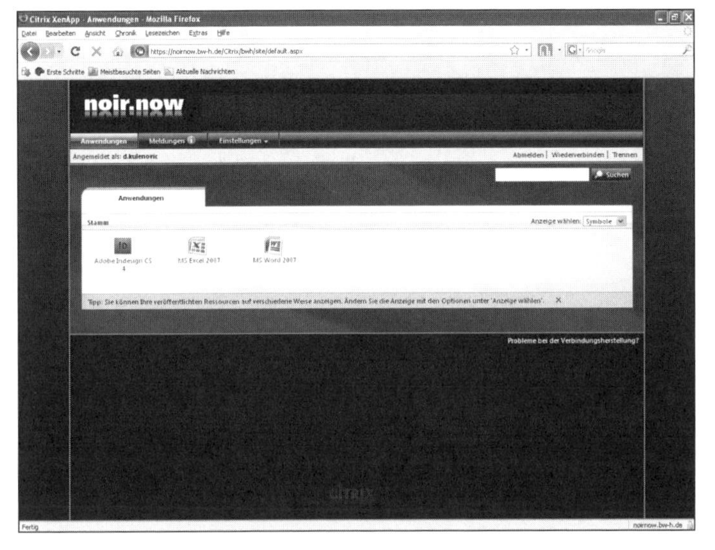

Nach wenigen Sekunden hat der Anwender den Überblick, welche Anwendungen er nutzen kann. Hier im Beispiel: InDesign, Word und Excel.

Alles was man braucht, um diesen Service zu nutzen, ist ein einfacher PC oder Mac mit einem Internetzugang. Dabei ist es prinzipiell egal, um was für einen Computer es sich genau handelt und mit welchem Browser man ins Internet geht. Das heißt, es ist prinzipiell auch möglich über einen mobilen Internetzugang, wie zum Beispiel über das Handy oder ein PDA zu arbeiten. Damit hat BWH dafür gesorgt, dass die technischen Anforderungen an den Kunden möglichst gering gehalten werden.

BWH bietet mit noir.now die gängigsten Anwendungen an, wie das Microsoft Office Paket und Adobes Creative Suite 4. Prinzipiell ist es aber möglich, jede Software, die Client-Server fähig ist, mit noir.now zu nutzen. So hat BWH bereits das Redaktionssystem K4 für einen Kunden nach dem noir.now-Prinzip realisiert. Und auch innerhalb des Unternehmens selbst wird noir.now genutzt: BWH-Mitarbeiter nutzen intern auf virtuelle Weise die MIS-Software von Printplus, ohne sie jedoch auf den eigenen Rechnern installiert zu haben.

Das Prinzip der Softwarevermietung fremder Hersteller wirkt im ersten Moment widerrechtlich, ist es aber selbstverständlich nicht. Softwarehersteller wie Microsoft und Adobe unterstützen diese Lösung, jedoch wird nicht plakativ dafür geworben. Mit Microsoft hat BWH für diesen Einsatzzweck einen exklusiven Vertrag abgeschlossen, der es erlaubt sämtliche Office-Anwendungen monatsweise zu vermieten. Beim Lizenzmodell von Adobe müssen Lizenzen pro Anwender erworben werden. BWH kauft die Lizenzen ein und vermietet sie weiter.

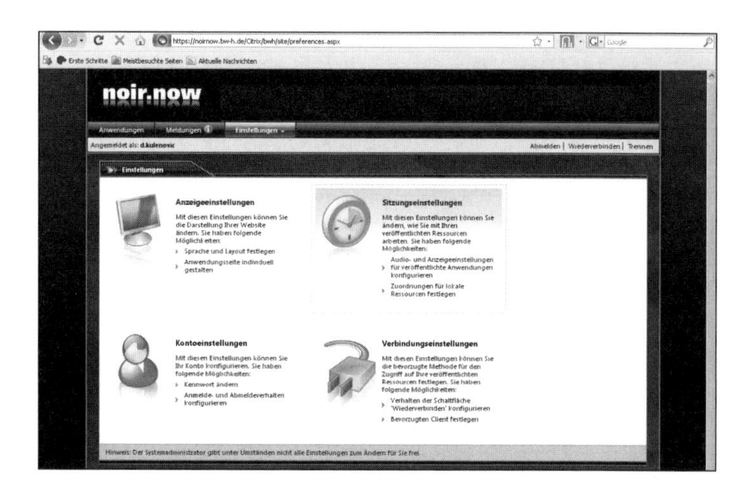

Einstellungen für Anzeige, Sitzung, Konto und Verbindung nimmt der Anwender selbst vor.

Technologie

Strategie-Tipp: Virtuelle Server schaffen IT-Spielraum. Es muss nicht zwingend für jede Anwendung ein eigener Hardware-Server angeschafft werden. Außerdem werden so Datensicherung und Testserver wesentlich günstiger realisiert.

Die Technologie, die sich hinter noir.now befindet, ist im Grunde die Kombination verschiedener Standardkomponenten. Hauptbestandteile sind die Virtualisierungslösungen von Citrix und VMWare sowie der Windows 2008 Server.

Sogenannte virtuelle Maschinen oder virtuelle Computer sind ihrem Wesen nach Software. Durch sie können auf einem physischen Computer gleichzeitig mehrere virtuelle Maschinen betrieben werden und diese den Bedürfnissen entsprechend aufgerüstet werden. Dies vermindert den Aufwand für Hardware enorm, verhält sich doch ein einzelner Rechner wie mehrere Rechner. Damit lassen sich unterschiedliche Aufgaben und Anforderungsprofile auf einem einzigen Rechner abbilden.

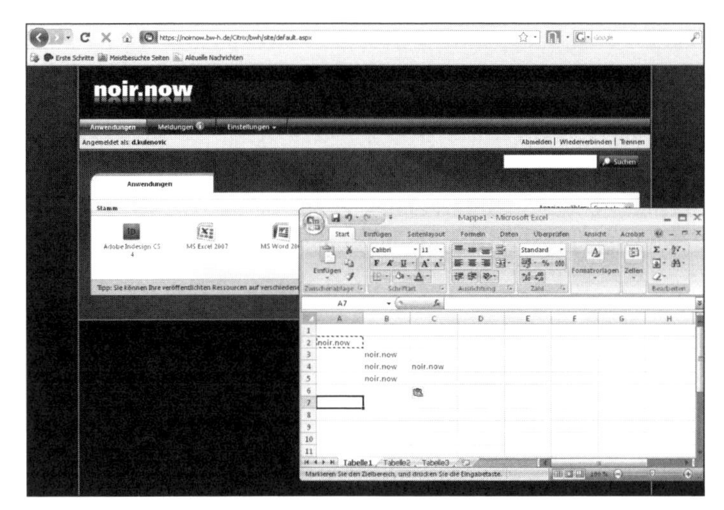

Innerhalb von Sekunden startet die gewählte Anwendung, wie zum Beispiel MS-Excel.

Bei einem virtuellen Desktop wird der gesamte PC-Desktop in einem Rechenzentrum virtualisiert und dem Benutzer zur Verfügung gestellt. Die Anwendung wird dabei auf dem Server gestartet und dem Benutzer wird nur ein Bild dessen übertragen. Umgekehrt werden seine Eingaben und Befehle übertragen.

Workflow

Der Kunde loggt sich über seinen Browser auf der Website des BWH-Servers ein. Anschließend stehen ihm dort seine gemieteten Programme zur Verfügung, mit denen er wie mit den üblicherweise auf dem eigenen Rechner installierten Programmen arbeiten kann. Das bedeutet, er klickt auf das gewünschte Programmsymbol und wird anschließend verbunden. Das Programm öffnet sich daraufhin und der Benutzer kann wie gewohnt ein Dokument anlegen, dieses bei sich auf dem Computer abspeichern, ausdrucken oder beispielsweise Bilder bei sich einscannen und in das Dokument einfügen. Zum Schluss wird das Programm beendet und man befindet sich wieder im Browser in der noir.now-Umgebung. (Dort ist zum Beenden eine Abmeldung notwendig.) Eine weitere Möglichkeit besteht auch darin den Server von BWH als File-Server zu nutzen und alle Daten dort zentral zu halten, was den Vorteil hat, dass immer und überall darauf zugegriffen werden kann und die Datensicherung vereinfacht werden kann.

Der vorgestellte Workflow nennt sich „Published Application“ und setzt einen dauerhaften Internetzugang voraus. Es gibt jedoch auch eine Lösung für den Offline-Betrieb, bei dem nur ein kurzzeitiger Internetzugang notwendig ist. Dieser Workflow namens „Streamed Application“ eignet sich damit besonders für die Arbeit unterwegs. Zunächst muss dazu über das Internet auf den BWH-Server zugegriffen werden. Dort besteht dann die Möglichkeit, sich eine rudimentäre Version der gewünschten Software in Form einer kleinen Datei herunterzuladen. Damit kann dann offline und lokal mit der Software gearbeitet werden. Sobald wieder eine Internetverbindung hergestellt ist, wird das Programm aktualisiert und die Inhalte werden konsolidiert.

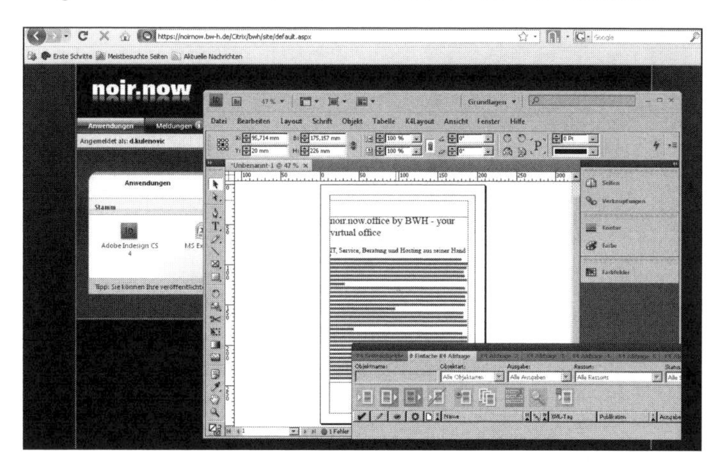

Auch InDesign ist sehr schnell arbeitsfähig. Als Arbeitsvolume dient der Server.

Die Arbeitsumgebung auf einem virtuellen Desktop in noir.now sieht aus wie ein normales Betriebssystem, ähnlich Windows XP. Auf dem virtuellen Desktop befinden sich die verschiedenen Desktop-Icons, über die das gewünschte Programm gestartet werden kann. Was zunächst etwas seltsam scheint, ist ein Icon des Internet Explorer, denn schließlich verwendet man ja bereits einen Webzugang, um den BWH-Server zu nutzen und auf seinen virtuellen Arbeitsplatz zuzugreifen. Startet man den Internet Explorer, ist es möglich über BWH ins Internet zu gehen, mit dem Vorteil einer leistungsstärkeren Verbindung für applikationsrelevante Abläufe.

Strategie-Tipp: Die Vermietung von kompletten IT-Infrastrukturen ist für Mediendienstleister das Geschäftsmodell der Zukunft.

Geschäftsmodell

noir.now wird von BWH in verschiedenen Ausführungen angeboten. Generell ist das Angebot interessant für Agenturen und Mediendienstleister ab der Nutzung von fünf Userlizenzen für eine Mindestlaufzeit von sechs Monaten. Im Vorfeld kann eine Testphase erfolgen, generell ist das Angebot aber für eine Zusammenarbeit auf längere Zeit ausgelegt.

Die Kosten für die Dienstleistung sind abhängig von der gewünschten Software und zusätzlicher Leistungen von BWH. So ist es auch möglich, eine leistungsfähigere virtuelle Maschine zu mieten, wenn die eigenen Hardwarekapazitäten nicht ausreichen. Generell gehört zu den Leistungen von BWH der Betrieb der virtuellen Infrastruktur, das nächtliche Backup, Bereitstellung und Pflege der gemieteten Anwendung sowie Support.

Strategie-Tipp: Reelle Berechnung und Transparenz in der Abrechnung machen Kunden zu Partnern! Der Kunde der Zukunft schaut besonders auf das Kosten-/Nutzenverhältnis. Je flexibler er agieren kann, desto fester wird die Partnerschaft mit dem Dienstleister.

Lizenzen können bei BWH „on demand" also sehr kurzfristig hinzu gemietet oder abgemeldet werden, wodurch sich die Nutzung der Dienstleistung sehr flexibel gestaltet. Außerdem wird dadurch nur für die tatsächliche Nutzung bezahlt. Fällt beispielsweise ein Mitarbeiter, für den eine Lizenz bereitgestellt wurde, krankheitsbedingt länger aus, kann die ungenutzte Lizenz kurzfristig abgemeldet werden.

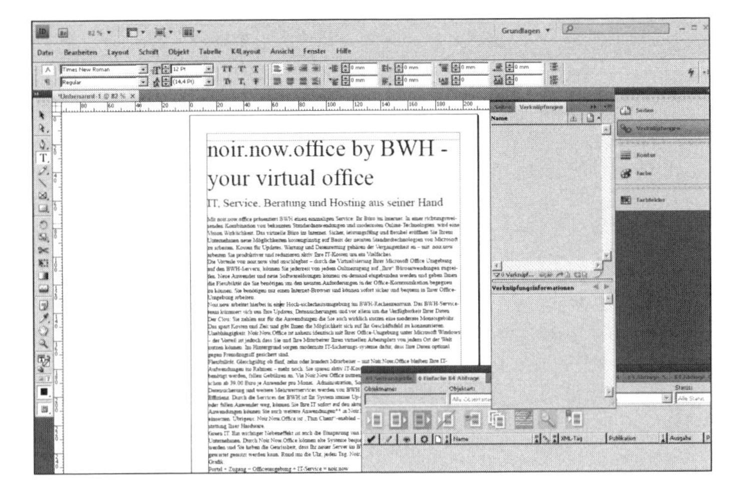

Nach wenigen Minuten merkt der Anwender nicht mehr, dass er auf einem Remote-System arbeitet.

Vorteile für den Kunden

noir.now stellt dem Kunden ein virtuelles Büro im Internet bereit. Das bietet zahlreiche Vorteile: Dadurch, dass für die Nutzung von noir.now nur ein Computer und ein Internetzugang notwendig sind, kann jederzeit an jedem beliebigen Rechner gearbeitet werden. Das macht die Mitarbeiter extrem flexibel und unabhängig. Zudem können neue Anwender und neue Softwarelösungen on-demand innerhalb kürzester Zeit eingebunden werden. Dies ist besonders sinnvoll, wenn mit freien Mitarbeitern zusammengearbeitet wird. So kann die IT immer dem aktuellen Bedarf angepasst werden.

Auch dem Thema Sicherheit wurde große Aufmerksamkeit gewidmet. noir.now arbeitet in einer Hochsicherheitsumgebung im BWH-Rechenzentrum und wird professionell abgesichert. Sollte es zu Pannen kommen, entsteht ein Datenverlust höchstens für den Zeitraum einer Stunde. Werden die Daten im Unter-

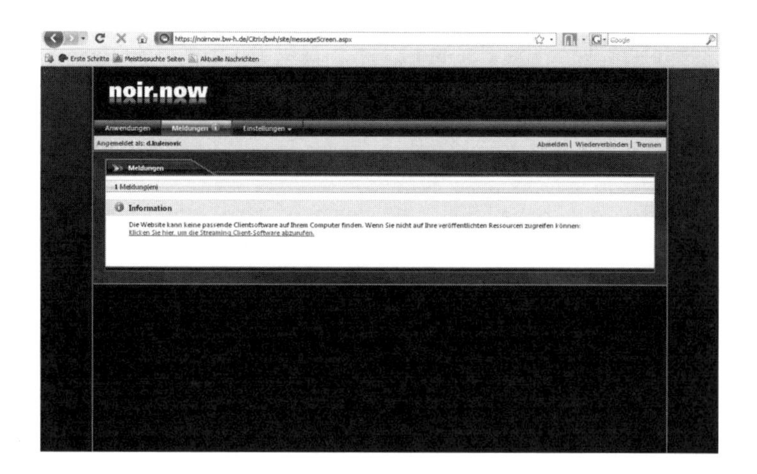

Probleme meldet die Software sofort an den Anwender.

nehmen selbst gesichert, ist dies nicht immer gewährleistet. Im Hintergrund sorgen IT-Sicherungssysteme dafür, dass die Daten vor Fremdzugriff geschützt werden. Und auch für die Datenverfügbarkeit wird rund um die Uhr gesorgt.

Auch auf der Kostenseite bietet das Angebot von BWH große Vorteile. Kosten für Updates, Wartung und Datenwiederherstellung fallen weg, da sich das BWH-Serviceteam im eigenen Rechenzentrum darum kümmert. Der Kunde zahlt damit nur eine Monatsgebühr für die Anwendungen, die tatsächlich genutzt werden. Ein weiterer Aspekt dabei ist, dass auch an der Hardware gespart werden kann. Selbst über einen günstigen Standardcomputer kann leistungsstark gearbeitet werden, da BWH die notwendigen Ressourcen wie beispielsweise Speicherplatz auf Wunsch zur Verfügung stellt.

Das Thema „Green IT", das heute immer mehr an Bedeutung gewinnt, wird durch Einsparungen an Server-Ressourcen im eigenen Unternehmen als Nebeneffekt unterstützt. Alte Systeme können einfach ohne große Investitionen ersetzt werden.

VIII. Marktvision: Web-to-Print

Auf den Punkt gebracht: Innovationszyklen sind heute bedeutend kürzer als in der Vergangenheit.

Unbestritten: die Druck- und Medienindustrie ist wie alle anderen Branchen auch einem stetigen Wandel unterworfen. Spätestens seit der Einführung von DTP (Desktop Publishing) sollte jedem Marktteilnehmer klar sein, welche Dynamik die Nutzung von Technologien für den Massenmarkt in die Druckbranche gebracht haben. Personal Computer, frei erwerbliche Betriebssysteme und PC-taugliche Layout- und Produktionstools, das war eine Revolution und zeigte, dass man sich nun neuen Marktgegebenheiten anpassen muss.

Die Marktregel im Bereich IT lautet meist: Fortschritt um jeden Preis. So sind Rechnersysteme oft schon vor Ablauf der Abschreibungsfrist veraltet, was vor allem Unternehmen betrifft, die auf hochperformante Systeme angewiesen sind. Ähnliches gilt für Softwareprodukte und damit auch für digitale Standards.

Einige dieser digitalen Standards entwickeln sich stetig weiter. So sind PDF und XML, die Basisdateiformate für jeden Publisher, über die Jahre weiterentwickelt worden und garantieren dem Anwender auch in Zukunft zuverlässige Eigenschaften, wie etwa Plattformneutralität, Austauschbarkeit und vor allem die Möglichkeit der Transformation in ein anderes, vielleicht zukünftig verfügbares Dateiformat.

Der Weg geht weg vom Layouten auf einem lokalen Client – hin zu einem zentralen Publishingserver, auf dem Kunden und Produktion gleichzeitig arbeiten. Der Mediendienstleister wird Provider!

zipcon consulting ist der Auffassung, dass nach DTP nun Web-to-Print die nächste Marktrevolution auslösen wird. Mit allen Vorteilen, aber auch mit allen Nachteilen, wenn man sich zum Beispiel der Themen Personaleinsparungen und Endproduktqualität annimmt.

Die zentrale Frage lautet: Wie entwickelt sich das Thema Web-to-Print weiter? Der Blick in die Zukunft wird klarer, wenn man die Strategien der großen Softwareanbieter betrachtet. Sowohl Microsoft als auch Adobe Systems, Oracle und viele andere Anbieter wittern die unglaublichen Chancen, über Mechanismen wie „web-driven applications" (über das Internet betriebene Online-Anwendungen, die keine lokale Softwareinstallation mehr benötigen) drei der größten Herausforderungen von Softwareherstellern auf einmal zu lösen:

- **Reduzierung der Softwaredistributionskosten**
- **Eindämmung von Raubkopien**
- **Automatisierte Software-Updates**

Auf den Punkt gebracht:
Große Softwarehersteller treiben den Trend zu „web-driven applications" weiter an. Denn neben dem Nutzen für ihre Kunden, löst dieser Ansatz auch einge zentrale Probleme ihres bisherigen Geschäftsmodells.

Gegenwärtig verursachen Distribution für Software und Updates sowie die Schäden durch Raubkopien Kosten, die nach Eigenangaben bis zu 46 Prozent der Gesamtkosten eines Softwareherstellers ausmachen, je nachdem wie das jeweilige Unternehmen strukturiert ist.

Ferner könnten über Anwendungen, die nicht ausschließlich auf Desktop-Rechner angewiesen sind, auch die Zielgruppen erreicht werden, denen ein PC im Haushalt zu teuer oder zu kompliziert ist. PCs die auf „web-driven applications" ausgelegt sind, würden nur einen Bruchteil der technischen Ausstattung eines normalen PCs benötigen und wären entsprechend günstiger. Ein Blick in den benachbarten Bereich der Spielekonsolen wie der Sony Playstation oder Microsoft XBox – beide inzwischen multifunktionale Rechner – scheint diese Annahme zu stärken.

Ein weiterer Grund für den Enthusiasmus der Hersteller bezüglich der „web-driven applications" ist die direkte Ansprechbarkeit des Kunden durch eine direkte Internet-Verbindung.

Vision: ASP-Anwendungen lösen Client-Anwendungen ab

ASP (Application Service Provider) lautet der Begriff, der die Fantasien der großen Softwarehersteller beflügelt. Fast alle von ihnen werden im Bereich der servergestützten Anwendungen aktiv. Ein Beleg für diese Tendenz ist die neue Version von Microsoft Office unter Microsoft Vista, und auch Microsoft Office Online, eine (noch) kostenfreie Ergänzung von Microsoft Office. Auch Adobe sammelt Erfahrungen mit ASP-Anwendungen. War es noch vor ein paar Jahren das (nahezu erfolglose) Projekt der Online-Erzeugung von PDF-Dateien, das nur in den USA angeboten wurde, so ist es heute acrobat.com mit diversen Online-Anwendungen, darunter ein Web-Conferencing-Werkzeug, das durch den Erwerb von Macromedia Teil der Adobe-Welt wurde.

Strategie-Tipp:
Oft lohnt es sich ASP-Anwendungen und eigene Web-Lösungen zu kombinieren, um dem Kunden einen klaren Mehrwert zu bieten.

Als Nebeneffekt präsentieren uns die Betriebssystem-Hersteller Apple und Microsoft die gute alte, und seinerzeit sehr unbeliebte, Push-Technologie als neue Möglichkeit „Instant-Informationen" und Sicherheitspatches zu beziehen.

ASP-Anwendungen haben in den letzten Jahren enorm an Akzeptanz gewonnen. Selbst in Deutschland, eher ein Land konservativer Anwender, werden Online-Datenbanken, Online-Banking, Nutzung webbasierter Vertriebswerkzeuge oder auch ASP-Leistungen im Web-to-Print-Sektor zunehmend akzeptiert und eingesetzt. In den USA ist dies längst üblich, dies belegt der Erfolg von Printable mit seinen ASP-Angeboten.

Auf den Punkt gebracht:
Weniger Softwareinstallationen auf dem eigenen Rechner. Keine Kümmernisse mit Updates. Kundenorientierte Services. ASP hat mit diesen Vorteilen eine große Zukunft.

Der Markt scheint diese Tendenz zu ASP wohl gerne aufzunehmen. Projiziert man diese Entwicklung in die Zukunft, ergibt dies die Folgerung, dass es neue und mehr ASP-Anwendungen geben wird. Treiber dieser Entwicklung sind die praktischen Vorteile dieser Art der Anwendungsnutzung. Die Geschwindigkeit der Marktveränderung und die hohe Unflexibilität der Softwaregiganten legen nahe, dass dieser Trend erst in ein paar Jahren seine volle Wirkung entfalten wird.

Vision: Mediendienstleister werden ASP-Dienstleister

Strategie-Tipp:
Mediendienstleister, die sich auch als IT-Dienstleister verstehen, werden sich schneller umstellen können.

Die Vorstellung, dass alle IT-Nutzer von jetzt auf gleich ausschließlich ASP-Anwendungen einsetzen werden, ist utopisch. Daher wird es unweigerlich zu einer Zwischenstufe kommen und Web-to-Print wird diese Zwischenstufe abbilden.

Noch ist es zu aufwändig für große Hersteller, für jeden Bereich zielgruppengerechte Anwendungen zu schaffen. Daher werden die Serverlösungen von morgen ASP-Anwendungen für Endkunden sein, die von speziellen Dienstleistern angeboten werden. Maßgeschneidert, auf Basis der Technologien von Adobe Systems, Quark oder auch Microsoft, werden künftige Anwendungen für Mediendienstleister ASP-Server sein, über die Mediendienstleister für seinen Kunden individualisiert seine Services anbietet.

Für die Druckbranche bedeutet dies ganz klar: Vom „alten Weg" der traditionellen Datenübergabe und der Jobdefinition per Auftragszettel wird man sich bald verabschieden müssen, ob man möchte oder nicht.

Strategie-Tipp: Unsere Gesellschaft verändert sich und Kommunikations-Dienstleister sollten diese Trends analysieren und im positiven Sinne vorleben. Dies betrifft sowohl die Kommunkation im Unternehmen, als auch mit dem Kunden. Niemand sollte Trends wie Twitter und Co. auf die leichte Schulter nehmen.

Die wirtschaftlichen Gegebenheiten sind nicht zwingend zum Nachteil der Druckindustrie, wird doch ihr Know-how dringend benötigt, um weiterhin einwandfreie Druckprodukte zu erzeugen. Papier und Druck verlieren zunehmend an Akzeptanz und werden besonders von jüngeren Generationen gerne durch andere Medien ersetzt. Papier spielt zwar weiterhin eine wichtige Rolle, aber in zwei bis drei Generationen wird der Trend zur Digitalisierung dominieren. Dies belegen nicht nur aktuelle Studien, sondern auch alarmierende Meldungen über die Lesegewohnheiten junger Menschen.

Ein Beispiel für ein „adaptiertes" Ersatzmedium ist eine Entwicklung der Firma Nintendo - die Nintendo DS Spielekonsole. Der Hersteller hat den Preis des Gerätes so gewählt, dass dieser einer massenhaften Verbreitung im Markt nichts entgegensteht. So nutzen Kinder ab der ersten, zweiten Schulklasse das Gerät, um gemeinsam zu spielen - über die eingebaute Wireless-Verbindung. Dies mag dem Erwerb von Lesekenntnissen und Wissen förderlich sein - öffnet aber auch eine vollkommen neue Medienwelt für die Kinder der Nintendo-Generation.

Schon die jetzt heranwachsende Generation hat ein gänzlich anderes Medienverhalten, als die heute 18-20 Jährigen. Diese wiederum unterscheiden sich massiv von der Altersgruppe 30-40 Jahre, einer Generation, die in der Reichweitenprüfung der AWA noch als die Generation der „Zeitungsleser" definiert wird (wenn man dieser Einschätzung folgen mag).

Wie auch immer sich der Markt kurz- oder langfristig verändern mag, es ist stets die Aufgabe eines Medienunternehmens, passende Medien herzustellen und anzubieten. Dies trifft auf Internet-Seiten genauso zu wie vielleicht in Zukunft auf Anwendungen, die mit Mobiltelefonen kommunizieren oder auch

– sofern ein Markt hierfür vorhanden sein sollte – mit Spielekonsolen. Diese Entwicklung braucht aber noch Zeit.

Bis es dazu kommt, haben die Druck- bzw. Mediendienstleister die Möglichkeit, den Markt aktiv mit zu gestalten, adäquate Anwendungen und Workflows anzubieten und damit gutes Geld zu verdienen. Das bedeutet also, dass der Mediendienstleister, der heute schon Erfahrungen im ASP-Bereich sammelt, in Zukunft einen wichtigen Wettbewerbsvorteil erlangen wird.

Vision: Gestern DTP-Operator – morgen ASP-Administrator

Auf den Punkt gebracht:
Die Zeiten in denen man einen Beruf gelernt hat und sich nie wieder verändern muss, sind vorbei. Definitiv.

Mit dieser Entwicklung verändern sich auch Berufsbilder. Aus dem DTP-Fachmann wird der ASP-Administrator, Fachrichtung Mediendienstleistung. Ein Universalist, der Druck, Offline- und Onlinemedien gleichermaßen kennt und erzeugen kann. Aber auch Medien, die bis heute noch nicht als Medien wahrgenommen werden, etwa RFID-Chips oder neue E-Paper-Geräte und Datenformate, werden von diesem Mediendienstleister der Zukunft erzeugt und verwaltet.

Vision: Gestern Arbeitsvorbereiter – morgen Qualitätskommissar

Auf den Punkt gebracht:
In der Welt des Web-to-Print wird traditionelles Druck-Know-how weiterhin benötigt. Meist jedoch an anderer Stelle im Unternehmen als bisher.

Nicht nur für die Mediendienstleister mit herausragenden IT-Kenntnissen ist Web-to-Print ein Bereich, sich weiterzuentwickeln. Auch die vorhandenen Fachkräfte – wie Arbeitsvorbereiter, Sachbearbeiter usw. – werden dringend benötigt. Die Sach- und Fachkenntnis dieser meist langjährigen und „kampferprobten" Mitarbeiter, ist in Zukunft ein Garant für gute Qualität der weitgehend automatisiert hergestellten Produkte.

So steht es einem Unternehmen, das auf Web-to-Print setzt, gut zu Gesicht, wenn die Druckvorlagen vor dem Druck nochmals geprüft werden – und zwar als kostenlose Serviceleistung. Hintergrund ist hier vor allem der Dienst am Kunden und die damit verbundene Kundenbindung, die durch diese Leistung erzeugt wird.

So wird die Qualität des Endproduktes – auch wenn es sehr günstig produziert sein mag – immer wichtig bleiben. Sicherlich ist der Kunde bei günstig produzierten Produkten nicht so detailgenau in seiner Bewertung wie bei hochpreisigen Produkten. Aber der Kunde weiß ganz genau, ob ein Dienstleister in seinem Sinne handelt oder nicht.

zipcon consulting konnte in den vergangenen fünf Jahren umfangreiche Kenntnisse über die Produktqualität der wichtigsten Online-Drucker in Deutschland sammeln. Die Ergebnisse waren zum Teil niederschmetternd, zum Teil recht gut. Auf Nachfrage zeigte sich, dass genau die Unternehmen, die einen internen Qualitätsprüfer einsetzen, eher gute Qualität lieferten.

Vision: Das Dienstleister-Portal der Zukunft

Auf den Punkt gebracht: Ganzheitliche Lösungen in Form von Web-Portalen, die alle Wünsche des Kunden bedienen, werden die Erfolgsmodelle der nahen Zukunft sein.

Mit der Ausrichtung einer Anwendung auf Web-to-Print allein ist es aber nicht getan, der Kunde der Zukunft will mehr. Er will professionell bedient werden und ein Höchstmaß an persönlicher Unabhängigkeit. Der Kunde will wählen, wann und wo er in den Anwendungen seines Dienstleisters arbeitet.

Ausgehend von der Annahme, dass der erfolgreiche Dienstleister der Zukunft ein ASP-Dienstleister ist und über eine entsprechende IT-Infrastruktur (Server, Sicherungsmedien, Breitband-Anbindung etc.) verfügt, ist das Portal der Zukunft zunächst eine einfache Portalumgebung mit den Basisfunktionen (Rechteverwaltung, Kommunikationswerkzeugen usw.). Auf dieses Software-Portal aufgesetzt, befindet sich eine Oberfläche im Kunden-CI. Das Kunden-CI garantiert, dass der Kunde die Dienstleister-Anwendung in seine eigene Infrastruktur einbinden kann, ohne dass er selbst auf CI-Gesichtspunkte Rücksicht nehmen muss oder eine Anpassung erforderlich wird. Innerhalb dieser Oberfläche, werden dem Kunden zahlreiche Anwendungen zur Verfügung gestellt. Das Abrechnungsmodell basiert in diesem Modell auf Pay-per-Use.

Der Kunde sieht also eine Reihe von Anwendungen, die kundengerecht aufbereitet sind, im Optimalfall lässt sich die Anwendung an die Kenntnisse des Kunden anpassen. Das zipcon-Modell sieht drei Hauptbereiche vor:

- **Kommunikation**
  Werkzeuge zur inhaltlichen Abstimmung, Kontrolle, Verwaltung und Projektierung von Druckjobs

- **Produktion**
  Werkzeuge zur unmittelbaren Umsetzung von Produkten, zum Beispiel Web-to-Print-Anwendungen

- **Logistik**
  Werkzeuge zur Qualitätskontrolle, Warehousing etc.

Diese Hauptbereiche unterteilen sich wiederum in die wichtigsten Bereiche eines Produktionsportals. zipcon consulting sieht hier vor allem folgende Anwendungen:

Kommunikation

Auf den Punkt gebracht:
Es geht nicht nur um Web-to-Print. Der gesamte Medien-Produktionsprozess des Kunden muss via Portal abgebildet werden.

- **Kampagnenplanung**
  Planung und Abwicklung von Werbekampagnen

- **Abstimmungsworkflow**
  Korrekturworkflow zum Beispiel via Adobe Acrobat und Korrekturanmerkungen im Dokument, aber auch über andere Werkzeuge dieser Art

- **Projekt-Workbench**
  Übersichtsmenü über alle Jobs im System, die anhand eines Zeitmanagementsystems kontrolliert werden können. Wichtiges Controlling-Tool

- **Remote-Proof**
  Möglichkeit, Jobs lokal auf einem Drucker auszugeben; ist dieser Drucker kalibriert und wird ein Remote-Proof-System eingesetzt, können Jobs nahezu farbverbindlich ausgegeben werden

- **Soft-Proof**
  Funktion um über ein Softproofing-Tool Jobs und Dokumente am Monitor farbverbindlich anzusehen

- **Translation-Management-System**
  Management von Fremdsprachenübersetzungen, ggf. Anbindung an Across oder TRADOS

Produktion

- Web-to-Print-System

- Repro-Dienstleistungen
  Dienstleistungen rund um das Bild, wie zum Beispiel Digitalisierung von Bildern, Farbkorrektur, Bildmanipulation etc.

- Asset-Datenbank
  Bereitstellung digitaler Assets über ein Datenbank-System

- Kalkulation
  Einbindung eines Kalkulationstools, welches dem Kunden ermöglicht, eigene Zwischenkalkulationen zu realisieren

- Design- und Kreationsmanagement
  Steuerungsinstrument für den Einkauf und die Zwischenprojekt-/Ablauforganisation von Designelementen (Grafiken, Bilder, Fotos etc.)

Auf den Punkt gebracht:
Oft wird der Part der Logistik unterschätzt. Zu einer ganzheitlichen Lösung gehört nicht nur die Produktion, sondern auch die zeitnahe Lieferung.

Logistik

- File-Transmission
  Software-Modul zum Upload von Bilddaten von dritter Seite

- File-Storage
  Möglichkeit zur dauerhaften, externen Speicherung von Jobs und Job-Assets

- Projekt-Tracking - Projektüberwachung und Nachverfolgung

- Reporting
  Detailreporting-Tool zur Generierung von umfassenden Reports

- Reklamations-Management
  Werkzeug zum Management von Reklamationen und zum Qualitätsmanagement

- Offshore-Produktionsmanagement
  Steuerungswerkzeug von Subaufträgen, die durch Dritte ausgeführt werden

Zusammengefasst ist das zipcon consulting-Modell „nur" ein digitales Ladengeschäft für Druck- und Mediendienstleister, das jedoch zahlreiche Chancen bietet.

So präsentiert sich der Dienstleister nicht nur als Drucker oder Mediendienstleister, sondern als IT-Dienstleister, der eine Reihe von Anforderungen seiner Kunden schon vorausgedacht und erfüllt hat. Durch geeignete Werkzeuge stellt er sicher, dass der Kunde sofort einsatzbereit ist. Hierdurch erhöht sich das Kompetenzprofil des Anbieters gegenüber dem Kunden, präsentiert er sich letztlich als Komplettdienstleister, der auch komplexere Projekte für seinen Kunden realisieren kann.

Das zipcon-Modell des Dienstleister-Portals ist nicht neu. Zahlreiche Dienstleister in D/A/CH haben bereits die Chancen eines Produktionsportals entdeckt. Jedoch wurden sie noch nicht in diesem Umfang umgesetzt, der letztlich der Garant für die optimale Präsentation weiterer digitaler Dienstleistungen ist.

Vision: Marktbereinigung auf Herstellerseite

So erfolgreich Web-to-Print in den nächsten Jahren werden wird, so bitter wird eine zu erwartende Marktbereinigung und Konzentration auf Herstellerseite werden. Boten 2007 noch etwas 200 Hersteller in Deutschland Web-to-Print-Anwendungen an, so wird die Zahl der Hersteller kurzfristig noch weiter ansteigen – um dann in 2 bis 3 Jahren, massiv einzubrechen. Grund hierfür ist das zu erwartende Überangebot von Produkten und Lösungen und ein einsetzender Verdrängungswettbewerb, der heute schon im Vorfeld zu spüren ist.

Strategie-Tipp: **Wenn Sie sich an einen Hersteller binden, wählen sie diesen mit Bedacht aus. Es zählt nicht nur die Funktion, sondern auch die künftige Marktchance. So sichern Sie ihr Investment.**

Die Frage, welche Lösung sich als einer der Standards (vgl. Publishing-Markt – hier sind die Anwendungen InDesign und Xpress marktbeherrschend) herauskristallieren wird, liegt letztlich daran, wie sich die großen Hersteller entwickeln und ob Adobe und Co kleinere Hersteller überleben lassen.

Services wie auf acrobat.com scheinen ebenso Beleg für Adobes Entwicklung Richtung ASP beziehungsweise Software-as-a-Service zu sein wie die Akquisition des Hosted-Service-Anbieters Scene7 im Jahr 2007. Scene7 bietet einen ASP-Service aus dem Bereich Rich-Media-Anwendungen. Die Aussage von Adobe ist klar: „Adobe plant, diese interaktiven Publishing-Technologien weiterhin anzubieten und auszubauen, um die Online-Verfügbarkeit seiner führenden Kreativlösungen zu erweitern", so ein Unternehmensstatement.

Die weitere Marktentwicklung wird daher nicht nur für den Abnehmer interessant, der letztlich vom Wettbewerb der Hersteller profitieren wird, sondern auch für die Hersteller von Web-to-Print-Lösungen. Hier auf einen Preisverfall der Lösungen jedoch jetzt schon zu hoffen, heißt aber eine wichtige Chance zu verpassen. Dienstleister die Web-to-Print als Trend sehen, oder später einsteigen wollen, können in ein paar Jahren ein böses Erwachen erleben.

Fazit: Web-to-Print ist Publishing 2015

Strategie-Tipp: Nicht abwarten! Medien-Dienstleister sollten jetzt in ihre Zukunft starten. Jeder Investitionsstau rächt sich später bitter. Daher gilt: Jetzt IT-Know-how erwerben, jetzt neue Verfahren erproben.

Betrachtet man die aktuellen Marktentwicklungen in der Druckindustrie, den Kostendruck und den „Druck" zur neuen IT-Kreativität, dann ist das „neue Publishing" nicht mehr in so weiter Ferne, wie viele Marktteilnehmer heute annehmen. Durch leistungsfähigere Anwendungen und bessere Basistechnologien werden mehr und mehr technische Probleme gelöst. Ein weiterer Grund für die Marktdynamik ist die steigende Kundennachfrage nach Web-to-Print-Systemen, vor allem im ASP-Bereich.

Insgesamt ergibt sich als Resümee der oben genannten Thesen das folgende Fazit: Die nahe Zukunft entwickelt sich für agile und IT-aktive Mediendienstleister eher positiv.

Problematisch wird es hingegen für traditionelle Betriebe, die technologisch und organisatorisch zurückgeblieben sind. Hier rächt sich der Invesitionsstau bitter. Die Möglichkeiten dieser Unternehmen, sich noch rechtzeitig auf den Weg ins digitale Dienstleistungsgeschäft zu bewegen, lassen sich nur durch umfangreiche Maßnahmen im Unternehmen realisieren. Aber es gibt eine Chance für sie. ASP-Dienstleister, die sich auf andere Mediendienstleister spezialisiert haben – in Deutschland sei hier LeadPrint genannt – ermöglichen auch diesen Unternehmen den schnellen Schritt in die richtige Richtung. Doch in diesem Bereich ist noch viel zu tun.

Eines ist klar: Web-to-Print ist mehr als ein Automatisierungstrend oder ein Medien-Hype, wie viele Zweifler formulieren.

Web-to-Print ist der Garant, dass eine Branche sich weiterentwickeln kann – hin zu einem neuen Branchenbild, das zwar viele Traditionen (leider) außen vor lässt, aber das auch neue Wege der Wertschöpfung für Kunden und Anbieter über Jahre hinweg bieten wird.

Man muss sich jedoch von der Illusion verabschieden, dass Web-to-Print das Gesamtauftragsvolumen der Druck- und Medienindustrie ansteigen lässt. Die Zukunft liegt in integrierten Dienstleistungen, die je nach Kompetenzprofil auch über diesen Kernbereich hinausgehen können – vielleicht auch müssen. Es liegt an jedem selbst was er daraus macht, und so bedrohlich dies für den einen oder anderen Mediendienstleister oder Drucker sein mag – die Chancen der nahen Zukunft der Medienproduktion sind mehr als vielversprechend.

Glossar

Ad-Building

Anzeigen und Anzeigenkampagnen realisiert via Web-to-Print

API (Application Programming Interface)

Programmierschnittstelle

ASP Application Service Providing

Mietangebot einer Internetseite oder Onlinedienstleistung

ASP (.NET) (Active Server Pages)

von Microsoft entwickelte Technologie, um dynamische Webseiten zu erzeugen

Automatic Documents

siehe Web-to-Print

B2B (Business-to-Business)

Geschäfte zwischen Unternehmen

B2C (Business-to-Customer)

Geschäfte auf Basis eines Geschäftes zwischen einem Unternehmen und einem nichtgewerblichen Endkunden

Book on Demand

individuelle Bücher ab Auflage 1

C2C (Customer-to-Customer)

Geschäfte zwischen nichtgewerblichen Endkunden, zum Beispiel eBay

CD (Corporate Design)

visuelles Erscheinungsbild eines Unternehmens, Teilbereich der Corporate Identity

CI (Corporate Identity)

Gesamtheit der Charakteristika eines Unternehmens

Client

Computerprogramm (Beispiel: Webbrowser), welches nach dem Client-Server-System Verbindung mit einem Server aufnimmt und Nachrichten austauscht

Closed Shop

via Passwort geschützter Onlineshop, der eine Identifizierung des Kunden vor dem eigentlichen Kaufprozess notwendig macht

CRM-System (Customer Relationship Management System)

Datenbankanwendung, welche eine strukturierte und gegebenenfalls automatisierte Erfassung sämtlicher Kundenkontakte und -daten ermöglicht

Cross-Media-Publishing

das medienübergreifende Publizieren von Inhalten auf der Grundlage von medienneutralen Daten

D-HTML (Dynamic Hypertext Markup Language)

dynamisches HTML, um Webseiten zu erzeugen, deren Inhalte sich während der Darstellung im Browser dynamisch ändern, insbesondere in Reaktion auf Benutzereingaben

DOM (Document Object Model)

Programmierschnittstelle (API) für den Zugriff auf HTML- oder XML-Dokumente

DropDown-Menü

Auswahlmenü, welches erscheint, wenn man auf einen bestimmten Knopf drückt

Dynamic Documents

siehe Web-to-Print

ERP-System (Enterprise Resource Planning)

Anwendungssoftware zur Unterstützung der Ressourcenplanung eines Unternehmens

Flash

Technologie von Adobe zur Erstellung multimedialer Inhalte

Ghostscript

kostenloser Interpreter der Seitenbeschreibungssprachen PostScript und Portable Document Format

GIF (Graphics Interchange Format)

Grafikformat mit verlustfreier Komprimierung

GUI (Graphic User Interface)

Grafische Bedieneroberfläche eines Programmes/Browsers

HTML (Hypertext Markup Language)

Auszeichnungssprache zur Darstellung von Inhalten wie Texten, Bildern und Hyperlinks im Internet

Information on Demand

aktuelle Informationsreports (Beispiel: Newsletter)

Integrator

Unternehmen, die Web-to-Print-Anwendungen aus einer Reihe von Modulen individuell für einen Kunden zusammenstellen und diese in eine Gesamtplattform einbetten

Java

objektorientierte Programmiersprache

JavaScript

objektbasierte Skriptsprache

JDF (Job Definition Format)

Herstellerunabhängiges Datenaustauschformaten für die Druckindustrie von CIP4 für die Auftragsdefinition und -durchführung

JPEG (Joint Photographic Experts Group)

Dateiformat für Rasterbilder mit verlustbehafteter Komprimierung

Layoutengine

Software, welche Inhalt und Layoutinformationen zusammenfügt und ausgibt

Mandantenfähigkeit

Möglichkeiten mehrere Kunden auf einem System zu hosten

Markenkommunikation

Brandmanagement-Systeme zur Realisierung von interdisziplinären Medienproduktionen und kompletten Marketing-Kampagnen

Media-Assetmanagement

Speicherung und Verwaltung von medialen Inhalten

Microsoft SQL

Datenbanksystem

MIS (Management-Informationssystem)

EDV-technisches Informationssystem, welches die betriebswirtschaftlichen Informationen eines Unternehmens zur Verfügung stellt

MySQL

frei verfügbare Datenbanksoftware, die als Internetstandard angesehen werden kann

OEM

Produktvariante, die nicht für den Endkundenmarkt bestimmt ist, sondern im Gesamtpaket mit Markenprodukten ausgeliefert wird. Systemintegratoren bauen diese OEM-Komponenten in ihre Endprodukte ein, die sie dann an Kunden verkaufen.

Online-Publishing

siehe Web-to-Print

Open Shop

offener Onlineshop, der ohne Identifizierung vom Endanwender betreten und genutzt werden darf (Beispiel: Amazon, ebay)

Open Source Software

Software in die jeder Anwender Einblick in den Quellcode hat, um ihn zum Beispiel zu erweitern

Oracle

Datenbanksystem

PDF (Portable Document Format)

plattformübergreifendes Dateiformat, entwickelt von der Firma Adobe Systems

PDF/X-1

ISO Standard zur Erstellung von PDF-Dateien für den Druck

PDF/X-3

ISO Standard zur Erstellung von PDF-Dateien für den Druck im Unterschied zu PDF/X-1 kann ein PDF/X-3 farbgemanagte Daten enthalten

PDF-Engine

Bibliothek, welche es ermöglicht PDF-Dokumente zu verarbeiten

PHP

Skriptsprache, hauptsächlich zur Erstellung von dynamischen Webseiten

PNG (Portable Network Graphics)

Dateiformat für Grafiken mit verlustfreier Komprimierung, welches unter anderem für einfache Animationen verwendet werden kann

PostScript

Seitenbeschreibungssprache von Adobe

PPML (Personalized Print Markup Language)

Industriestandardisierte Druckersprache

Preflight

Überprüfung von PDF-Daten auf gewisse Kriterien

Print Factory

siehe Web-to-Print

Proof

Simulation eines Druckergebnisses zur Qualitätskontrolle in Druckvorstufe und Druck bzgl. Farbwiedergabe, Passer etc.

Provider

Anbieter einer Web-to-Print-Plattform auf Basis einer Online-Anwendung, die ein Kunde kauft, mietet oder least

Remote-Anwendung

Anwendung, welche auf einem anderen System und nicht dem eigenen installiert ist

Rendering

aus Rohdaten durch Anwendung geeigneter Verfahren neue Daten zu generieren, sprich die Daten in das richtige Ausgabeformat zu bringen

Sammelkommunikation

Briefkommunikation in Unternehmen

SAP

Warenwirtschaftssystem

Softproof

farbmetrisch und inhaltlich korrekte Ausgabe von digitalen Druckdaten auf einem Monitor

Softwareanbieter

Hersteller von Web-to-Print-Anwendungen, Softwaremodulen oder Web-Portalen

Technologieanbieter

Hersteller von Basistechnologien, die als technische Komponente Web-to-Print ermöglichen

Template

Mustervorlagen-Datei, in der Elemente mit Rechten und Eigenschaften ausgestattet werden, damit diese später individuell oder nach Vorgabe modifiziert werden können

Time-to-Market

Zeitdauer von der Produktentwicklung bis zur Platzierung des Produkts am Markt

Web 2.0

Inhalte, die von unabhängigen Leuten generiert werden (Beispiel: Blogs). Oberbegriff, geschaffen vom O'Reilly Verlag, für die Beschreibung einer Reihe interaktiver Techniken und Dienste des Internets

WebTop-Publishing

siehe Web-to-Print

Web-to-Print

servergestützte Online-Erzeugung von individuellen Druck-Dokumenten unter Einbeziehung der notwendigen kaufmännischen Prozesse

WYSIWYG (What You See Is What You Get)

ein Dokument wird während der Bearbeitung am Bildschirm genauso angezeigt, wie es bei der Ausgabe auf einem anderen Gerät (Beispiel: Drucker) dargestellt wird

XML (Extensible Markup Language)

Auszeichnungssprache zur Darstellung hierarchisch strukturierter Daten vom World Wide Web Consortium (W3C)

XSL-FO (Extensible Stylesheet Language – Formatting Objects)

XML-Anwendung, welche beschreibt, wie Text, Bilder, Linien und andere grafische Elemente auf einer Seite angeordnet werden

Anbieteradressen

Firma/Anbieter	Adresse	Kontakt
Assentis Technologies AG	Lettenstrasse 8 6343 Rotkreuz Schweiz	+41 41 790 9192 www.assentis.com
Actino Software GmbH	Carl-Koenen-Strasse 25g 53881 Euskirchen Deutschland	+49 2251 1480-20 www.actino.de
ADAM SÜD GmbH	Vichystraße 8 76646 Bruchsal Deutschland	+49 7251 935-0 www.adam-agentur.de
Adnovate	Bisonspoor 380 3600 BG Maarssen Niederlande	+31 346 582-824 www.adnovate.com
AlphaPicture	Endersbacher Str. 57 71334 Waiblingen Deutschland	+49 7151 20583-0 www.alphapicture.com
Amdre Visuelle Werbe-Handels-Gesellschaft mbH	Heinestrasse 5 49406 Drentwede Deutschland	+49 4246 9406-0 www.printshop24.de
Be.Beyond GmbH & CO KG	Siemensring 5 47877 Willich Deutschland	+49 2154 4809-50 www.lead-print.com
Bernecker MediaWare AG	Unter dem Schönberg 1 34212 Melsungen Deutschland	+49 5661 731-343 www.bernecker.de
biering online	Freisinger Landstraße 21 80939 München Deutschland	+49 89 32352-151 www.click-promote.de
BRANDAD Systems AG	Gebhardtstr. 5 90762 Fürth Deutschland	+49 911 756658-0 www.brandad-systems.de
BrandMaker GmbH	Haid-und-Neu-Straße 7 76131 Karlsruhe Deutschland	+49 721 201251920 www.brandmaker.com
Brunnee Werbeagentur KG	Auf den Häfen 12-15 28203 Bremen Deutschland	+49 421 700605 www.brunnee.de
BWH GmbH - Medien Kommunikation	Beckstrasse 10 30457 Hannover Deutschland	+49 511 94670-24 www.bw-h.de
cay solutions	Magnitorwall 4 38100 Braunschweig Deutschland	+49 30 916 8888-5 www.caysolutions.de

Firma/Anbieter	Adresse	Kontakt
CDO Corporate Design Online GmbH & Co. KG	Hanauer Landstr. 135 - 137 60314 Frankfurt am Main Deutschland	+49 69 4056693-10 www.ibrams.com
censhare AG	Paul-Gerhardt-Allee 50 81245 München Deutschland	+49 89 568236-0 www.censhare.de
CIC Creative Internet Consulting GmbH	Europaallee 5 64625 Bensheim Deutschland	+49 6251 58266-0 www.packagemaster.de
Compugraph GmbH Datentechnik	Ravensburger Strasse 30 88250 Weingarten Deutschland	+49 751 56157-0 www.compugraph.de
ContentServ GmbH	Werner-von-Siemens-Str. 1 85296 Rohrbach/Ilm Deutschland	+49 8442 9253-870 www.contentserv.com
d-serv se GmbH	Reutlingerstr. 10 72070 Tübingen Deutschland	+49 7071 79568-55 www.ci-book.de
Digital Media Service GmbH (DMS)	Ludgeristraße 13 59379 Selm Deutschland	+49 2592 927-70 www.dms-prepress.de
diron GmbH & CoKG	Otto-Hahn-Straße 21 48161 Münster Deutschland	+49 2534 581 69-0 www.diron.de
DMP	Gildenstraat 52 2470 Retie Belgien	+32 14 701970 www.dmp-int.com
DTS Medien AG	Heidestraße 38 32051 Herford Deutschland	+49 5221 101-2000 www.isy3.com
e-nvention ag	Pilatusstrasse 35 6003 Luzern Schweiz	+41 41 22604-60 www.e-nvention.com
EFI Germany	Kaiserswerther Str. 115 40880 Ratingen Deutschland	+49 2102 7454-0 www.efi.com
Flyer-Ex	Am Weichselgarten 7 91058 Erlangen Deutschcland	+49 9131 691-188 www.flyer-ex.de
Frischzelle Kommunikations- lösungen e.K.	Wittelsbachstraße 14 40629 Düsseldorf Deutschland	+49 211 96659495 www.frischzelle.com
Get connected- Internetagentur	Mendelstrasse 11 48149 Münster Deutschland	+49 251 6743892 www.get-copy.de
Heiler Software AG	Mittlerer Pfad 5 70499 Stuttgart Deutschland	+49 711 13984-360 www.heiler.de

Firma/Anbieter	Adresse	Kontakt
Hiflex GmbH	Rotter Bruch 26a 52068 Aachen Deutschland	+49 241 1683-213 www.hiflex.com
infowerk ag	Wiesentalstraße 40 90419 Nürnberg Deutschland	+49 911 3900-311
Intellidoc	Rugardsvej 55 5000 Odense Dänemark	+49 173 2426817 www.intellidoc.dk
InterRed GmbH	Eiserfelder Str. 316 57080 Siegen Deutschland	+49 271 30377-0 www.interred.de
Inventive Designers	Sint-Bernardsesteenweg 552 2660 Hoboken Belgien	+32 3 821 0170 www.inventivedesigners.com
IRS Integrated Realization Services GmbH	Gutenstetter Str. 8b 90449 Nürnberg Deutschland	+49 911 93526-0 www.layoutgenerator.de
ISI publishing innovators	Bellstraat 18 6716 BA Ede Niederlande	+31 88 17777-77 www.isi.nl
Kinetik Gesellschaft für Informationstechnik mbH	Meistersingerstr. 2 95444 Bayreuth Deutschland	+49 921 787784-0 www.kinetik.de
Kodak Canada Inc.	6 Monogram Place M9R 0A1 Toronto Kanada	+32 2 3522878 www.kodak.com
Kollin Mediengesellschaft mbH	Gutenbergstr. 1-3 95512 Neudrossenfeld Deutschland	+49 9203 6091-0 www.kollin.de
KonMedia GmbH	Gartenstraße 10 77815 Bühl Deutschland	+49 7223 95166-0 www.konmedia.com
Konzept iX Software GmbH	Benzstrasse 17 48369 Saerbeck Deutschland	+49 2574 8885-0 www.konzept-ixs.de
kuhnert GmbH	Mozartstraße 5 87435 Kempten Deutschland	+49 831 251 310-0 www.kuhnert.com
Lindmaier Online-Business GmbH	Falkstr. 73-77 47058 Duisburg Deutschland	+49 203 289508-54 www.lindmaier.com
lindner software & consulting GmbH	Am Hohen Ufer 3a 30159 Hannover Deutschland	+49 511 301790-33 www.lisocon.de
Lulu Enterprises	860 Aviation Parkway, Suite 300 NC 27560 Morrisville , USA	+1 919 459-5858 www.lulu.com

Firma/Anbieter	Adresse	Kontakt
M/S VisuCom	Auf dem Hahnenberg 22 56218 Mülheim-Kärlich Deutschland	+49 2630 505-181 www.ms-visucom.de
marcapo GmbH	Bahnhofstr. 4 96106 Ebern Deutschland	+49 9531 9220-61 www.marcapo.com
Media IT Services & Consulting GmbH	Implerstraße 11 81371 München Deutschland	+49 89 894240-45 www.media-it-services.de
MEHRKANAL GmbH	Wilhelm-Beckmann-Straße 7 45307 Essen Deutschland	+49 201 27303-438 www.mehrkanal.com
Micromata GmbH	Marie-Calm-Straße 3 34131 Kassel Deutschland	+49 561 316793-0 www.micromata.de
MPDigital GmbH	Kantstraße 5-13 44867 Bochum Deutschland	+49 2327 307-321 www.mpdigital.de
NSS	Tieltstraat 167 8740 Pittem Belgien	+32 51 424015 www.vit2print.com
Ovus8	Hilpertswiese 7 63633 Birstein Deutschland	+49 6054 91118-3 www.ovus8.com
PerfectProof	4 Wayenborgstraat 2800 Mechelen Belgien	+32 15-2725 02 www.printerswebsite.com
Press-Sense	Postfach 100944 42509 Velbert Deutschland	+49 2051 399923 www.press-sense.com
Printsoft Systems GmbH	Eschenstraße 2 82024 Taufkirchen Deutschland	+49 40-55504980 www.printsoft.com
prinux	Kirchengasse 1a 1070 Wien Österreich	+43 1 5248900 www.prinux.com
QuinScape GmbH	Wittekindstraße 30 44139 Dortmund Deutschland	+49 231 533831 0 www.quinscape.de
Sansui Software	167 BartonStreet GL 14 HT Gloucester Großbritannien	+44 1452535786 www.sansuisoftware.com
Schühlmann IT-Solutions	Olefant 14b 51427 Bergisch-Gladbach Deutschland	+49 2204 305058 www.schuehlmann.eu
SDZ-Medien	Bahnhofstr. 65 73430 Aalen Deutschland	+49 7361 594-529 www.sdzecom.de

Firma/Anbieter	Adresse	Kontakt
socoto GmbH & Co. KG	Lindenalle 24 50968 Köln Deutschland	+49 221 940812-17 www.socoto.com
STORM Ventures GmbH	Bärenschanzstr. 8d 90429 Nürnberg Deutschland	+49 911 993992 99 www.stormci.de
Syntops GmbH	Werner-von-Siemens-Str. 6 86159 Augsburg Deutschland	+49 821 455419 0 www.syntops.com
trivet.net	Berghauser Str. 62 42859 Remscheid Deutschland	+49 2191 46401-0 www.trivet.net
Unik Pine Tree Aps	Zilverschoon 28 6922 GV Duiven Niederlande	+31 316280799 www.pine.dk
unio AG	Industriestrasse West 24 4613 Rickenbach Schweiz	+41 62 20957-10 www.unio.com
Utesch Media Processing GmbH	Tarpenring 13 22419 Hamburg Deutschland	+49 40 251601-57 www.utesch.de
Viva	Züchner Str. 6-8 56070 Koblenz Deutschland	+49 261 8842-660 www.vivamedien.de
VVA Networks GmbH	Bleichstrasse 14 40211 Düsseldorf Deutschland	+49 211 7357-0 www.vva-networks.de
Woodwing Europe	Ronde Tocht 1d 1507 CC Zaandam Niederlande	+31 75 6143-400 www.woodwing.com
XMPie	12 Hamelacha Street, Poleg Technology Park P.O.B8687, 42504 Netanya, Israel	+972 9 8856750 www.xmpie.com
zipcon consulting	Am Buchenhain 4 45239 Essen Deutschland	+49 201 81175-0 www.zipcon.de

Index

D

E

F

G

H

I

J

K

L

M

N

O

P

Q